我国高校"众创空间"支撑环境研究

张德林 著

人民体育出版社

图书在版编目（CIP）数据

我国高校"众创空间"支撑环境研究／张德林著. -- 北京：人民体育出版社，2019（2023.12重印）
ISBN 978-7-5009-5605-1

Ⅰ.①我… Ⅱ.①张… Ⅲ.①高等学校－创业－研究－中国 Ⅳ.①G647.38

中国版本图书馆CIP数据核字（2019）第146224号

＊

人 民 体 育 出 版 社 出 版 发 行
北京中献拓方科技发展有限公司印刷
新 华 书 店 经 销

＊

710×1000 16开本 12.75印张 238千字
2019年10月第1版 2023年12月第2次印刷

＊

ISBN 978-7-5009-5605-1
定价：65.00元

社址：北京市东城区体育馆路8号（天坛公园东门）
电话：67151482（发行部） 邮编：100061
传真：67151483 邮购：67118491
网址：www.psphpress.com

（购买本社图书，如遇有缺损页可与邮购部联系）

前言

"大众创业，万众创新"的浪潮正在全国各地兴起，"众创空间"也如雨后春笋般出现。作为一种新生事物，"众创空间"在发展过程中遇到了许多问题，尤其是在高校"众创空间"支撑体系方面显得尤为突出。当前高校"众创空间"支撑体系的构建仍处于探索阶段，没有形成有显著特色的、可持续发展的模式。国内外以及各地区的创业环境与情况不尽相同，支撑体系的具体措施也不同。

本书结合当前"众创空间"兴起的大背景和相关调研的结果，梳理国内外高校"众创空间"模式，总结国内高校发展"众创空间"政策体系存在的问题，对高校"众创空间"的需求状况进行实证分析，进一步总结我国高校"众创空间"的具体做法和内容，通过供需比较发现"众创空间"在建设过程中存在的问题和需求，并有针对性地提出建议对策，初步构建了一种适合高校的支持体系，旨在能够促进高校"众创空间"的发展，进而推动创业型经济的发展。

目录

1 绪 论 ... 1
1.1 研究缘起 ... 1
1.1.1 世界经济转型发展催生大学生创新创业 ... 1
1.1.2 "众创空间"与我国经济发展在经济转型期的契合性 ... 3
1.1.3 高校"众创空间"构建外部支撑环境的必然性 ... 4
1.2 研究意义 ... 6
1.2.1 理论意义 ... 6
1.2.2 实践意义 ... 7
1.3 文献综述 ... 8
1.3.1 关于"众创空间"的相关研究 ... 8
1.3.2 关于创业支撑环境的相关研究 ... 13
1.3.3 关于高校大学生创新创业教育的研究 ... 15
1.4 研究思路与研究方法 ... 18
1.4.1 研究思路 ... 18
1.4.2 研究方法 ... 18

2 高校"众创空间"建设概述 ... 20
2.1 高校"众创空间"的概念与内涵 ... 20
2.1.1 高校"众创空间"的概念 ... 20
2.1.2 高校"众创空间"的内涵 ... 23

1

2.2 高校在创新创业过程中建设"众创空间"的优势 25
2.2.1 高校为"众创空间"发展提供充足的人才资源 25
2.2.2 高校齐全的学科门类为"众创空间"的发展提供多样的选择空间 27
2.2.3 高校先进的创新创业教育有利于大学生创新能力的培养 27
2.3 高校"众创空间"的运营模式 28
2.3.1 "学校主体、学生运营"模式 28
2.3.2 "企业主体、企业运营"模式 28
2.3.3 "学校主体、学校运营"的自主模式 29
2.3.4 "学校主体、企业运营"模式 29

3 高校"众创空间"支撑环境的理论基础 30
3.1 创业生态系统理论 30
3.1.1 创业生态系统的定义 30
3.1.2 创业生态系统的结构框架 31
3.1.3 创业生态系统的特点 33
3.1.4 高校创业教育生态系统 34
3.2 "三螺旋"模型 35
3.2.1 "三螺旋"模型的构建 35
3.2.2 "三螺旋"模型的互动特征 36
3.2.3 "三螺旋"模型和高校创业教育 39

4 高校"众创空间"支撑环境的结构与关键要素 41
4.1 "众创空间"支撑环境概述 41
4.1.1 环境与创业环境 41
4.1.2 三个层面的创业支撑环境划分 43
4.1.3 创业支撑环境的特征 44
4.2 创业支撑环境的分析 45
4.2.1 一般外部环境分析 45
4.2.2 行业环境分析 47
4.2.3 内部环境分析 50

4.3 高校"众创空间"支撑环境构成要素 ………………………………… 52
　4.3.1 高校"众创空间"支撑环境的一般构成要素 ……………………… 52
　4.3.2 高校"众创空间"支撑环境的整体构建 …………………………… 54
4.4 高校"众创空间"的关键要素 ………………………………………… 57
　4.4.1 文化是高校"众创空间"健康发展的深层影响要素 ……………… 57
　4.4.2 创业教育资源是高校"众创空间"发展的智力支撑要素 ………… 58
　4.4.3 产业环境和资源平台建设是高校"众创空间"的物质支撑要素 … 60
　4.4.4 政策和制度是高校"众创空间"的公共保障支撑要素 …………… 61

5 高校"众创空间"支撑环境关键要素的协同机制及案例分析 …… 63
5.1 创业平台构建与政府政策支持的协同机制及案例分析 ……………… 64
　5.1.1 我国高校"众创空间"资源平台的形成与发展 …………………… 64
　5.1.2 创业平台构建与政府政策支持的协同机制 ………………………… 65
　5.1.3 创业平台构建与政府政策支持的协同案例——苏州"创梦
　　　　空间"分析 ……………………………………………………………… 75
5.2 高校创业教育与创业文化环境的协同机制及案例分析 ……………… 80
　5.2.1 创业教育与创业文化的协同机制 …………………………………… 80
　5.2.2 创业文化与创业教育融合促进高校"众创空间"发展——
　　　　清华大学"创新环"案例 ……………………………………………… 89

6 我国高校"众创空间"典型案例及成功特征分析 ………………… 92
6.1 我国高校"众创空间"典型案例分析 ………………………………… 92
　6.1.1 政策支持下获得成功的紫金创业元空间 …………………………… 92
　6.1.2 高校文化氛围催生的Cookie创客空间案例 ……………………… 94
　6.1.3 资金与资源平台支持下获得成功的紫牛公社创业咖啡案例 …… 97
6.2 我国高校"众创空间"成功基本特征 ………………………………… 98
　6.2.1 高校"众创空间"具备专业知识的优势 …………………………… 98
　6.2.2 高校"众创空间"成功离不开资源平台的支撑 …………………… 98
　6.2.3 高校"众创空间"离不开政府创业政策的支持 …………………… 98
　6.2.4 高校"众创空间"需要持续不断的创新动力 ……………………… 99
　6.2.5 高校"众创空间"发展需要鼓励学生团队参与运营管理 ………… 99

7 美国大学生创业支撑环境的启示与借鉴 ··· 101
7.1 美国大学生创业的政策环境支持 ·· 101
7.1.1 美国大学生创业政策的关键要素 ·· 101
7.1.2 美国政府的创业政策 ·· 104
7.1.3 美国大学生创业政策支持的特点 ·· 114
7.2 美国大学生创业孵化服务 ·· 117
7.2.1 美国大学生创业孵化服务的模式 ·· 117
7.2.2 美国大学生创业孵化机构的成效 ·· 122
7.3 美国大学生创业的资金支持 ·· 126
7.3.1 美国大学生创业资金获得渠道 ··· 126
7.3.2 美国大学生创业资金支持的特点 ·· 139
7.4 美国大学生创业的文化环境 ·· 141
7.4.1 美国大学生创业文化的表现形式 ·· 141
7.4.2 美国大学生创业文化的特征 ··· 148
7.5 美国大学生创业支撑环境的启发与借鉴 ·· 151
7.5.1 政府发挥协调作用，促进各类资本流动 ···································· 151
7.5.2 社会完善融资渠道，形成区域创新合力 ···································· 152
7.5.3 服务机构专业发展，搭建资源沟通桥梁 ···································· 152
7.5.4 建设创业友好文化，推动创业持续发展 ···································· 153

8 我国高校"众创空间"支撑环境现状及建设中存在的问题 ············· 154
8.1 我国高校"众创空间"支撑环境现状 ·· 154
8.1.1 出台创业教育政策，明确战略发展目标 ···································· 154
8.1.2 打造创业实践平台，集聚资源提供服务 ···································· 155
8.1.3 拓宽社会多元渠道，提供创业资金支持 ···································· 155
8.1.4 促进各方联动合作，形成协同育人机制 ···································· 156
8.2 我国高校"众创空间"支撑环境建设中存在的问题 ·························· 156
8.2.1 资源供给不丰富 ··· 156
8.2.2 缺乏公共保障 ·· 158
8.2.3 智力支持不完备 ··· 159
8.2.4 文化建设薄弱 ·· 160

9 构建我国高校"众创空间"支撑环境的对策分析 ... 162
9.1 构建我国高校"众创空间"支撑环境的指导原则 ... 162
9.1.1 环境的构建要立足于我国情境 ... 162
9.1.2 环境的构建要满足高校"众创空间"的实践需要 ... 167
9.1.3 创业支撑环境的构建要与创业者相适应 ... 170
9.2 构建我国高校"众创空间"支撑环境 ... 172
9.2.1 形成我国高校"众创空间"的激励文化 ... 172
9.2.2 开拓我国高校"众创空间"的资源供给 ... 173
9.2.3 提供我国高校"众创空间"的公共保障 ... 173
9.2.4 保证我国高校"众创空间"的智力支持 ... 175
9.3 建立我国高校"众创空间"支撑环境的协同机制 ... 176
9.3.1 实现创业教育发展与创业文化建设的协同 ... 176
9.3.2 建立资源和政策协同体制 ... 177

10 结 论 ... 179
10.1 高校"众创空间"支撑环境四大要素及其结构 ... 179
10.2 高校"众创空间"支撑环境四大关键要素间的协同 ... 180
10.2.1 提升能力的创业教育与孕育创业的文化环境协同 ... 181
10.2.2 创业资源平台建设与创业政策要素的协同 ... 181
10.3 我国高校"众创空间"支撑环境四大关键要素协同中的问题 ... 182
10.4 我国高校"众创空间"支撑环境构建中的对策 ... 182
10.4.1 加强政策执行与落实，营造创业友好环境 ... 182
10.4.2 打造专业化孵化链条，创新运行模式 ... 183
10.4.3 政府、社会完善资金支持机制，高校加强融资教育 ... 184
10.4.4 加强创业文化建设，包容失败鼓励创新 ... 184

参考文献 ... 185

1 绪 论

1.1 研究缘起

1.1.1 世界经济转型发展催生大学生创新创业

伴随人口结构变化、经济产业转型,全球劳动力市场面临着前所未有的供需挑战,加上科技迅速发展带来的世界竞争格局调整,创新创业成为世界各国在社会转型中破解发展难题、促进经济可持续发展的重要选择,继而创业型人力资源的培养成为社会、高校和企业的关注焦点,以响应创业型经济时代的需求。世界创业教育的先驱狄蒙斯曾坚定地指出:"我们正面临着一场无声的革命——人类的创新和创业精神在全世界取得伟大胜利的一场深刻革命。我认为创业革命对21世纪所产生的深远影响将相当于甚至超越工业革命对19世纪和20世纪所产生的影响。"[1]这个论断表明,在21世纪,创业将成为一个地区经济社会发展的重要动力。20世纪末,曾经有专家预测,发达国家的高校毕业生在21世纪将有超过50%的人通过自主创业实现自身价值,而这种高自主创业率也是国家核心竞争力的标志。

创业是指以创建新企业和新组织为目标的一种经济活动。随着现代人类社会的变革,"创业"一词如今出现的频率越来越高,创业对于经济和就业的推动作用越来越大。但是光鲜亮丽的创业成功案例背后不可或缺的是那些与其联动的重要支撑资源,大学便是其中的关键支撑之一。大学注重科研教育,也越来越注重发挥在当地经济与国民经济中的重要作用。20世纪70年代,比尔·盖茨放弃学业创建微软;20世纪90年代,杨致远创立雅虎,佩奇和布林创立谷歌,李彦宏创立百度;21世纪初,马克扎克伯格创建Facebook,这些在读大学生或者大学毕业生的成功创业为当代高校"众创空间"提供了典型。大学生成功的科技创业不仅能提升社会经济发展层次，创造巨大的社会财富，还能创造大量的就业机会，缓解就业压力。统计数据显示，在20世纪80年代创立的科技型企业创造了当代美国95%的财富，这些企业还提供了全美国65%的就业岗位。由此可见，创新创业是未来国家经济可持续发展的动力，更是社会和经济发展的必然诉求[2]。

其一，创新创业是应对社会结构变化的有力举措。社会人口结构与国家创业活力具有密切联系，人口老龄化不仅带来社会问题，也将削弱经济创新竞争力。有学者通过分析全球创业观察（GEM）的数据发现，不同人口结构特征的国家显示出不同的创业活力（图1）。青年期（25～35岁）是创业高峰时期，老龄化社会的创新竞争力明显低于年轻社会，老龄化社会是我国社会发展面临的重大挑战。截至2017年，中国60岁以上人口达到2.22亿人，占总人口的16.15%，预计到2025年将达到3亿人，成为超老年型国家。因此，积极培养创业型人才，寻求维持国家经济可持续发展的路径，鼓励创新寻找解决社会问题的方法是我国经济社会发展的迫切需求。

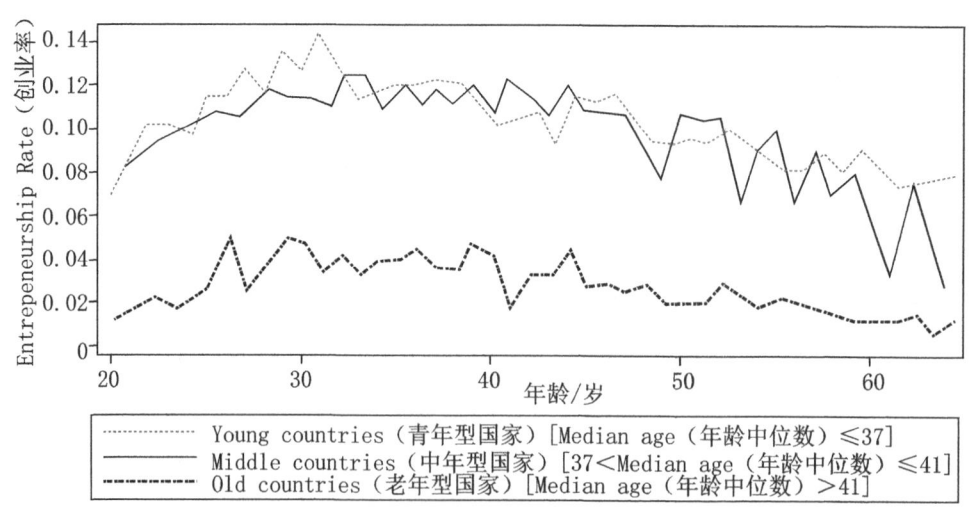

图1 人口年龄结构与创业率关系图

其二，创新创业是助推社会经济腾飞的重要引擎。在世界经济转型的重要历史时期，大规模、高层次的创新创业将在经济发展格局调整中发挥至关重要的作用。尤其是对于发展中国家而言，加速创新创业是缩小与发达国家竞争力差距的有效途径[3]。从2017年全球创新指数（Global Innovation Index）排名来看，创新驱动经济发展并非由高收入发达国家独享，中国（排名22）、马来西亚（排名34）、保加利亚（排名38）等发展中国家也享有相当的创新水平[4]。纵观创新指数排名前列的国家，如瑞士、美国、芬兰等，均建立了完善的创业教育体系。美国是创业教育的发源地并开始在各教育阶段普及创业教育，截至2008年，美国50个州中有42个州将创业教育设为高中必修课程，有18个州将创业教育拓展到基础教育阶段的必修课程[5]。因此，加强创业人才培养的教育投入特别是高校中的创新创业支持，是推动国家经济竞争力发展的保障。

其三，创新创业是缓解就业压力的有效举措。随着世界经济产业的转型，就业市场出现了供需关系失调的现象，众多高校毕业生面临着择业难和就业困境，并引发了一系列的社会问题。创业教育是辅助解决高校毕业生就业问题的有效方法。通过创业教育鼓励大学生创业，一方面，不仅可以实现大学生的自我雇佣，同时还能创造工作岗位；另一方面，可以培养大学生的创业知识和技能，强化高校毕业生的就业能力，为其职业发展提供保障。统计显示，自20世纪开始，美国大多数的工作岗位是由新创立的新兴企业创造的，新创增长型企业是美国经济强有力的保障。我国2017届本科毕业生就业率为91.6%，毕业人数不断增加，至2018年突破1000万人[6]。面对严峻的大学生就业形势，政府出台了创业教育政策，鼓励高校积极开展创业教育，将创业人才培养提上日程，鼓励高校建立多种创新、创业平台，积极引导高校毕业生开展广泛的创新创业活动。

1.1.2 "众创空间"与我国经济发展在经济转型期的契合性

全球科技的创新推动了经济的发展，经济的多元化酝酿出众创模式，众创模式的出现又为经济的稳增长注入了新动力和新活力。信息传播技术发展带来挑战和机遇，有很多国家和地区已经进行了对以用户体验为中心的众创模式的深入探索。促进大众创业和万众创新是适应中国经济发展新常态的要求，促进经济结构调整和升级、培育新的经济增长点是新的战略和举措。中国是创新创业的热土，从最早的科技人才参与经济活动到互联网领域的海归回国，先后诞生了腾讯、网易、联想等多家行业龙头企业，支持这些企业创新创业的是中国日渐成熟的商业服务体系。

2015年1月28日，国务院总理李克强主持召开国务院常务会议，确定支持发展"众创空间"的政策措施，为创业创新搭建新平台。会议指出，构建面向人人的"众创空间"等创业服务平台，对于激发亿万群众创造活力，培育包括大学生在内的各类青年创新人才和创新团队，带动扩大就业，打造经济发展新的"发动机"，具有重要意义。追溯至 2014 年，李克强总理在出席夏季达沃斯论坛致开幕词时提到，要在全国掀起"大众创业""草根创业""万众创新"的浪潮，形成"万众创新""人人创新"的新态势。国家和政府积极倡导发展众创产业，加大了对"众创空间"的扶持，打造了良好创业创新生态环境，创业创新蔚然成风，"众创空间"飞速增加。2015 年，国务院办公厅印发了《关于发展众创空间推进大众创新创业的指导意见》，其中明确了支持"众创空间"发展，推进大众创新创业的战略措施，"创客"由此进入大众的视线，并被赋予了代表创新前沿的标签。政府要充分调动各种资源，高标准和高水平地促进"众创空间"的建设，并鼓励社会资本和资源能有效地在"众创空间"建设中流动，支持"众创空间"提供整合化、服务化、便利化的专业服务，不断地培育和输送优秀的企业和人才，释放出创新创业中的无限创意和财富，培育新的经济增长点，创造新常态下经济发展的新源泉和新动力。

1.1.3 高校"众创空间"构建外部支撑环境的必然性

培养高校创业人才对于推动创业经济和实现国家经济的高速发展具有强大的推动作用。大学生是知识经济和创业经济的主力军，大学生创业不仅有益于在整个社会营造科技创新的氛围，并且可以直接推动科技成果的产业化发展，不断增强国内企业的国际竞争力，从而为社会带来财富和价值。尽管我国大学生创业的项目大多数是一些中小企业，但是这是一支不可估量的新兴力量。它们在我国国民经济中具有举足轻重的地位。在推动创新经济发展的过程中，培养创业人才有效地创造了新的就业机会，缓解了大学生的就业压力。自 2008 年起，我国每年进入劳动力市场的高校毕业生数量已超过 600 万人大关，2014 年更是达到 727 万人，同比增长 4%，历史上首次突破 700 万人。而经济发展所提供的就业岗位远远不能满足社会的就业需求，就业矛盾突出。所以大学生创业有利于缓解国家的就业压力，为更多的毕业生提供新的就业岗位，能从根本上解决毕业生就业难的问题。因为一个人的创业成功，可以带动至少 10 人就业，而且大学生可以充分利用自身的技术和知识创造新的就业岗位，进而为自己、为社会创造更多的就业机会。

随着高等教育市场化的发展，大学日益注重与社会各界的合作互动，集结各类资源，面向市场需求，实现知识转化和人才培养。创业教育既需要具有较强的实践特征的高校为创业教育提供系统化课程和理论知识，也需要政府制定相应政策完善外部支持环境，以及社会构建创业实践平台、提供资源保障等。创业人才的培养需要高校与政府、社会的有效协作，建立大学生创业的外部支撑体系，主要原因：其一，高校创业实践环境有限，社会可提供实践平台，提供真实情景，反馈实际成效；其二，高校予以学生的资金资助有限，政府、企业、基金会等可为学生创业实践提供强大后盾；其三，高校教师具备丰富的理论储备，但缺乏实践经验，企业家、社会组织的加入可助力师资队伍建设和师资培训；其四，高校注重夯实学生专业知识，却束缚于组织管理、团队合作、机会识别、资源获取等只能来自实践的能力培养，创业活动的社会实践平台搭建有助于提高学生创业技能，提供创业服务与咨询；其五，高校创业教育培养目标往往偏理论化、理想化，需要通过市场反馈、检验高校创业人才培养目标与过程的实际成效。

建立大学生创业的外部支撑体系具有以下三大作用。

第一，有助于提升大学生创业成功率。随着对创业教育的日益关注，大学生创业群体也日益扩大，但这并不意味着创业成功率的攀升。有统计表明，我国大学生创业企业的生存状态普遍堪忧，浙江省大学生创业成功率最高，为4%，广东省仅为1%，而国际大学生的平均创业成功率则达到了20%[7]。究其原因，市场竞争激烈是外部原因，缺乏企业经营管理能力则是目前大学生创业面临的最大问题。社会参与培养创业人才，直面市场需求制订培养计划，跟踪大学生创业过程，提供服务与支持，能让学生在实践中获得各方面能力综合提高，在提升创业率的同时提高创业成功率。

第二，有助于营造创业友好型环境。在一定的社会、文化和政治氛围下，创业环境将影响创业机会与创业能力，进而影响创业活动。高校与政府、社会互动形成的联系网络，包括企业单位、非政府组织（NGO）、创业者校友联合会、基金会、科技园等，是大学生创业环境的客观组成。政府出台相关法律法规，建设促进、保障创业发展的市场环境。社会营造尊重创业、崇尚创业的文化氛围，可优化大学生创业的实践环境、融资环境和教育环境。

第三，有助于完善课程、师资、资金、场地等资源配置。政府和社会等多方参与创业人才培养，能够弥补高校创业教育资源不足的问题，包括：构建适应产业需求、教学与实践相结合的课程体系，把握人才培养目标的社会需求性；企业导师参与实践教学，加强校企双方导师沟通与学习；协作建设创业基地，予以学生创业项目走向市场的资金支持。创业教育是一个需要多方参与、合作共存、共生演进的系统。在提倡"终身学习"的学习型社会构建过程中，学习对象和学习方式得到转变和拓展，教育不再局限于学校，而是需要全社会的参与，提供充足的教育资源。

如何能够实现"众创空间"的长远发展和高效发展成为"众创空间"的重要使命，而保障"众创空间"的顺利发展则是高校与政府的重要使命。通过构建高校"众创空间"的支撑环境体系，为高校创业提供充分的政策支持，能够促进高校创业教育的实践发展，满足大学生的创业需求，推动"众创空间"的有序顺利发展。大学生在现代信息掌握、科技成果转换、互联网思维培养、知识结构完善上，相对于其他创业主体具有很大的优势。通过高校"众创空间"政策支撑体系的构建，可以为"众创空间"的发展提供保障，从而可以为创业大学生在高校中提供一个交流分享的场地，以及网络、资金、人才等方面的附加支持。

1.2 研究意义

面临世界经济结构转型所带来的全球竞争，创新创业是推动知识经济发展、创造就业机会、增强国家竞争力的助推器，成为世界各国关注的焦点。创业人才培养是创新创业发展的关键因素，高校、政府和社会作为促进创业教育的重要主体，探索持续高效的大学生创业外部支撑体系建设，对于提升创业教育质量及大学生创业成效具有重要意义。

1.2.1 理论意义

本研究的理论意义主要集中于以下两个方面。

第一，通过对我国高校"众创空间"支撑环境的研究，揭示"众创空间"实践主体与环境的辩证关系，是对马克思科学实践理论中国化的又一次实践。"众创空间"是以科学技术作为生产力的现代社会人类重要的实践形式之一，一般的实践活动是主体利用环境提供各种客观条件改造世界的过程，故而实践活动都离不开作为支撑的环境。高校"众创空间"虽然作为特殊主体（大学生）的特殊实践（众创空间），但也具有一般实践的特征，即离不开相应环境的支撑，也就是说，高校"众创空间"离不开整个创业环境的支撑，这也体现了实践中主体与客体的辩证关系。因此，本研究是要通过梳理我国高校"众创空间"需要什么样的内外支撑环境、我国当下创业支撑环境与高校"众创空间"发展的关系是否和谐，以及分析能够支撑我国高校"众创空间"发展的环境及其结构、特性和功能，厘清我国创业支撑环境对高校"众创空间"发展的约束和引导机理，形成符合我国高校"众创空间"实践的环境理论，这同时也是对马克思科学实践理论的深化。

第二，通过对我国高校"众创空间"实践的案例分析，从现实的角度展开关于大学生创业支撑环境理论的反思，是对技术创新理论的深化与拓展。众所周知，创业环境一直是研究技术创新的核心问题。20世纪60年代以来，有关创业支撑环境的结构与功能之间的关系、创业支撑环境与创业绩效之间的关系等问题已为学界所重视[8]。但此类研究主要围绕企业展开，较少有专门针对高校"众创空间"支撑环境的研究。大学生作为当代掌握知识的重要主体，具有突出的创造力和精力，是当前新时代创业重要潜在主体，他们的先进创业意识、能力及成功的创业案例应该成为技术创新研究越来越关注的课题，因此，本研究深化和拓展了技术创新理论。此外，高校"众创空间"发展是系统工程，创新环境涉及政府、企业、高校、社会文化、政策等复杂社会因素，研究高校"众创空间"支撑环境问题是一个系统整合问题，因此，本研究也是对科学技术与社会研究理论的拓展。

1.2.2 实践意义

本研究的实践意义主要有以下三个方面。

第一，有效促进经济与社会全面协调可持续发展。高校"众创空间"具备创业所具有的内生资本力量、再生性消费和创造就业岗位等多维特征，是推动国家或地区经济与社会全面、协调、可持续发展的不竭动力和源泉。对创业人才，特别是高校毕业生创业人才的开发培养，已成为国家或地区经济、政治、文化、社会建设的基础性伟大工程。鼓励和支持高校毕业生创业，政府的政策和法律的导向至关重要。这些导向体现在运用高新技术创业、到农村基层创业、在现代服务领域创业，使高校毕业生人才的创业既能体现经济与社会发展的方向，又能解决经济与社会发展不全面、不协调和不可持续的难题，从而促进经济、政治、文化、社会建设的全面、协调和可持续发展。

第二，研究高校"众创空间"支撑环境是建设创新型国家的需要。进入21世纪以来，党和国家陆续发布了《国家中长期科学和技术发展规划纲要（2006—2020年）》《国家中长期人才发展规划纲要（2010—2020年）》和《国家中长期教育改革和发展规划纲要（2010—2020年）》，绘制了我国成为创新型国家、进入世界人才强国与人力资源强国行列的宏伟蓝图。当然，这些目标的实现是需要一点一滴做出来的，最重要的就是必须尽快提升全民的创新意识和创新能力。大学生本身就是最具活力和创造力的生力军，他们的创新意识和创新能力的提升可以带动全民创新意识和国家创新能力的快速提升。当前我国大学生创新创业的意愿较强，但付诸实践的意识较差、创新创业能力低，很难担负起上述重任。因此，深入开展高校毕业生创业支撑环境及政策研究，帮助和促进更多的高校毕业生走上创业之路，已经成为未来10年我国实现科技创新型国家，进入世界人才强国与人力资源强国行列目标的时代课题和内在要求。

第三，对有效解决就业难题以及构建和谐社会具有重要的现实意义。就业是民生之本、政府之责。我国城镇无业和待业人数居高不下，就业过程中供需矛盾十分突出。只有开发培养、鼓励支持高校毕业生创业，才能有效提高具有可持续发展的企业数量，进而提升对劳动力的需求，扩大我国的就业容量，提高就业率，使人们安居乐业，保证社会的稳定和谐；只有鼓励创业，扩大就业，才能增加社保经费的征收，同时减少贫困和失业人数、社保经费支出减少，从而使各级政府为社会安定、和谐提供的公共服务资金得到根本保障。

1.3 文献综述

1.3.1 关于"众创空间"的相关研究

"众创空间"一词是由国务院总理李克强于2014年率先提出的，2015年1月，国务院总理李克强召开国务院常务会议，确定支持发展"众创空间"的政策措施，为创业创新搭建新平台。2016年2月23日，国务院办公厅印发了《关于加快众创空间发展服务实体经济转型升级的指导意见》（以下简称《意见》），这是继2015年后，国家又一关于"众创空间"发展的积极探索。"众创空间"在促进我国经济结构优化转型，推动经济增长方式向驱动型战略转变，引领互联网日常生活持续深入融合等方面发挥着不可忽视的作用，引起社会极大反响。

1.3.1.1 "众创空间"的内涵及特征研究

第一，"众创空间"的内涵。

"众创空间"的概念最早起源于英国，是由英国的"制造者"衍生而来，其代表着一批具有创新创业精神的人们,具有共同兴趣的人们可以在"众创空间"内,通过活动聚会、知识交流、资源分享等方式,在开放的平台中共同协作,创造出新的事物。"众创空间"为创新创业者提供专业的共享、实践和展示空间,用于交流创新意识、激发创新思维、制造创新事物。孟国力认为,"众创空间"是许多新型孵化器出现的产物,是将创业创新教育、融资、商业、政策法律咨询、新媒体传播等一体化服务结合在一起的创新创业生态网络[8]。卓晓宁认为,"众创空间"是立足信息时代,面对知识社会科学创新模式的特点和需求,通过对"创客空间""创业咖啡"等新型孵化器运行模式的深入研究,在借助市场化、专业化、信息化、资本化的基础之上,为万众的创新创业活动提供优质服务的新型服务场所[9]。黄世芳认为,"众创空间"是满足区域创新机制不断完善的微生态环境[10]。邵永新认为,"众创空间"是对创业服务机制的再一次革新,是创业服务宽度与深度的再一次突破,使孵化能力显著提高[11]。

虽然社会各界对"众创空间"的基本含义并没有一个统一的认识,但是官方在总结各方观点的基础上,认为"众创空间"是基于互联网背景下创新创业的要求,崇尚市场化经营、专业化运作和资本化协调道路,具备成本低廉、方便快捷、涵盖全方位要素和高度开放化等特点的新型创业服务平台。"众创空间"为许多普通的创业创新者提供实体操作场所、交流空间和资源共享平台,并配备工具设备,使其具备创新和创业深度融合、网络和实体相结合、孵化和投资紧密结合等优势。

第二,"众创空间"的特征。

根据国务院《意见》中对于"众创空间"的基本定义可知,其主要包括以下几个特点。一是便利化。"众创空间"为创新创业者提供多种便捷途径,通过组织聚会和举办活动,为创新创业者提供产品展示、项目研讨和观点分享等场地支持。二是开放化。"众创空间"是开放式的资源共享平台,社会各阶层的创新创业者均可以在此实践创新创业的项目。三是低成本。"众创空间"一般采取个别项目收费、部分服务免费的计费标准,为创新创业者提供成本较低的服务环境。四是全要素。"众创空间"为创新创业活动配备必需的设施建设和实验器材,并且提供全方位的专业化服务。五是结合资源。"众创空间"内各种资源相互结合,包括创新团队与创业人才的结合、创新事物与创业项目的结合、线上与线下的结合以及孵化与投资等的有效结合。六是协同互助。相同的创业环境能够使创业者互帮互助、相互启发、相互鼓励,"众创空间"通过组织聚会、培训、比赛等活动,促进创新创业者协同合作、共同进步。

束云霞指出,"众创空间"具备成本低、方便快捷、全要素深度融合以及自由开放的特点,顺应了知识社会创新创业新模式以及技术革命的新要求。王方认为,"众创空间"具有全方位、协作性、低成本、便利性的特点。顾滢指出,"众创空间"具有以下四大特点:第一,创新角色由小众向大众转变;第二,创新模式由保守趋向于开放;第三,创新观念由技术供给向需要导向转变;第四,创新原动力由政府向市场转换。

1.3.1.2 "众创空间"的发展研究

"众创空间"的高失败率一直为社会各界所热议,所以如何推动"众创空间"的可持续发展、如何提升"众创空间"的成功率,是我国重点关注的问题。以下从"众创空间"的发展模式、实证研究、发展趋势及发展策略几方面展开介绍。

第一,"众创空间"发展模式研究。

赖晓南等在综合分析全国各地"众创空间"建设实践的基础上,认为"众创空间"发展模式一般划分为七大类,分别是专业服务型、活动聚集型、投资拉动型、媒体主导型、地产思维型、培训辅导型及垂直产业型[12]。"创客加"马跃坤根据收益模型来划分"众创空间",他认为目前我国"众创空间"大体可分为四类:第一类是通过收取场地租金获取收入;第二类是向空间内各初创企业提供中介服务获取服务费;第三类是政府拨款;第四类是通过入股获取投资收益。王圣丹从经营主体出发,将我国高校"众创空间"分为"高校主导型""校企协同型""企业主导型"三种发展模式,并积极探索高校"众创空间"的运营机制[13]。周素红认为,"众创空间"的主要运行单位分为投资单位、运营单位、使用单位和生产辅助单位四类,它们之间相互作用形成"众创空间"的主要发展模式。每一种发展模式都具有其独特的特点、资源和运作的基本规律,需要深入研究不同模式下"众创空间"的运行机制,结合不同模式的特点,走符合自身发展的特色化道路[14]。董弘毅研究指出,随着移动智能终端的愈发成熟与5G时代的快速来临,实体性质"众创空间"的发展模式在不久的将来必会消失在历史发展的洪流中,从物理空间向虚拟空间转变会是"众创空间"发展的趋势。但在相当长的一段时间内,实体性质的"众创空间"还会处于成长的上升期,它在凝聚社会整体研发资源,提高万众创新创业活力,增强国家创新能力,不断推进我国创新创业体系完善方面将会持续发挥巨大作用[15]。

第二,"众创空间"实证研究。

黄世芳以上海市"众创空间"为例,已初步探索出较为完整的"众创空间"

扶持政策体系[16]。邹发伟在对荆州市"众创空间"发展现状进行深入研究的基础上，提出了"众创空间"现存的主要问题和未来的发展趋势，并指出政府需要认清自己在"众创空间"发展过程中扮演的角色，最后，总结出市场化是发展"众创空间"的必由之路[17]。张泽凡分析了沈阳地区高校和社会"众创空间"发展现状，他认为"众创空间"是各种不同类型创业资源的有机结合体，是系统的、低成本的、全方位的创业平台，另外，他认为"众创空间"包括高校"众创空间"和社会"众创空间"两种[18]。王明荣对宁波创客及"众创空间"的跨越式发展进行有效的实践研究，指出宁波"众创空间"存在高端人才储备不足、起步较晚等问题，并根据存在的问题提出一系列推动宁波创客及"众创空间"发展的对策建议[19]。张超以西安交通大学科技园实际经营为例，阐述了他对"众创空间"的认识，构建"众创空间"的基本过程以及其中面临的诸多问题，并提出改进建议，进一步说明了"众创空间"在推动大众创新创业方面所起的巨大作用[20]。应辉辉对县级城市瑞安市的发展现状展开研究分析，提出政府在"众创空间"发展中扮演着火车头的角色，而市场则扮演着火车车厢的角色，意味着政府引领"众创空间"发展方向，而市场则是"众创空间"发展的中坚力量。他认为，需要对社会资本加以引导，从而加大对不同类型的"众创空间"投入，鼓励"众创空间"形成聚集区，从而形成"众创空间"联盟，最终为"众创空间"的发展提供优质且全面的服务[21]。

综合以上有关"众创空间"的实证研究，可以看出国内"众创空间"的实证研究范围较为全面，有发达地区的"众创空间"，也有不发达地区的"众创空间"，可以很好地总结出各地区"众创空间"的发展状况，为下一步"众创空间"的发展提供丰富的经验。

第三，"众创空间"发展趋势研究。

邵永新研究表明"众创空间"未来的发展趋势，可能会朝着市场化、专业化、资本化、链条化的方向发展[22]。陈德金通过总结"众创空间"有关人才、资源、创新能力方面的严重不足，认为未来"众创空间"的发展可以从下列几方面入手：一是立足全局，统筹规划，实现资源优化配置；二是适度发挥政府职能，特别是在政策扶持方面发挥独特作用；三是开展多层次研究，加强内外部资源的有效整合[23]。

第四，"众创空间"发展策略研究。

黄世芳通过对欠发达地区的"众创空间"进行分析研究，认为欠发达地区在发展"众创空间"方面有着明显的后发优势，关键在于如何少走弯路，从发达地区"众创空间"发展道路中学到宝贵经验[24]。严旭总结了影响"众创空间"发展的几大制约因素，并提出了促进"众创空间"发展策略，他认为当政府向"众创空间"提供公共产品时，将为"众创空间"营造良好的市场氛围和培养良好的生态文化[25]。卓晓宁通过对苏北地区的盐城等五市的"众创空间"进行深入研究分析，得出他们未来的发展战略路径。徐先航在研究分析重庆微托帮·"众创空间"发展及运营实践的基础上，总结出五大"众创空间"的发展策略[26]。王迷迷指出不同的"众创空间"应根据自身拥有的优势，挑选出适合自我发展的运营和盈利路径，并相应地提出最适宜的发展策略[27]。柯丽佳基于知识产权视角对"众创空间"的发展策略展开了研究，并认为"众创空间"的知识创造离不开大数据的巨大贡献[28]。许汝均提出政府在"众创空间"的发展过程中发挥着基础性作用，相关的政策扶持对"众创空间"的良好发展产生直接影响[29]。

1.3.1.3 "众创空间"与企业孵化器的差异化分析

当下"众创空间"正如火如荼地发展，"众创空间"与企业孵化器之间的区别与联系，一直是广大专家学者研究的热点。乔辉认为，相较于传统意义上的科技孵化器，初创企业进入"众创空间"孵化的阻碍更少，特别是在向创业人才提供相关服务方面显得尤为明显。"众创空间"不但向有志投身于创新创业事业的人才提供实际场所等硬性资源，而且为他们提供法律援助、投融资服务、创业教育等短缺的软性资源。王佑镁提出，"众创空间"与传统科技孵化器的明显差异，在于双方创业孵化功能的不同，他认为"众创空间"的孵化能力远大于传统科技孵化器，两者不仅是字面意思的不同，更是功能上的巨大差异。"众创空间"除了囊括传统孵化器的基本功能外，更多的是发挥催化的功能，将普通大众的创新创意转化为实际[30]。王子威认为，传统孵化器和创客空间是"众创空间"两种主要的业务形态[31]。我国科学委员会认为"众创空间"与传统的孵化器有着极大的不同，"众创空间"结合了现代互联网观念，为初创企业提供更加系统有效的创业服务，进而弥补我国现有创新创业服务体系的不足。

综上所述，国内对"众创空间"与企业孵化器之间的差异区别，主要集中在功能、效用等方面，简单地说，"众创空间"是企业孵化器的升级版，是其作用的扩大化。

1.3.2 关于创业支撑环境的相关研究

1.3.2.1 支撑环境概念的研究

长期以来,"环境"一词在商务领域的概念一直受到学者们的重点关注。从广义的角度说,环境的各个构成因素只要与目标及目标的实现有关都可以被视为资源;从狭义的角度说,环境是指为企业的投入提供要素的来源,企业提供产品或服务的市场竞争者及能够对企业的经营管理有着调节作用的各种群体[32]。还有观点从环境的社会性出发,认为环境是指一般的环境,强调的是不同类型的组合体系在社会制度中的重要性,体系的构成分别由人口统计学、社会学、经济学及国际关系等多种不同类型的因素构成。外国学者 Duncan 从对决策的作用出发,认为环境是组织中做出决策的个体或群体所需要直接考虑的物理和社会因素的总和[33]。斯蒂纳和达夫特等学者则认为,企业环境是由企业内部的要素所构成的,包括企业所有者、一般职员、经理层和董事会等,创业环境则是指创业者在进行创业活动和实现其创业理想过程中所面对和能够利用的各种因素的综合[34]。

1.3.2.2 关于支撑环境构成要素的研究

支撑环境是指创业过程中所能面对和利用的各种因素的综合,对于支撑环境的多重构成因素的组合,不同学者构建了不同的模型。其中最有影响力的模型有两个:一是 Gnyawali 和 Fogel 的维度模型,这一模型认为创业支撑环境由影响创业活动的不同因素组成,这些不同因素分别是社会经济条件、政府政策和工作程序、创业和管理技能、资金支持和非资金支持等;二是由 GEM 提出的模型,此模型将影响创业的环境要素区分为九个维度,即政府政策、金融支持、政府项目、研究开发转移、教育和培训、国内市场开放程度、商业环境和专业基础设施、实体基础设施的可得性、文化及社会规范[35]。对于大学生创业环境,我国学者将其区分为六个子系统,即创业者培育系统、企业孵化系统、企业培育系统、风险管理系统、成功报酬系统和创业网络系统。此外,有学者对构成创业环境的要素进行了归纳,Gnyawali 等强调外部环境对新创企业的生存与成长有着很大的影响;PsiHunger 等学者将创业环境的要素进行了分类,区分为必要性要素和支持性要素,必要性要素是指自然要素、融资要素、技术要素和人才要素,支持性要素则是指制度要素、文化要素和社会资本等;Henri 则将构成环境的要素区分为感性要素和理性要素两种,感性要素指社会的认可、规范和标准等,理性要素则指融资的可期望度、商业机会的可获性以及资源（技术、资金、人才、社会资本、市场）的可用性等[36]。陈裕先将高校"众创空间"的支撑环境初步区分为大环境和小环境两类：大环境是指宏观环境，由社会、学校和家长共同构成；小环境是指微观环境，由具体的创业场所、创业设备等组成。衣红梅则认为，支撑环境应区分为硬件环境和软件环境：硬件环境是指政府主导建设的有形基础设施和提供的资金支持；软件环境则是指金融、商务及配套服务等。吴佳将高校"众创空间"的环境划分为五个维度，即政府政策和工作程序、社会经济条件、资金支持、非资金支持以及创业和商业技能培训。吴启运的关注点集中到对创业倾向有影响的12个指标上，分别为创业配套服务、政策完善、文化氛围、就业形势认知、大学品牌、风险投资参与、校园创业文化氛围、父母是否拥有企业以及另外四种因素对创业的态度（家庭、亲戚、朋友、教育）[37]。

1.3.2.3 支撑环境构成途径的研究

任何实践都是在一定的手段中完成，高校大学生的创新创业支撑环境的建构是复杂的系统性实践，建构的途径和方法也为一些学者所关注。张俊华认为，支撑大学生创新创业的环境体系要有三个子系统，即环境系统、政策系统和教育系统。环境系统由社会主导，为大学生创业提供合适的社会制度、文化背景和资金支持等；政策系统由政府主导，为大学生创新创业提供税收减免政策和扶持政策等；教育系统由高校主导，为大学生创新创业提供实践体验和创业教育等。其中，创业环境系统和创业政策系统为创业支撑环境提供了创业条件和创业机会；创业教育系统则为创业支撑环境培养了创业意愿和创业能力。王俊认为，任何事物都有其发展的过程，创业支撑环境也如此，环境的构建和运行有其自身的发展过程，需要从最初"量"的累积发展到"质"的提升，而何种转型是创业环境的自我培育、自我形成、自我发展、自我调节、自我稳定和自我完善的过程。只有发展到一定程度的创业支撑环境才会逐步成为能够容纳宏观保障体系、创业教育拓展体系、创业基金扶持体系、孵化器体系、众创空间体系等因素在内的完整系统，才能充分发挥其应有的作用和效果。杨伦超认为，我国大学生的创业不单是大学生自己的事情，而是需要全方位的配合，学校、政府、社会和家庭要共同为大学生的创业搭建一个平台，各个方面都要发挥其应有的作用，高校要构建大学生创业教育体系，政府要出台相应的支撑政策，社会要营造积极向上的创业氛围，家庭同样需要提供相应的支持，这四个方面的支持共同发挥作用才能构建良好的大学生创业支撑环境，逐步形成合理、有力、能更大程度支持与鼓励我国大学生创业动力的良好氛围。

1.3.3 关于高校大学生创新创业教育的研究

1.3.3.1 国内高校创新创业教育发展历程

创业教育在我国发展至今已有 20 余年，经历了以下三个主要阶段。

第一，初始阶段（1997 年—2002 年 4 月）。

这是各高校自主探索阶段。在这个时期，各高校都做了有益的自发性探索。这一阶段主要是呼吁社会各界树立对创业重要性的认识。"高校的创业教育开始于 1997 年，以清华大学经济管理学院在 MBA 中开设创新与创业方向课程为代表"。2002 年，清华大学参加"全球创业观察"形成的《全球创业观察 2002 中国报告》，系统地实证研究了中国的创业活动，总体上提出了"需要、激发和引导"三方面的问题。2002 年中国高等教育毛入学率达到 15%，进入大众化阶段。"2002 年 4 月，教育部高等教育司召开普通高等学校'创业教育'试点工作座谈会，指出高等学校要不断提高人才培养质量和社会适应性，同时也要加强对学生的创新意识、创新精神和创业能力的培养"[39]。在国家推动下，创业教育进入政府主导的探索与推进阶段。

第二，推进发展阶段（2002 年 4 月—2010 年）。

这是高校在行政部门统筹引导下对创业教育实践的试点及推广阶段。2002 年全国创业教育试点工作会议召开之后，教育部指定了清华大学等九所高校作为创业教育试点，形成了三种模式：以中南大学为代表的"三级创业教育模式"、以黑龙江大学和温州大学为代表的"创业学院模式"、以浙江大学为代表的"俱乐部模式"。到 2010 年，侯慧君和林光彬对中国高校创业教育简史进行了梳理，将创业教育发展概括为"我国高校的创业教育已成燎原之势，在全球创业教育中异军突起，有后来居上的可能"[40]。

第三，高速发展阶段（2010 年—　）。

这是创业教育在教育行政部门指导下在全国高校大力推广的阶段。2010 年，教育部下发了《关于大力推进高等学校创新创业教育和大学生自主创业工作的意见》，这是推进创新创业教育全局性的第一个文件。同年成立了"教育部高等学校创新创业教育指导委员会"，形成了"四位一体""整体推进"的工作格局，这些都是带有根本性的举措，2010 年被称为"中国创业教育元年"[41]，标志着创新创业教育在全国高校中全面推行。"2010 年后中国高校的创业教育形成了政府促进创业、市场驱动创业、学校助推创业、社会扶持创业、个人自主创业的生动局面"[42]。整体来看,我国的创新创业教育发展20多年来,取得了长足进步,为深化高校创新创业教育改革,2015年国务院办公厅印发《关于深化高等学校创新创业教育改革的实施意见》,指出了创新创业教育依然存在的突出问题,对下一阶段的发展提出了总体要求、主要任务和措施,"将深化高等学校创新创业教育改革,定位在是国家实施创新驱动发展战略、促进经济提质增效升级的迫切需要,是推进高等教育综合改革、促进高校毕业生更高质量创业就业的重要举措"[43]。当前高校创新创业教育面临着难得的发展机遇期,将掀起新一轮的发展热潮。

1.3.3.2 国内高校创新创业教育研究

国内系统阐述创新创业教育模式的专著较少,比较典型的有李时椿等编著的《大学生创业与高等院校创业教育》,该著作介绍了发达国家创业教育的典型模式,总结了我国高校创业教育的培养模式及实施方案。教育部高教司2006年编写的《创业教育在中国:试点与实践》,以九所创业教育试点院校为例,从理论篇和实践篇两部分系统介绍了各高校创业教育的经验。席升阳2008年编写的《我国大学创业教育的观念、理念与实践》,从学生的主体性实现出发,在大学教育观的发展变化中分析了创业教育的生成;林崇德2009年编写的《创新人才与教育创新研究》提出知识经济时代,确定一个国家整体创造力大小的是创新人才的数量、质量和结构;徐小洲2010年主编的《创业教育研究丛书》从美、中、日比较研究的角度,厘清创业教育发展问题;教育部高教司2011年编写的《高等学校创业教育经验汇编》详细介绍了高校开展创业教育的实践经验;王占仁2012年编写的《"广谱式"创新创业教育导论》在国内首次对"广谱式"创新创业教育展开了完整体系的研究。随着创新创业活动的推进,近年来有关创新创业教育的理论研究也活跃起来,比较有代表性的有王晓红的《大学生创新创业教育模式探究——以团队精神培养为视角》,许朗、贡意业的《大学生创新创业教育模式探索——项目参与式创业教育》,余昶、王志军的《高校创新创业教育模式研究》,胡桃、沈莉的《国外创新创业教育模式对我国高校的启示》,黄林楠、丁莉的《构建大学生创新创业教育模式的探索》等,这些学术成果一定程度上促进了创新创业教育理论的深入探索和发展。

国内学者的研究重点大多集中在创新创业教育领域,涉及创新创业教育的内涵、发展现状、教育内容、教学模式、管理机制、评价体系、存在问题、创业实践体系等方面。这些研究大致可分为五类：一是在中国高校开展创新创业教育以来的研究成果，主要数据来自高校创新创业教育实践；二是针对中国高校创新创业教育现状的研究报告，多为实验数据；三是针对某一地区或某一高校开展创新创业教育的实证研究；四是关于国外创新创业教育的比较研究；五是偏重学术理论的研究。

1.3.3.3　国外高校创新创业教育研究

国外对于创新创业教育模式的构建已经相当成熟，值得学习和借鉴。美国是最早开展创新创业教育研究的国家，近二三十年研究成果不断涌现。美国哈佛大学于1945年在《自由社会中的一般教育》中指出知识与能力的协调发展的原则，极为关注学生们创新能力的挖掘、提升与训练。美国高校创业教育始于1947年，迈尔斯·梅斯教授在哈佛商学院开设了第一门MBA课程"新企业管理"。1953年，彼得·德鲁克开设了另外一门创业课程"创业与革新"，美国创业教育由此拉开帷幕。1949年哈佛大学创办了第一份有关创业的杂志《创业历史探索》，1963年第一份致力于中小企业和创业研究的学术刊物《小企业管理》创刊。1975年《美国小企业期刊》创刊，1976年《企业家》创刊。1979年，大卫·伯奇出版的《工作产生过程》对美国高校创业教育的发展具有里程碑意义。20世纪90年代，美国创业教育出现了"全校性的创业教育项目"——"考夫曼校园项目"，这一时期有5份创业学期刊被纳入了SSCI，分别为《企业创业杂志》《小企业管理》《小企业经济学》《创业与地区发展》《创业理论与实践》。盖博教授认为，当前典型的创业教育体系有两种模式，即"传统商学院的组织模式"和"创业型大学组织模式"。学者克兹也指出，创业教育在美国的商学院已经成熟，但在农业、工程、艺术、科学等类学校的需求正在成长之中。20世纪70年代，美国教育界就已经将培养创新精神的人才作为教育目标。英国的牛津大学、剑桥大学将办学思想设定为不断探究、发现学生们的内在潜能，鼓励自身的创造精神。在英国，至少有45%的大学都开设创新创业教育课程；20世纪末，法国也将教育改革的重点落在大学生创新能力的提高；澳大利亚非常重视创新创业教育，很多教师都是既有理论基础又有实践经验的企业家。在其他一些发达国家，如日本、新加坡、加拿大、新西兰已将创新创业教育纳入国民教育体系之中，重视开展创新创业实践实训体验。

国外学者研究的重点主要有两个方面。第一，关于创业教育基本概念的探讨。有学者侧重于理念上的转变，强调事业心和开拓技能教育，实际上指向一种创业文化的发展。有学者则侧重于培养受教育者的开创性、冒险精神，关注对机会的把握，指向一种创业精神的教育。埃尔基莱教授在她的著作《创业教育：美国、英国和芬兰的论争》中，认为美国创新创业教育对应的是企业家精神教育，而英国和芬兰的创业教育对应的是开拓技能教育。第二，关于开展创业教育的原因分析。首先，从政府视角来看，掌握创新知识和创业技能的大学生是未来经济发展的主力军；其次，从高校视角来看，开展创新创业教育有利于转变大学生的择业观，有利于推动高等教育的创新性改革；最后，从企业角度看，企业对于高校创新创业教育充满期待，迫切需要敢于冒险精神的创业型管理人才。

1.4 研究思路与研究方法

1.4.1 研究思路

本研究采用多学科综合的理论与方法，将高校"众创空间"支撑环境作为一个特殊的系统，从要素、结构、环境与功能等方面来分析这个组织系统，从创业理论、高等教育理论及系统科学理论出发，来探讨我国高校"众创空间"成功必须具备的环境及其体系。创业拥有自身的特殊规律，而高校"众创空间"则更具有特殊性与规律性，本研究首先从考察创业成功的要素出发，结合我国高校的优势特点，分析"众创空间"模式创业理应具有的相应环境支持，从而深入展开我国高校大学生创业环境支撑理论研究、案例研究和对策研究。

1.4.2 研究方法

1.4.2.1 文献研究法

收集检索相关的文献资料，筛选整理可借鉴的经验；研读相关论著，为研究奠定理论基础。

1.4.2.2 调查研究法

深入高校开展调研，设计系统调查数据库平台。通过问卷、个案访谈等方式采取分层抽样的方法对高校"众创空间"发展现状和创新创业教育状况进行深入调查，为研究提供准确的数据支撑。

1.4.2.3 经验总结法

通过对高校"众创空间"和创新创业发展历程和梳理，对具体情况进行归纳与分析，使之系统化和理论化，上升为经验借鉴，找出不足之处，制定有效的改进措施。

1.4.2.4 比较分析法

比较分析法是把两个有联系的数据进行对比，分析研究对象之间的增减差异。本研究选择不同的空间指标数据进行比较研究。如通过与发达国家进行比较，国内与国外进行比较，综合分析国外高校创业模式与国内"众创空间"模式的研究成果与实践经验，为更好地构建我国高校创新创业模式提供思路。

1.4.2.5 综合分析法

优化改进高校"众创空间"创业模式，推动高校创新创业发展，涉及的领域非常广泛，需要高校各教育环节的协同配合，也需要国家、社会、企业各界的共同努力，非个别领域一朝一夕之事，具有复杂性和综合性，需进行综合的理性分析和思考。

2 高校"众创空间"建设概述

"众创空间"是顺应时代发展的产物,在大众创业、万众创新的新形势下,它不但能够加快创新驱动发展战略的有效实施,更能够营造良好的创新创业环境,这是其迅速崛起的首要原因。"众创空间"的提出反映了在新的国际形势下,我国经济模式进入了一个新的历史阶段,这一举措为全民实施创新创业提供了良好的政策环境。高校作为人才的储备基地,是科技创新的重要力量,高校应当利用自身的科研和人才优势,以及高校内的实验室等载体,不断提升"众创空间"的建设和发展,集聚创业者的队伍,将"众创空间"打造成具有高校自身办学特色和创新实践教育的平台,从而形成高校内创新创业教育的新起点。

2.1 高校"众创空间"的概念与内涵

2.1.1 高校"众创空间"的概念

"众创空间"的概念最早起源于英国,是由英国的"制造者"衍生而来,其代表着一批具有创新创业精神的人们,具有共同兴趣的人们可以在"众创空间"内,通过活动聚会、知识交流、资源分享等方式,在开放的平台中共同协作,创造出新的事物[44]。"众创空间"为创新创业者提供专业的共享、实践和展示空间,用于交流创新意识、激发创新思维、制造创新事物。"众创空间"顺应了网络时代的发展需求,具备多元化、便利化、低成本、开放式等服务特点,是国家经济转型和发展的必然产物[45]。"众创空间"不同于现有的任何一种平台,更不是书本上简单的物理概念,它不仅通过市场化机制、专业化服务和资本化运营等途径,为创新创业者提供足够的工作空间和社交空间,而且在各类新型孵化器的基础上,开辟了一个低成本、开放式的创新创业服务新途径。

2 高校"众创空间"建设概述

结合"众创空间"的兴起背景,作者认为,高校"众创空间"主要定位于创新创业教育的实践基地,是依托高校的知识和人才资源优势,主要面向特殊的大学生群体,通过提供预孵化服务来培养大学生的创新精神和创业能力的早期创新创业平台。

2.1.1.1 与社会"众创空间"的概念比较

当前,国内"众创空间"的运作主体非常广泛,除了高校"众创空间"以外,还包括政府、科研机构、大企业、中小企业、创投机构、中介机构等主体。客观上来说,"众创空间"的主要作用是推动新技术、新模式、新服务和新业态发展,但不同主体创办的"众创空间",推动经济发展的诉求和价值各不相同(图2)。

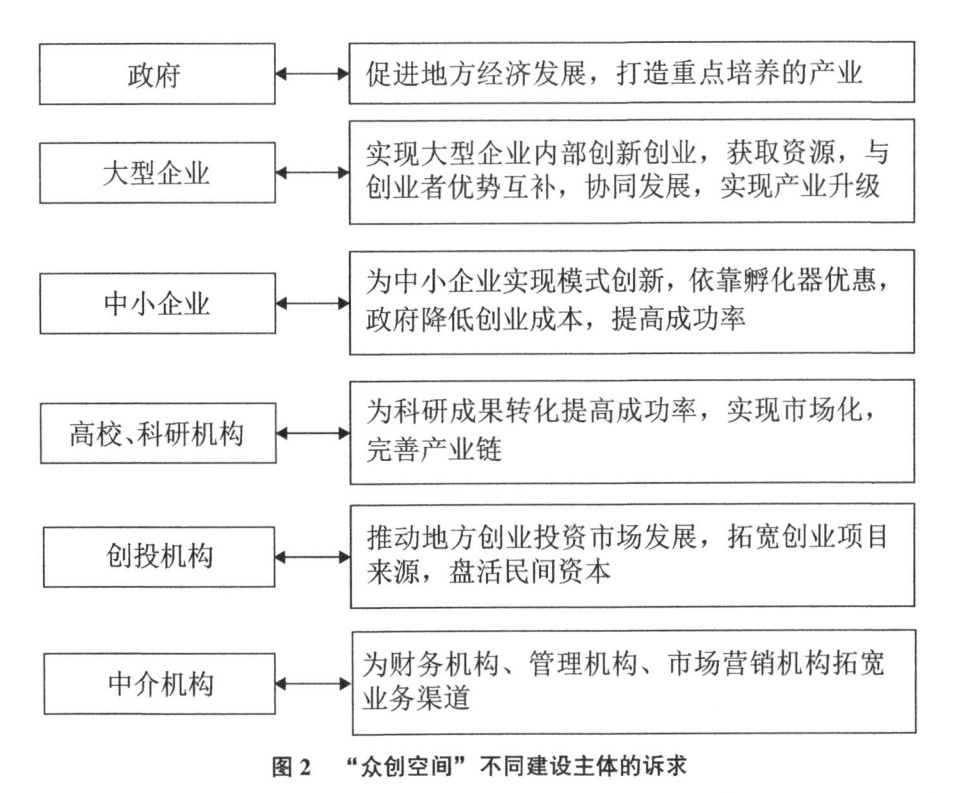

政府	促进地方经济发展,打造重点培养的产业
大型企业	实现大型企业内部创新创业,获取资源,与创业者优势互补,协同发展,实现产业升级
中小企业	为中小企业实现模式创新,依靠孵化器优惠,政府降低创业成本,提高成功率
高校、科研机构	为科研成果转化提高成功率,实现市场化,完善产业链
创投机构	推动地方创业投资市场发展,拓宽创业项目来源,盘活民间资本
中介机构	为财务机构、管理机构、市场营销机构拓宽业务渠道

图2 "众创空间"不同建设主体的诉求

资料来源:刘春晓. 创新2.0时代:"众创空间"的现状、类型和模式 [J]. 互联网经济, 2015 (8): 38.

由于中介机构未建设"众创空间",因此国内"众创空间"可以分为三大类：高校"众创空间"（多由高校及其附属机构创立）、政府"众创空间"（多由政府及其附属机构创立）和企业"众创空间"，其中企业"众创空间"还可细分为科技企业、投资机构、媒体机构、地产企业和产业链服务企业五大类，其各自的运营特点与典型代表如表1所示。

表1 国内"众创空间"的类型——基于运营主体的角度

性质	运营主体	细分主体	运营特点	典型代表
不以盈利为主要目的	高校及其附属机构		基于大学人才、技术和教育优势，孵化学生和教师发起的项目，作为大学生创新创业的重要实践基地	清华X-lab 北大创业孵化营
	政府及其附属机构		基于政府政策优势，孵化某些战略性产业领域的创业项目	上海杨浦科技创业中心 北京高技术创业服务中心
以盈利为主要目的	企业	科技企业	基于企业技术和产业资源优势，孵化与企业业务相关的新型业务模式	微软创投加速器 腾讯"众创空间" 百度开发者创业中心
		投资机构	基于投资人的经验、资金和渠道优势，孵化创业项目	车库咖啡 创新工场
		媒体机构	基于新媒体的渠道优势，寻找和孵化创业项目	氪空间
		地方企业	基于存量空间，按照共享空间的理念，孵化创业项目	SOHO 3Q 优客工场
		产业链服务企业	提供硬件设备，技术培训等	柴火创业空间

政府"众创空间"主要由政府投资建设，地方科技主管部门、人社部门等负责运营与管理；企业型"众创空间"多由民营创业园、孵化器或互联网企业为配合产业升级而兴办。高校"众创空间"与政府型、企业型"众创空间"在价值取向、服务对象、孵化机制、依托资源等方面存在差异。

2.1.1.2 与创新实践平台的概念比较

我国现有的大学生创新实践平台主要是专业的实验教学平台，包括专业实验室、虚拟仿真实验室、创新实验室和训练中心以及工作室等形式，旨在全面提升实验教学能力及实验教学质量，培养学生创新精神和综合实践能力，这一点和创客空间比较接近。创新实践平台与创客空间的相同点是皆以培养学生创新精神和综合实践能力为目标，均配备了大量的设备和工具，但创客空间与实验教学平台在服务人群、开放程度、资金来源、创业氛围、活动形式方面存在着显著的差异（表2）。

表2　大学生创新实践平台与高校"众创空间"的差异

要素	创新实践平台	高校"众创空间"
服务人群	本专业师生	所有对此有兴趣的人
开放程度	相对封闭	开放
资金来源	较为单一	相对广泛
氛围	相对沉闷	较为活跃
活动形式	课堂教学、课下实践	沙龙、技术分享、公开课等多种形式

2.1.1.3　与创业实践平台的概念比较

大学生创业实践平台，是提供并保障大学生进行创业尝试与模拟操作的制度设计、项目安排、活动组织及硬件支持的统称，是创业教育的重要载体和条件保障。目前，大学生创业实践平台主要包括大学生创业孵化中心、大学生创业孵化基地等形式。创业实践平台与高校"众创空间"皆以培养学生创业意识和创业能力为目标，均通过提供预孵化服务来培养学生的创新创业能力，服务的商业路径均为科技成果的商业转化和小微企业商业模式创新，但在（包括但不限于）服务方式、资金来源、文化氛围等方面存在差异（表3）。

表3　大学生创业实践平台与高校"众创空间"的差异

要素	"众创空间"	大学生创业平台
服务方式	线上线下结合	线下
资金来源	多样	较为单一
文化氛围	创业氛围浓厚	创业价值观未能深入

2.1.2　高校"众创空间"的内涵

高校"众创空间"与其他主体创办的"众创空间"相比，在价值取向、服务群体、服务机制及依托资源方面具有较大程度的差异，形成了具有高校特色的独特特征。

2.1.2.1 价值取向：能力培养

高校是培养高素质人才的场所。在大众创业、万众创新的新时代，高校的主要任务是培养具有创新精神和创业能力的人才，以推动社会经济的发展。这种推动社会经济发展的作用形式是间接的，与政府型"众创空间"、企业型"众创空间"的作用方式存在明显区别，后两者主要通过孵化和加速初创企业成长，直接助推社会经济发展。

2.1.2.2 服务群体：大学生

高校培养人才的内在属性决定了高校"众创空间"的服务对象是大学生群体。与其他社会群体相比，大学生群体虽然具有一定的知识和技术优势，但也普遍缺乏对商机的把握能力和创业基本情况的了解，加之社会经验和资源的欠缺、心智不够成熟，导致大学生创业失败率偏高。据报道，全世界大学生的平均创业成功率在10%左右，而我国大学生创业成功率仅有1%左右。所谓创业失败，是指发生在任何创业阶段中的创业活动中止现象。因此，如果将非高校主体"众创空间"服务对象——社会创业者的特征表述为从0到1的创业者的话，那么高校"众创空间"的服务对象——大学生群体只能算是从–1到0的创业者。

2.1.2.3 服务机制：预孵化

大学生群体的特殊性决定了高校"众创空间"更注重从–1到0过程的孵化，这个过程又称"预孵化"。预孵化的过程是把想法变成产品、把产品变成项目、把项目变成企业的过程。高校"众创空间"提供预孵化的基本流程：先寻找具有优质创业想法的大学生创业者，然后将其引进预孵化器，为其提供相应的服务支持，在预孵化的过程中对创业者的创业想法进行监测、评估和调整，使其成为切实可行的项目，尽可能增加新企业创立的机会。高校"众创空间"预孵化的具体内容包括但不限于场地设施（办公空间、办公用品、基础设施等），交流分享（企业家演讲、创业沙龙等），创业咨询（项目诊断、项目指导等），创业培训（经营管理、投融资知识、企业管理、财务管理、技术等方面的课程），投融资对接（项目路演等），政府资源对接（工商注册、税务登记、专利申报、财税、国家级项目申报等），宣传推广（网络宣传媒介）等。

2.1.2.4 依托资源：知识人才

相比于社会主体的"众创空间"，高校"众创空间"依托高校资源发展，在知识和人才方面拥有较为突出的优势。首先，高校是先进思想、创新文化和科技资源的聚集地，拥有浓厚的学习氛围和大量的教育资源，在培养和造就高层次优秀人才方面具有独特的优势。一方面，高校为科技创新培养一流的科学家等拔尖人才，另一方面，为社会培养、输送从事行政管理工作的高级管理人才和从事高端技术管理的技工人才。其次，高校拥有比较齐全的学科门类，依靠高水平的研究学者、先进的仪器设备和前沿的信息资源成为先进知识的创新源泉，通过针对国际前沿的学科知识开展大量的深入研究，有利于提出新的科学思想和科学方法，形成丰硕的科研成果。

2.2 高校在创新创业过程中建设"众创空间"的优势

高校是我国人才聚集的主要阵地，它不仅是高等教育学府，也是我国科技创新主力军的集训之地。高校里各种专业、各种技能的人才层出不穷，校内的科研气氛格外浓厚，高校具备建设"众创空间"的特有优势。在我国大众创业、万众创新的大环境下，推动高校"众创空间"的建设和发展是创新驱动发展战略带动经济全面增长的必然趋势。高校"众创空间"的建设有利于更深入地推动高等教育的全面改革，促进高校毕业生更高质量的创业、就业，从而适应我国经济结构的战略性调整。

2.2.1 高校为"众创空间"发展提供充足的人才资源

高校是我国人才的培育和聚集之地，人才是高校知识创新、科技创新的重要后备力量，两者紧密结合、协同发展。高校人才的综合素质、专业知识、科研创新能力及管理技能等，是人力资源中最重要的考核标准，其远超于社会上普通的人力资源，他们对于科技的创新和技术的进步发挥着积极的推进作用。高校不仅汇聚着我国当今社会上涉及的各种学科，还囊括了一大批具有不同的知识结构、知识储备和学习能力的专业型人才，在一定程度上形成了人才聚集现象。人才的聚集不仅能够加强和扩大显性知识的传播，也能进一步实现隐性知识的交汇与融合，高校人才的知识储备在对知识链的整合、吸收和消化过程中得到升华，进而加快了知识创新成果的产出[46]。

高校人才聚集对于"众创空间"的持续发展至关重要，而高校培养人才的多样化是人才聚集的一个重要因素，除此之外，高校人才聚集还与以下三个方面有关。

一是与科技发展水平有关。高校人才的输出率和创新创业成果的产出率与区域经济的发展密不可分，区域经济的发展是地方高校赖以生存的基本社会保障，是人才汇聚到地方高校的基本因素，同时也是影响高校人才聚集情况的重要变量。区域经济的持续发展离不开科技的支撑，高校所在区域科技发展水平的高低不仅直接影响着高校的发展前景，也间接决定着高校创新型人才未来的生存环境。此外，政府的管理水平和社会的开放程度都直接影响着区域高校内人才的聚集情况。科技的发展水平不仅直接影响着区域高校内人才的聚集度，也间接牵制着高校"众创空间"的建设脚步。高校"众创空间"对于区域科技发展水平的提高至关重要，是科技发展必不可少的项目源泉。

二是与科技投入力度有关。科技的投入主要包括经费、基础设施和信息资源三方面的投入，其投入的力度是区域科技发展的重要砥柱，也是高校成功吸引人才的重要表现形式。经费的投入是科技投入最直接的外在表现形式，也是科技投入必不可少的重要环节，高校对人才的引入、基础设施的建设和科技活动的开展等都离不开经费的大力支持；基础设施的投入是高校吸引人才最快速的方式，其投入的力度体现了高校的综合竞争力和科技创新力，它不仅是高校人才进行科技活动必需的物质基础，也是创新创业教育得以切实开展的必要保障，在一定程度上决定着高校人才的聚集程度；信息资源是高校能够有效开展创新创业项目的关键因素，科技信息资源的投入是一种无形的资产，直接影响着创新创业项目的发展进度和社会走向，特别是在这个信息为主的时代，高校人才通过对科技信息的接收、传递和共享，为创新创业项目的产出提供了丰富的外在信息，信息共享的越充分，越有利于人才知识的积累和团体知识存量的增加。科技投入的力度是高校核心竞争力的具体体现，也是高校"众创空间"持续发展的前提条件。

三是与高校数量有关。高校在区域内的数量是人才聚集的重要因素，也是判断区域经济发展水平的标准之一。近年来，高校的办学规模不断扩大，招生数量也在逐年增加，尤其在创新型国家的概念提出之后，国家科技投入力度加大，各地高校的发展迅速壮大，各种专业人才蜂拥而至，科技创新速度与日俱增。不同学科、不同类型的高校之间相互学习和借鉴，弥补彼此的不足，完善知识结构体系，进而促进人才自身的知识积累和扩充，为"众创空间"的发展提供了有力的软件支撑。

2.2.2 高校齐全的学科门类为"众创空间"的发展提供多样的选择空间

我国高校聚集着门类齐全的各种学科，这些领域不同的学科专业对于创新创业灵感的发掘起到指引性作用。高校是我国教育系统中学科门类最多、最全、最精的汇聚地，出于对人才培养的各方面需要，高校同时聚集了理学、工学、医学、农学、教育学等多种学科门类，用于培养各类高层次人才。随着创新型国家概念的提出，高校的这一优势更加凸显，并且逐渐在我国科技创新、经济增长和社会发展中发挥着重要作用。高校的学科门类不仅是其发展水平、办学能力和综合实力的外在体现，也是其办学质量、学术地位以及核心竞争力的评定标准[47]。高校学科门类的设置在高校各项工作中处于龙头地位，丰富多样的学科门类是发掘创新灵感的重要前提条件。高校教学的开展、科研的立项以及创新灵感的发掘都以学科为基础，其主要内容是明确学科的发展方向、培养学科的带头人、构建合理的学科体系、争取高层次的科研项目等。高校学科建设非常注重面向社会经济发展的主战场，地方经济社会的增长点在哪里，学科专业就办到哪里。

高校大学生富有创新意识，是创新创业的智力源泉，而学科配套齐全，学术思维活跃等都有利于滋生新的学科建设和创新灵感。高校里不同的学科归属于不同的学院，每个学院都在积极地进行学科建设，围绕学科自身的特点及其发展规律，加强不同学科之间内容和方法的相互融合、相互渗透，增强知识结构的完整性和前沿性，形成高校内学科的整体建设优势。学科的发展是高校地位的主要标志，国家、区域和社会发展的需要是大学学科发展的不竭动力，高校结合当地区域特色建立的特色学科具有独特性和不可替代性，学科建设不仅直接影响着高校各方面的发展和建设，同时也制约着"众创空间"以及区域经济的发展方向。高校学科门类的齐全直接影响着对创新人才的吸引力，而创新灵感的发掘更是在学科门类齐全的前提下产生的。

2.2.3 高校先进的创新创业教育有利于大学生创新能力的培养

高校作为我国的高等学府，是青年人才的聚集地，高校学生具有自觉学习和自我约束的能力，因而营造了高校独特、浓厚的学习氛围。学习氛围是高校对于学生管理工作水平的外在表现，也是高校能够长期稳定发展的前提条件，良好的学习氛围不但能够培养学生的学习兴趣，而且能够增强学生学习的主动性。高校浓厚的学习氛围有利于学生创新能力的培养，为高校培养出更多优秀的创新型人才奠定良好的前期基础。学习氛围是高校发展的灵魂，它是一种精神的外在表现，是高校核心竞争力和综合能力的体现。良好的学习氛围不仅是学校各项工作的根本，也是校园文化建设的基本保障，长期处于这种环境中，可以使学生们养成良好的学习习惯和行为规范，长此以往，学生的情感、思维、行为、习惯及气质等会受到潜移默化的影响，有利于学生品行修养的提高。良好的学习氛围会使学生们拥有健全的人格以及健康的心理素质，学生们的创新能力也会在浓郁的学习氛围中不断地得到升华。高校的学习氛围是一种特殊的成长环境，能够培养学生独立自主的学习能力，这种专门设置的育人环境，主要是为了满足学生的身心发展需求而制定，高校的学习氛围为学校培养优秀人才奠定基础，是高校人才培养的根本保障[48]。

高校的学习氛围不仅是学生人格和品质的外在体现，也是高校教学、管理工作的评价标准之一。浓厚的学习氛围可以提升高校人才的创新能力，为人才优良人格的塑造创造有利条件，对人才综合能力的培养产生积极的引导作用。

2.3 高校"众创空间"的运营模式

我国高校"众创空间"通过购买服务等方式引进企业并协助其运营管理，目前，我国高校在"众创空间"的运营和管理上主要有以下几种模式。

2.3.1 "学校主体、学生运营"模式

高校"众创空间"的建设和发展主要是为学校中具有创新创业能力的人才提供施展才华的平台。当前，许多高校将"众创空间"的运营权交到在校学生手中，学校作为"众创空间"的主体，在空间的管理上拥有绝对的主体权益，而学生主要作为空间运营和服务的主体，对空间的服务负有主要职责。学校以培养和扶持学生创办企业的方式来购买服务，让学生达到自我服务的目的。

2.3.2 "企业主体、企业运营"模式

我国现有的高校"众创空间"中，有部分高校探索商业合作模式。高校与

企业签订合作协议后,"众创空间"的运营及管理全权交给企业负责,高校只充当"众创空间"场地的提供方,具体的管理和运营等事项交由企业来运作。企业作为主体,派遣管理团队入驻空间,以企业自身的运营模式来带领"众创空间"的发展,在空间中占有主要领导位置,对"众创空间"的事物有充分的自主权,这主要体现出高校与企业之间分工明确,从而达到双赢的局面。

2.3.3 "学校主体、学校运营"的自主模式

近几年,我国部分高校实行集中式的教育模式,以求做到教育一体化,将知识与实践相结合,为学生毕业后顺利走向工作岗位做铺垫。学校自主运营的方式,将学校的主体地位更加完整地体现出来,这不仅体现出学校掌握着"众创空间"的全面布局,也表明对"众创空间"未来发展的自主规划权和自主实施权。高校努力探索集中化的教学模式,从教学到实践一体化,以"众创空间"的发展来凸显高校创新创业教育的孵化功能,从而体现高校创新办学的特点。

2.3.4 "学校主体、企业运营"模式

目前,部分高校在积极地寻求与企业合作的运营模式,学校负责提供空间内的基本设施建设,企业负责"众创空间"的日常管理和市场运营,重大事项上,学校拥有主体决策权,企业作为附属体存在。"众创空间"以学校为实施主体,企业负责空间管理,这是目前校企合作的常规模式,企业有自己的销售渠道,可以在最短的时间内,让高校的"众创空间"项目在社会中发挥作用。学校负责提供"众创空间"内的创新项目和后期的研究成果,企业负责在社会中进行推广,企业发挥自身优势,将项目切实地应用到社会中。

3

高校"众创空间"支撑环境的理论基础

创新精神和创业能力是个体进步、经济发展及社会创新的驱动力，而依托创新创业的"众创空间"是一项系统工程，不仅需要课程、师资等常规教学活动，也需要构建全面合理的外部支撑体系促进创业者与初创企业的成长，帮助提升高校创业教育的效率与效果。本研究以创业生态系统理论、"三螺旋"模型为理论基础，探讨高校"众创空间"支撑环境的关键主体、要素及协作机制。

3.1 创业生态系统理论

创业生态系统理论有助于明确高校"众创空间"支撑体环境的参与主体和关键要素。在知识经济时代，创业是世界各国提升竞争力的关键因素，其中建设创业生态系统是培养创业人才、提升创业活力、维持创新动力的重要保障。高校"众创空间"和创新创业教育是创业生态系统中的重要成分，与政府、产业和中介机构形成互动协作关系，从政策、文化、资金和服务等方面为创业人才培养提供支持。

3.1.1 创业生态系统的定义

生态系统的定义源于生物学概念，指的是在某一环境中的生物有机体和非生物因素之间互动而形成的复杂系统，通过彼此间的能量传递和养分输送得以自我维持[49]。后来生态系统的概念不仅运用于自然体系中，也扩展到社会和人文领域。20世纪90年代首次出现了"商业生态系统"的概念，用来定义由互相作用的组织和个体所支撑的经济环境[50]，主要构成要素包括消费者、供应商、生产者和竞争者等利益相关者。随着时间发展，生态系统内各要素的能力和角色会共同进化，而在此过程中，关键主体将发挥至关重要的调动资源和相互支持作用。

创业生态系统的概念最早出现于 2005 年，麻省理工学院的邓恩以 MIT 创业俱乐部的故事引申到创业生态系统的概念，对 MIT 学生创业精神的培养、创业教育项目的运作概况进行描述，但没有予以明确定义[51]。之后创业生态系统的概念得到越来越多的关注，越来越多的人探讨其结构、特征和评价机制等。创业生态系统是通过个体、角色、基础建设、组织和活动的相互作用，形成有利于创业活动发展的环境体系[52]。创业生态系统区域内的各个主体间通过彼此支持相互促进，支持企业的创办和发展，继而创造经济和社会价值。简而言之，创业生态系统是有利于创业发展的内外部支撑网络，为创业提供人力、资金、基础设施等资源和相关政策保障。

3.1.2 创业生态系统的结构框架

从概念来看，创业生态系统是由主体和环境相互依赖和作用形成的有机整体。其中，关键主体包括创业企业以及参与创业过程的相关机构，环境则包括创业过程中的全部外部影响因素。按照创业生态系统的主体和环境来分，不同学者罗列了不同要素（表4）。主体一般包括政府、大学等研究机构，投资机构和中介服务机构；环境则包含了政策环境、人力资源、市场环境、文化氛围、基础设施和地理位置等。

表 4　创业生态系统构成要素

参考文献	创业生态系统 主体	环境构成要素
梅苏雷布朗，2014	创业企业，资源提供者（投资机构、科研机构等），中介机构（创业协会、俱乐部等）	政策、文化等
苏蕾石，2012	政府、投资机构、中介机构、社会网络等	资金、技术、政策、市场、社会、环境、网络、道德品质等
科恩，2006	政府、科技园、社会网络、投资机构、支持服务机构、大型企业	政策、人才、资金、专业服务、基础设施、人文环境、自然环境等
沃格尔，2013	政府、创业企业、其他相关机构	创业教育、投资、文化、网络、支持体系、基础设施、地理位置、市场、制度等

资料来源：彭秀青，蔡莉. 创业生态系统研究回顾与展望 [J]. 吉林大学社会科学学报，2016，56（1）：5-16.

从特征属性来看，创业生态环境包含三大属性，即文化属性、社会属性和物质属性。文化属性包括创业文化和创业成功经验；社会属性表现为社会关系网络，包括创业者、投资者、社交圈和创业导师；物质属性包括政府政策、大学、创业支持服务、基础建设和开放的当地市场。从创业生态系统的基本条件来看，可分为框架体系和系统体系。框架体系包括正式机构、文化、基础设施和市场需求；系统体系则包括联系网络、领导、资金、人才、知识和支持服务。就创业生态系统的框架而言，百森学院的艾森伯格教授提出了创业生态系统的六要素框架（图3），包括有利的文化、支持性的政策和领导、可获得的资金、高素质的人力资源、风险适宜的市场和机构、基础建设的支持[53]。系统中的各要素以复杂的关系组合，每个要素都对创业具有促进作用，但单方面的促进无法维持创业的持续发展。因此，创业生态系统的构建需要积极调动每个要素的作用，要素之间互相协调，并保持动态平衡。

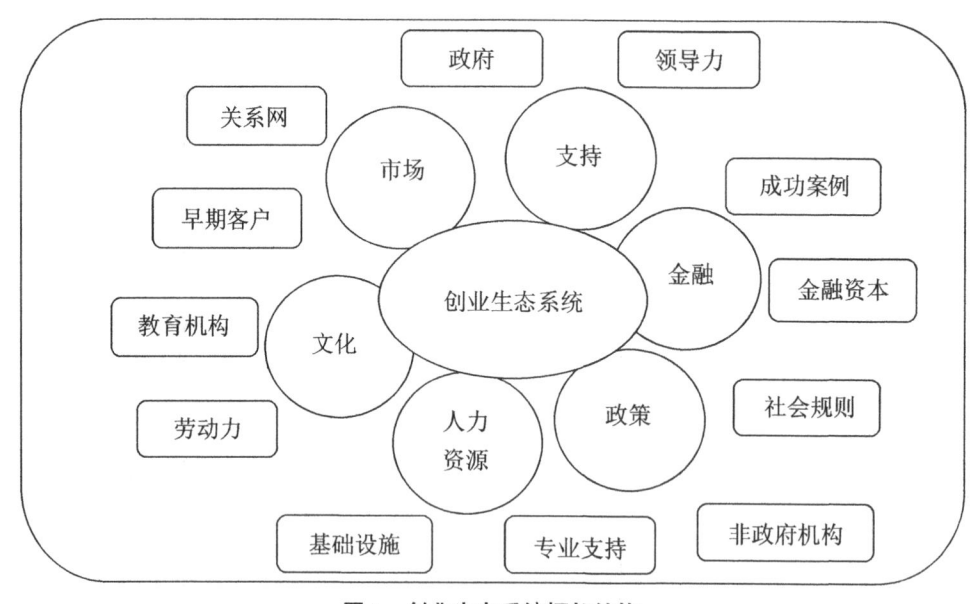

图3 创业生态系统框架结构

资料来源：ISENBERG D. How to start an Entrepreneurial Revolution [J]. Harvard Business Review, 2010, 88 (6): 40-50.

此外，全球创业观察提出了评价创业生态系统的结构框架，从基础建设、金融和法律机制、市场动态、文化和社会规则、政府创业项目、创业教育、市场进入机制、政府政策、科技研发转移等方面对创业生态统的效力进行评估。总的来说，创业生态系统内的行为主体包括政府、高校和社会机构（投资机构、中介机构、企业等），以政策、金融、文化、基础建设和相关服务等为关键要素，维持创业生态系统的可持续发展。

3.1.3 创业生态系统的特点

创业生态系统是由多元要素及互相作用组成的复杂综合体，主要表现出区域独立性、多元参与性和共同自续性三大特点，维持创业生态系统内的个体发展和总体繁荣。

第一，区域独特性。

创业生态系统的建立离不开所处地区的历史和文化，各个地区的创业生态系统呈现出不同的模式和特征，每一个创业生态系统都是独一无二的[54]。虽然创业生态系统具备相同的关键要素，但系统内还有众多其他因素以高复杂性和异质性发生着相互作用，呈现出区域特点。例如，以色列的创业生态系统显示出自然资源稀缺、军事联系突出的特征；爱尔兰的创业生态系统基于免费教育普及、多元人口结构和对欧洲市场的依附；中国的创业生态系统则在政府强有力地引导和推动下逐渐形成。照搬其他地区的创业生态系统模式，并不能保障在当地区域内的成功，因此创业生态系统建设应考虑地区特征。

第二，多元参与性。

创业生态系统是由多因素构成的复杂网络关系，需要多元主体间的互动和参与来促进发展。一方面，创业生态系统内的主体呈现出多样化特征，涉及各个领域，如政府、高校、投资机构、中介机构等。另一方面，系统内的各主体扮演着不同的角色，通过互相合作实现资源、能力的互补[55]。例如，政府对创业环境进行宏观调控，高校负责输送创新知识、产品和人才，投资者则提供推动创业的资金支持，中介机构成为各主体间的沟通桥梁。

第三，共同自续性。

创业生态系统的各主体间形成互相联系、互相依赖的网络关系，以个体和整体的智能进化和自我持续发展为目标，以成功孕育下一个成功。系统内的各要素通过不断地调节和沟通，寻找网络关系的平衡状态。通过权力分配和任务协调形成系统内部的治理机制[56]，是维持生态系统自续发展、创造共同价值的关键。

3.1.4 高校创业教育生态系统

创业教育生态系统是镶嵌于创业生态系统内的子系统。在创业生态系统中，不同的主体扮演着不同的角色，关键的行为主体包括政府、学术机构和产业（图4）。就高等教育机构而言，其不仅是创业生态系统中的知识中心，还是理念创新和技术研发的孵化器，也是科研人员、大学生、教师、企业、风险投资、天使投资和创业者之间建立合作关系的平台。

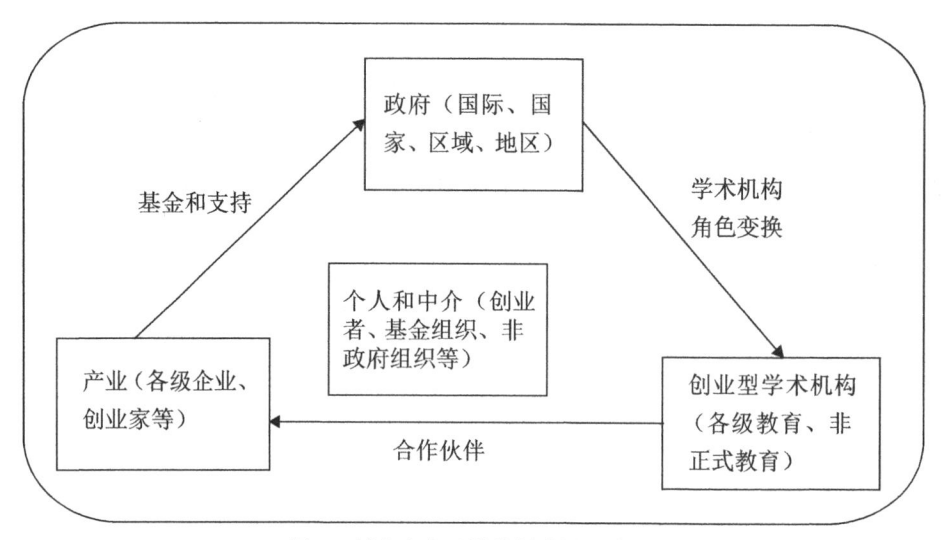

图4 创业生态系统关键主题示意图

资料来源：World Economic Forum. Educating the Next Wave of Entrepreneurs: Unlocking Entrepreneurial Capacities to Meet the Global Challenges of the 21st Century [R]. Switzerland: WEF, 2009: 15.

高校是培养学生创业意识、知识和技能的主体机构，在创业教育生态系统中发挥着至关重要的作用。然而除了高校内部的创业教育实施，社会和政府等外部支持的重要性也日益突显，包括对正式和非正式创业教育项目的支持，以及对各类群体创业教育的延伸和强化。一方面，高校创业教育具有较强的实践性，需要学术界和企业界建立密切合作，突破校企合作在动机和需求上的传统障碍，鼓励并支持双方更进一步的持续协作，如提供创业经验、导师、社会资本和资金支持等。此外，社会创业文化对与高校创业教育的实施和推广具有直接作用，并为学生提供了创业技能培养和能力提升的实践平台。另一方面，国际、国内、区域和当地层面的政策制定者具有重要的创业教育资源协调和调动作用。通过建立法律框架、金融体制和完善市场机制，能够促进高校和企业建立合作关系，营造创业文化，鼓励更多人投身于创业事业。

总之，作为区域创业生态系统中的一部分，高校创业教育生态系统应建立内部创业教育体系和外部大学生创业支撑体系，内部体系包括创业教育课程、课外活动和创业研究等，外部支撑体系则包括利益相关者、资源、基础建设和文化等。在高校、政府和社会等多方主体参与下，结合区域发展特征，以政策、资金、文化、服务等为关键要素，形成可持续发展的创业教育生态系统，促进创业人才的培养，提升区域创业活力。

3.2 "三螺旋"模型

"三螺旋"模型为探索大学生创业外部支撑体系中各主体间的关系和协作模式提供指导。"三螺旋（Triple-Helix）"创新模式由美国的埃茨科威兹教授提出，用以解释大学、产业和政府之间良性互动和密切合作的关系，来实现创新和创业，推动经济增长和社会发展。创新的产生和扩散将大学、产业和政府连接起来，成为国家创新系统中的重要主体。

3.2.1 "三螺旋"模型的构建

"大学—产业—政府"三螺旋理论起源于区域创新实践。1925年，美国产生了首个区域商业模型——新英格兰委员会，集结大学、产业和政府三方力量，共同协作促进区域经济发展[57]。借鉴麻省理工学院（MIT）在新英格兰委员会中起到的重要作用，斯坦福大学引入区域创新模式，并成就了全球科技创业中心硅谷。

区域集群发展的影响力获得越来越多的关注，引发世界各国对区域增长模式和动力机制的探索。例如，弗里曼和伦德瓦尔提出的"国家创新系统（National System of Innovation）"概念认为创新活动是国家创新体系的核心，不仅是经济和社会可持续发展的基础和引擎，也是提升国家竞争力的动力。在国家创新系统中，企业、大学和政府是主要行为主体，各主体间的相互作用对技术创新起到至关重要的作用。

此外，库克基于英国威尔士的实践，提出"区域创新系统（Regional

Innovation System）"理念[58]。区域创新系统包括主体要素、功能要素和环境要素。主体要素即创新活动的行为主体，包括区域内的企业、大学、科研机构、地方政府和中介服务机构；功能要素即主体间的关联和运行机制，包括制度创新、技术创新、管理创新和服务创新；环境要素即创新环境，包括体制、政策调控、基础设施和社会文化等。

"三螺旋"创新模式则在创新系统研究的基础上，试图寻找创新主体相互作用和区域持续创新发展的动力机制。随着知识的创造和传播，创新逐渐从产业界、政府管理的边缘转移到核心地位。大学作为传统的知识生产和创新机构，在教学和科研的基础上拓展了社会服务功能，对创业人才的培养、科技创新的转移起到积极作用。与此同时，创新的含义也发生了转变，从新产品、新技术的开发或第一次商业应用，拓展为"创新的创新"，即积极重构加强创新的组织安排，完善激发创新活动的动力机制。

简而言之，在"三螺旋"模型中，大学、企业和政府是三大行为主体，以螺旋式上升的发展规律，彼此促进与合作，培养创业型人才，形成国家或区域创新系统的持续发展动力。

3.2.2 "三螺旋"模型的互动特征

"三螺旋"指的是大学、产业、政府三方的紧密合作和相互作用，以促进创新发展，在此过程中，三大主体既保持各自的独立身份，又互相影响、互相促进，形成动态的创新发展模式，具备静态和动态特征。

3.2.2.1 "三螺旋"的静态特征

"三螺旋"模型起源于大学、产业和政府之间建立的彼此互惠的关系。每个独立的机构都希望加强与创新有关的其他性能，因此，三者合作是促进整体发展的有效路径。在美国，政府与产业的合作有史可循，如联邦政府通过增地运动刺激铁路业的发展，通过保护法案和税收政策的出台推动半导体、互联网等产业的发展[59]。

知识经济时代的到来，凸显了大学的社会职能，引起政府和产业界的关注和支持，如大学研究中心的建立和发展。大学、产业和政府三大机构通过合作实现在能力范畴上的相互交叉（图5），在具备传统的独立功能角色外，还表现出其他主体的部分功能。同时，三大主体的深层次交互，产生了新的组织形式，被称为"混成组织（Hybrid organization）"，如孵化器、科技园、技术转移办公室等。有的大学通过技术转移办公室实现商业功能，有的企业设立研究部门实现研发功能等。各机构在学习传统职能以外的能力时，促进了相互之间的理解和沟通。

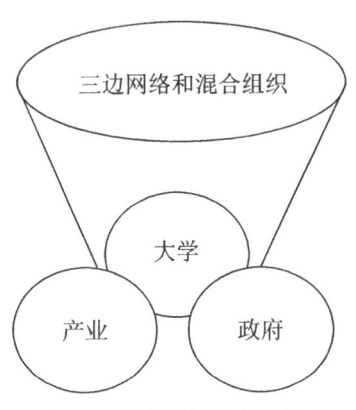

图5　三螺旋结构的主体关系

资料来源：ETZKWITZ H, LEYDESDORFF L. The Dynamics of Innovation ：from National System and "Model 2" to a Triple Helix of University-Industry-Government Relations［J］. National Academy Press，2000，29（2）：109-123.

在不同的国家体制中，"三螺旋"模型的发展具有截然相反的起点。在国家干预主义体制中，政府控制着大学和企业的能力和运作，大学和企业朝着独立于政府控制的方向转变；而在自由放任主义体制中，政府、大学和企业三大主体相互分离，朝着彼此依赖互动的方向转变，最终都将殊途同归。知识经济时代，两种传统模型的矛盾将会凸显。一方面，在国家干预主义体制中，大学是远离产业的教育机构，企业无法直接安排大学的技术转移，需要等待政府的决策，阻碍了知识创新的扩展效率和效果。另一方面，在自由放任主义社会中，各类机构彼此独立而分离，然而大学是为企业输送劳动力的来源，传统教育模式培养的人才无法胜任日新月异的产业需求，产生供需不平衡的问题。因此，只有建立有效互动的"三螺旋"模型，才能为社会创新发展和促进创业活动提供强大动力。

3.2.2.2　"三螺旋"的动态特征

"三螺旋"静态模型阐述了"三螺旋"的形成原理，但缺少了各因素间相互作用过程和运行机制，因此有学者提出了"三螺旋"的互动模型[60]。大学、产业和政府在实现彼此的功能范畴时，也保持相对独立的身份，三者之间的互相作用过程是功能上的重叠，而非机构范畴的重叠。当知识成为资本，任何人或组织都可能是潜在的创业者。大学、产业和政府在相互作用中，不断沟通、合作和交叉，促成了孵化器、科技园等"混成组织"的出现和发展。若将大学、产业和政府的功能比作物理学意义上的力，合力则是三维方向上力的结合（图6）。该模型说明了国家干预主义体制和自由放任主义体制的瓶颈：若某一方向的力太强，则会导致其他两个方向的螺线围绕它旋转；相反，若三者的联系或作用太弱，则会导致合力的缺失。因此，只有三个维度的力达到均衡，才会产生平稳高速的旋转，即螺旋。

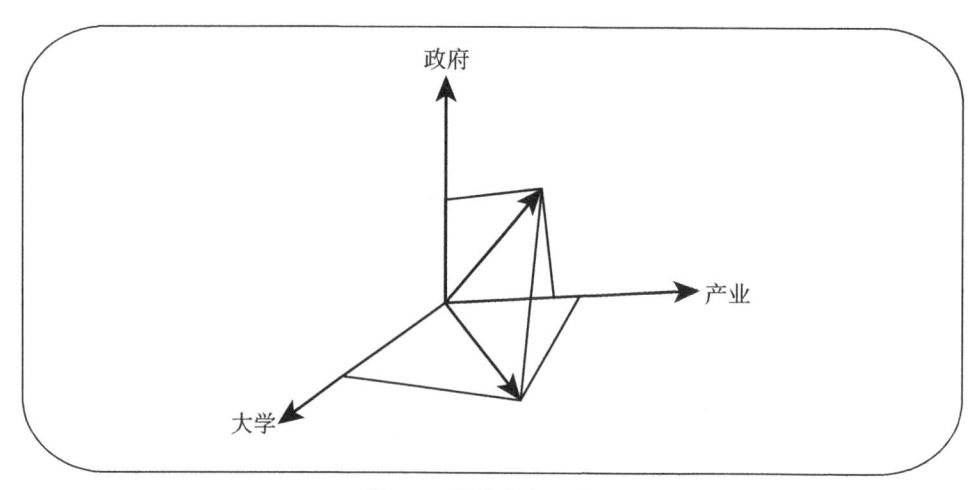

图6 三螺旋合力示意图

资料来源：埃茨科威兹. 国家创新模式：大学、产业、政府"三螺旋"仓创新战略 [M]. 周春彦，译. 北京：东方出版社，2014：48.

"三螺旋"之间的循环包括三个主体的内部循环和三者之间的外部循环（图7）。通过内部循环，输出各类促进创新的要素，如大学输出人力资源、知识和技术的创新及大学衍生公司等；政府输出政策和法规、资金和公开信息网络等；产业则输出产品、税收、研发投资和风险资本。在外部循环中，不仅包括区域战略、项目计划和网络合作的建立，也包括人员循环、信息循环和输入循环。

3 高校"众创空间"支撑环境的理论基础

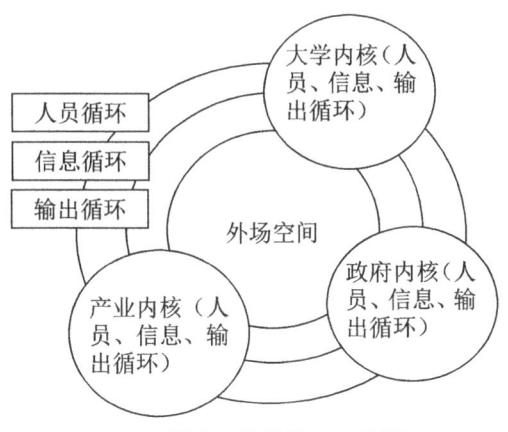

图7 横向三螺旋循环示意图

资料来源：埃茨科威兹.国家创新模式：大学、产业、政府"三螺旋"创新战略［M］.周春彦，译.北京：东方出版社，2014：50.

人员循环，即人才流动。人才在大学、产业和政府的流动，可以促进思想的交流和信息的交换，促进各主体间的合作和理解。人员流动主要有三种形式：永久性的单向流动，如大学教授从事创业，成为企业家；双重身份人员，如在大学和产业同时担任重要职务的人；短期轮岗人员，如政府官员同时在大学兼任教授等。

信息循环，即信息交流，是建立合作的前提和基础。借助互联网等工具建立信息交流和共享平台，有助于促进区域内及区域间的合作，提高各个主体的合作意愿。例如，政府公开创业政策和基金支持信息，打开了大学和产业的资金渠道。此外，信息交流还有助于促进各主体间的监督和评估，保障各项职能的有效履行。

输出循环，即产品的输出，满足各参与主体间的互惠和互需均衡。产品输出的循环决定了参与者之间是否具有相互作用的动机和动力。例如，大学输出优秀的人力资源，满足了产业界的需求；抑或大学由研发创新技术的意愿，产业界则为其提供资金支持；种种互惠互补的需求和供应，成为三方合作的内在动机。

3.2.3 "三螺旋"模型和高校创业教育

大学是"三螺旋"创新模型中的关键主体之一，是国家或区域创新系统发展的重要驱动力。高校创业教育生态系统是区域生态系统中的子系统，具备相类似的特征和运作模式。高校、产业和政府也是大学生创业支撑体系中的重要角色，因此，运用"三螺旋"模型分析大学生创业的外部支持网络，有助于厘清参与高校创业教育的支撑主体、主体间合作网络的构建和动力机制。此外,"三螺旋"模型中对于孵化器、科技园、"众创空间"等"混成组织"的探讨,恰好为支持大学生创业的孵化服务机构的产生和作用提供了理论支持。

根据"三螺旋"模型,高校创业教育的主要参与者应包括大学、产业、政府和中介服务机构。其中,大学、产业和政府间应形成良性互动、密切合作的关系网络,以互惠互补为动力机制,以人才、资金、政策、平台等为互动媒介,为大学生创业提供持续支持。

4

高校"众创空间"支撑环境的结构与关键要素

4.1 "众创空间"支撑环境概述

对高校"众创空间"支撑环境的分析是创业可行性分析的基础。外部环境是不断发展变化的,它既能够为创业者带来机遇,又能够给他们带来打击和威胁。创业者只有对整个宏观和微观的各类因素和发展趋势有一个全面正确的认识,才能抓住创业机会,成功创业。高校"众创空间"的主体是为高校"众创空间"提供支持条件的个人和组织。例如,各级政府相关职能部门,环境的功能对从事"众创空间"的个人或者组织的创业行为产生的影响作用。

4.1.1 环境与创业环境

环境是指对系统目标的实现有一定影响并且存在于系统外部的多种条件因素和力量的总和。环境既包括以空气、水、土地、植物、动物等为内容的自然因素,也包括以观念、制度、行为准则等为内容的社会因素;既包括非生命体形式,也包括生命体形式。环境是相对于某个主体而言的,主体不同,环境的大小、内容等也就不同。

从"众创空间"主体的角度来看,我们认为环境具有动态性和复杂性。环境具有动态性。动态性是指环境、科技和法律规章制度的变化幅度与速度。发生剧烈变化的环境要素可称为动态环境;缓慢变化并且幅度很小的环境要素,称为静态环境。第一,处于不断变化环境中的创业者和新建企业,当原有的外部环境发生改变时一定会破坏原有的市场平衡。第二,新建企业和创业者对外部环境的认识发生了改变。环境具有复杂性。复杂性是指创业者和新建企业所处环境利害关系的复杂程度。它由几方面要素组成，包括新竞争对手进入频率、参与要素的规模和数量、客户关系、技术应用速度、政府干预程度和新产品出现速度等。在企业的外部经营环境中，其影响因素越多，差别越大，则该创业环境的复杂性系数越高。企业是一个开放的系统，它所面对的外部环境因素有着多种多样的发展趋势，而且不同的竞争者之间对于外部环境的不同感受而相互发生的作用也具有复杂性。

创业环境是指对初创企业的发展有着一系列影响作用的外部因素的总和，它包括整体的文化、经济与政治因素。而这些因素是影响企业在建立过程中获得所需援助和服务的关键。我国学者范伟军从创业者、环境和创业活动的角度分析了创业环境的概念，并指出创业环境作为特殊的环境，是一般环境的特定组成部分。在组织理论的文献研究中，关于创业环境的认识主要可以归纳为两种观点。一是环境决定论，即将创业环境作为组织必须适应的外部条件；二是战略选择论，即将创业环境看作组织自身感知的客体[61]。在对创业进行研究的文献中，这两种关于创业环境的认知观点都已经包括在内。创业环境的概念界定对揭示环境与创业行为的影响有着重要意义。有很多学者深入地讨论了创业环境的概念，其中最有代表的是加特纳，他从组织、个体、环境和过程四个维度描述了企业的创业过程与框架，并指出创业环境的构成因素包括大学和科研机构、政府的干预程度、获得资源的难易程度和人们对待创业的态度等[62]。本研究中的创业支撑环境是指创业者在创建企业的过程中，对其创业过程有着影响作用的外部因素和其所组成的有机整体。

Henrig 认为创业的外部影响因素由两部分组成，分别是理性环境要素与感性环境要素[63]。Anna Lee 则对硅谷的移民创业者进行了研究，并深入研究了当地的创业支撑环境，并提出创业支撑环境包括密集的社会网络、基础的工业体系、地区的社会文化和开放的人才市场等[64]。Deborah 从政府支持、公共基础建设和社会文化三个视角分析了创业环境体系的要素构成[65]。Child 将创业支撑环境视为企业感知自身的客体[66]。Aldrich 则认为创业支撑环境是企业发展所必须适应的外部环境[67]。Desai、Gompers 和 Lerner 则指出创业支撑环境的本质是一种包含了制度规范、规制的环境。池仁勇则将创业环境视为创业者周围的环境，他认为创业环境是创业者和企业生存和发展的基础，是一个复杂的系统[68]。

张玉利、陈立新指出创业环境是要素的组合，它在创业活动过程中有着重要的作用[69]。蔡莉则指出在创建企业的过程中，对创业过程有着一定影响作用的外部因素及其组成统称为创业支撑环境[70]。从 20 世纪 30 年代开始，Weber、

Barnard 等管理大师就开展了对创业支撑环境的研究，其中 Barnard 从组织和协作的角度指出，组织行为是对外部环境的反应，而其存在则取决于协作系统的平衡[71]。Gnywali 和 Fogel 认为创业支撑环境是指创业者在开展创业活动的过程中所必须考虑和利用的各种因素的总和。这些学者更加全面地考虑了创业过程中的各个因素，以及这些因素对创业企业产生的影响，外部环境中资源的可利用性能够对企业的生存与发展产生重要的影响，与此同时也能够对创业企业融入外部环境的能力产生影响。

我国学者对创业支撑环境与创业之间关系的把握分为三种：一是平台论，认为创业支撑环境是为创业者提供创业的平台，叶依广认为创业支撑环境是由政府为创业者搭建的一个公共平台[72]。二是因素论，认为创业支撑环境是创业活动中各种因素的组合，张健等人认为创业支撑环境是与创业行为发生联系的各种因素的组合[73]。三是系统论，认为创业支撑环境是创业的外部条件，可以看作一个复杂的系统，池仁勇认为创业支撑环境是创业主体生存与发展的基础，是由多个层面构成的有机整体[74]。考察、明确和把握创业支撑环境如何作用于创业活动，可为优化创业支撑环境提供支持，也可为创业主体对自身创业能力与环境之间的关系提供参考，就社会而言，还可以有助于营造创业文化，鼓励创业行为。

4.1.2 三个层面的创业支撑环境划分

4.1.2.1 一般外部环境

一个国家或地区的市场开放程度、政府的国际地位和影响力、国家或地区的信誉等级和工作效率、金融市场的完善性和可靠性、人才供给和劳动力市场的完善程度、相应法律制度和机制是否健全以及所在地区的技术进步效率等，这些因素的共同构成创业实践的一般外部环境。创业的一般外部环境对创业主体的创业欲望、创业机会的发掘和把握都有很强的影响力，良好的宏观环境对新企业的创办、生存和发展都有很好的支持和促进作用。

4.1.2.2 行业环境

选择在什么行业进行创业对创业的成功率有着重要的影响，在创业时选择行业一定要慎重再慎重，不能轻率，更不能马虎。一般而言，创业之前对行业环境的考察最主要是关注两个问题：一是行业内的竞争程度及变化趋势，如果这一行业所在地区的竞争十分激烈，那么进入这个行业的要求就会很高，相对而言，创业的难度就会很大；二是行业所处的生命周期，即如果这个行业在这一地区处于早期阶段，其发展潜力就会很大，相对而言，创业就会容易一些，如果已经处于夕阳阶段，其发展潜力是很有限的，创业的成功率就不高。针对高校"众创空间"而言，自己所依赖的核心技术一定要是最先进和最适宜市场需要的，而不能是已经过时或者即将过时的技术。

4.1.2.3 内部环境

创业者所创企业都需要在所在地区登记注册，获取合法身份和从事经营活动，并在所在区域获取所需资源和提供相应市场，因而必然受到区域创业环境的影响，这种区域环境即创业的内部环境。评价内部环境，关键因素是新创企业相对这一区域其他企业的规模以及这个地区本身的规模。企业在所在区域内的重要性，由这个企业营业额、员工数量、纳税额以及其他对这一区域的贡献所决定，而这一区域对创业主体的支持程度也是依据其重要性而定，如创业主体对这一区域的责任承诺兑现程度以及贡献率等，重要程度越大，所能获得的支持度就越高。

4.1.3 创业支撑环境的特征

4.1.3.1 整体性

创业支撑环境无论是被看作一个系统还是一个有机体，都是由多重要素构成的整体，要素之间相互作用、相互协同、相互影响。创业支撑环境的这种整体性要求在考察和分析创业环境时，将其视为一个系统，运用系统方法和原则，既需要考察系统内部的各个要素及其相互之间的联系，还需要从整体上考察系统的结构和功能，从系统的维度研究要素的表现。

4.1.3.2 主导性

创业支撑环境作为一个系统，其中的各要素并不是平行的，因为系统运行的每一阶段总会有一个或者几个要素占据着主导的位置，支配着其他要素，使系统朝向某一方向运动。对创业支撑环境的研究，首先需要把握创业支撑环境的发展阶段以及在其中占据主导位置的因素。

4.1.3.3 可变性

创业支撑环境作为一个开放系统,本身处于不断的涨落之中,各要素是处于不断变化之中的,要素之间也在不断发生着协同作用,如地区经济和产业结构的调整、政府管理方式的优化、居民消费水平和层次的提高、新技术的不断涌现和市场需求的变化等,这些因素的变化都会对作为系统的创业环境造成重大的影响,导致创业环境作为一个整体也处于不断变化的过程中,趋于完善。

4.1.3.4 差异性

差异性是指创业支撑环境之间的差异,因为环境是个空间概念,所在的区域不同,所以构成环境的具体内容也不尽相同,正是创业环境的这种地方化特征决定了创业环境之间的差异。

4.2 创业支撑环境的分析

4.2.1 一般外部环境分析

现代企业是一个向环境开放的、复杂的非平衡社会组织,作为开放系统,在发展过程中需要与环境进行信息、资源和人才等方面的交换。在与环境进行交换的过程中,环境中各要素的变化会对企业带来不同的冲击。当然这些冲击可以被区分为两类:一是创业主体能从这些变化中找到生存和发展的新机会,二是冲击企业原有的经营方式,对企业的发展甚至生存造成压力和威胁。企业要谋求继续的生存与发展,就必须时刻保持对环境敏感度。创业的一般外部环境主要是指企业所在国家或地区的政治、经济、人口、社会文化、科技、资源甚至地理和气候等环境[75]。

4.2.1.1 政治环境

考察和分析企业所面临的政治环境主要包括以下四个维度。第一,国家制度和政策,主要分析所在国家或地区的政治制度和对外政策,对外政策指对不同国家、地区、行业和企业的不同政策等。第二,政治关系。政治关系主要是创业所在国家或地区与其他国家和地区的关系,对企业而言主要涉及关税壁垒、惩罚性措施、优惠性待遇等。第三，政治稳定性。政治稳定性即所在国家和地区的政治和社会动乱情况如何，如果政治稳定、社会安定，创业受到的冲击就小，有利于创业，反之就不合适创业。第四，国有化政策。国有化政策是产业政策中的一项主要政策，与国家利益关系重大的行业或者私人不愿意经营或无力经营的行业实行国有化，有利于促进经济增长和稳定。对于国家或者地区将哪些行业实行国有化的了解和分析，有助于把握当地的产业政策，也有助于创业行业的选择。

4.2.1.2 经济环境

经济环境是指构成企业生存和发展的社会经济状况和国家经济政策。社会经济状况包括经济要素的性质、水平、结构、变动趋势等多方面的内容，涉及国家、社会、市场及自然等多个领域。国家经济政策是国家履行经济管理职能，调控国家宏观经济水平、结构，实施国家经济发展战略的指导方针，对企业经济环境有着重要的影响。对经济环境主要分析这个国家的能源和资源状况、交通运输条件、经济增长速度及趋势、产业结构、国民生产总值、通货膨胀率、失业率及农业、轻工业、重工业比例关系等方面；同时也要分析某一国家的国民收入消费水平、消费结构、物价水平、物价指数等。

4.2.1.3 政策、法律环境

政策、法律环境是对企业经营管理活动产生影响的各种政策法律因素，包括国家政策法律规范，以及国家司法机关和社会组织的政策法律意识。对企业而言，其影响是刚性的，这是由政策和法律的强制性决定的。因此，企业经营和管理活动要加强政策法制观念，特别要及时了解、熟悉与本企业活动相关的政策法律，切实做到在政策法律许可的范围内以政策法律许可的方式从事各项经营管理活动。对创业主体而言，如能了解一些常用法律及政策，以法律政策规范企业的投资、经营和管理行为，将使企业发展一帆风顺；反之，不遵守政策和法律，就可能要走很多弯路，权益也得到不到保障，甚至创业行为都不能持续[76]。我国的法律及政策法规数量众多，创业者没有必要一一熟悉，但了解或熟悉一些与创业相关的法律与政策法规是非常必要的。

4.2.1.4 社会环境

社会环境是在自然环境的基础上，人类通过长期有意识的社会劳动，加工和改造了的自然物质、创造的物质生产体系、积累的物质文化等所形成的环境体

系,是与自然环境相对的概念。社会环境一方面是人类精神文明和物质文明发展的标志,另一方面又随着人类文明的演进而不断地丰富和发展,所以社会环境也可称为文化-社会环境。具体而言,社会环境包括社会文化、社会习俗、社会道德观念、社会公众的价值观念、职工的工作态度及人口统计特征等。具体来说,社会文化主要分析社会行业准则、社会习俗、社会道德观念等文化因素;公众的价值观念主要分析人们对于婚姻、生活方式、工作、道德、性别角色、公正、教育、退休等方面的态度和意见;人口统计特征主要指对人口数量、密度、年龄结构、地区分布、民族构成、职业构成、宗教信仰、家庭规模、家庭寿命周期、收入水平、教育程度等[77]。

4.2.1.5 科技环境

科技环境是指创业环境中的科技要素及与该要素直接相关的各种社会现象的集合,一般而言主要包括四个基本要素:社会科技水平、社会科技力量、国家科技体制、国家科技政策和科技立法。社会科技水平是构成科技环境的首要因素,它包括科技研究的领域、科技研究成果门类分布及先进程度和科技成果的推广和应用三个方面。社会科技力量是指一个国家或地区的科技研究与开发的实力。科技体制是一个国家或地区社会科技系统的结构、运行方式及其与国民经济其他部门的关系状态的总称,主要包括科技事业与科技人员的社会地位、科技机构的设置原则与运行方式、科技管理制度、科技推广渠道等。国家科技政策和科技立法指的是国家凭借行政权力与立法权力,对科技事业履行管理、指导职能的途径。如今,变革性的技术正对企业的经营活动发生着巨大的影响,对创业主体而言,要密切关注与本企业的产品有关的科学技术的现有水平、发展趋势及发展速度,对于新的硬技术,如新材料、新工艺、新设备,企业必须随时跟踪掌握,对于新的软技术,如现代管理思想、管理方法、管理技术等,企业要特别重视。

4.2.2 行业环境分析

行业是由一些公司构成的群体,他们的产品有着众多相同的属性,以至于他们为争取同样的一个买方群体而展开激烈的竞争[78]。行业之间在经济特点、竞争环境、未来的利润前景等方面有着重大的区别[79]。行业环境是能够直接影响企业经营活动外部因素,行业的特殊性决定这个行业的发展前景,如果行业发展前景不佳,即使是行业中最好的公司往往也很难获取可观的利润,而如果行业发展前景广阔，哪怕是行业中的弱小公司也可以获取良好的经营业绩。

4.2.2.1 行业经济特性

行业经济特性的变化取决于各个因素的变化，如行业总市场规模和成长率、技术革新的效率、市场范围的大小、买卖双方的规模、产品或服务的差异度、行业成本、销售渠道类型；不同行业之间在竞争重视方面也有差别，如价格、产品质量、性能特色、服务、广告、新产品的革新效率；在不同的行业中，竞争的主流方式是不一样的，或者以价格竞争为主，或者以产品质量和性能为主，或者以品牌形象为主等。在行业内部，竞争虽然占主流，但有时候竞争会要求公司同供应商、客户甚至一些关键的竞争对手进行合作以促进下一轮产品革新的诞生，创造出全新的市场机会。

4.2.2.2 行业竞争力量

波特行业结构分析模型可用于分析行业竞争，这一模型认为行业竞争主要有五种力量的参与，因此又被称为波特五力分析。这种分析模型属于外部环境分析中的微观环境分析，主要用来分析本行业的企业竞争格局以及本行业与其他行业之间的关系。根据波特的观点，一个行业中的竞争，不止是在原有竞争对手中进行，而是存在着五种基本的竞争力量：潜在的行业新进入者、替代品的竞争、买方讨价还价的能力、供应商讨价还价的能力以及现有竞争者之间的竞争。这五种基本竞争力量的状况及综合强度，决定着行业的竞争激烈程度，从而决定着行业中最终的获利潜力以及资本向本行业的流向程度，这一切最终决定着企业保持高收益的能力。

4.2.2.3 行业中的变革驱动因素

行业变革驱动因素是指那些改变整个行业及竞争环境的主要因素，敏锐地判断行业驱动因素是为了在制定战略时充分考虑几年后行业将发生的变化对公司经营可能产生的影响。行业中的许多事件都可能会对行业产生重要的影响，这些都可能成为行业变革的驱动因素。迈克尔波特对行业变革驱动因素做了深入分析，并进行了归类，它们主要包括行业的全球化趋势、行业增长率的变化趋势、顾客群及顾客对产品使用方式的变化、产品与服务的革新、技术变革、营销变革、技术的扩散、行业中大公司的进入或退出、成本和效率的变化、顾客偏好的变化、监管机构的影响力及政府政策的变化、行业不确定性和风险的降低、社会关注点、价值观和生活方式的变化等。驱动因素分析分为两步：一是辨认各种驱动因素，估量出驱动因素将会对行业产生的影响；二是创业者能敏锐地分析和判断行业驱动因素非常有利于企业未来的战略制定[80]。

4.2.2.4 行业中竞争地位

竞争地位是指企业在目标市场中所占据的位置，它是企业规划竞争战略的重要依据。某一行业内的企业如果竞争地位不同，其竞争战略也不同。竞争地位并不是一成不变的，市场主宰者竭力维护自己的领导地位，其他竞争者则拼命往前赶，努力改变自己的地位。正是这种激烈的市场竞争，促使企业争创竞争优势，占据市场有利位置，从而推动行业和社会的发展。企业在目标市场中的竞争地位主要根据其所拥有的竞争优势和劣势确立，对竞争优势和劣势进行衡量和评价后，企业可以根据评价结果测定自己在市场中的竞争地位。利用价值链、战略成本分析和基准化超越等工具来确定一个公司的成本竞争力是很有必要的，但是这并不够。企业还必须从更广泛的角度来评价公司的竞争地位和竞争强势，必须考察的问题有以下四个方面。第一，如果现行的战略继续执行下去的话（允许做一些细微的调整），那么，公司的市场位置将会改善还是将会恶化？第二，在每一个行业成功关键因素以及竞争优势的每一个测度指标上，公司相对其关键竞争对手的排名如何？第三，公司目前是拥有相对竞争对手的优势还是劣势？第四，在已知的行业变革驱动因素、竞争压力和竞争对手的预期行动的情况下，公司保卫其市场地位的能力如何？[81]

4.2.2.5 行业的关键成功因素

关键成功因素指的是对企业成功起关键作用的因素，是在探讨产业特性与企业战略之间关系时，常使用的概念，是为了结合企业的特殊能力，对应环境中重要的要求条件，以获得良好的绩效。关键成功因素法是以关键因素为依据来确定系统信息需求的一种MIS总体规划的方法。在现行系统中，总存在着多个变量影响系统目标的实现，其中若干个因素是关键的和主要的（即成功变量）。通过对关键成功因素的识别，找出实现目标所需的关键信息集合，从而确定系统开发的优先次序。

关键成功因素法就是通过分析找出使得企业成功的关键因素，然后再围绕这些关键因素来确定系统的需求并进行规划。关键成功因素的重要性置于企业其他所有目标、策略和目的之上，寻求管理决策阶层所需的信息层级，并指出管理者应特别注意的范围。若能掌握少数几项重要因素（一般关键成功因素有 5~9 项），便能确保相当的竞争力，它是一组能力的组合。如果企业想要持续成长，就必须对这些少数的关键领域加以管理，否则将无法达到预期的目标。即使是同一个产业中的个别企业也会存在不同的关键成功因素，关键成功因素有四个主要的来源。①个别产业的结构：不同产业因产业本身特质及结构不同，而有不同的关键成功因素，此因素决定于产业本身的经营特性，该产业内的每一公司都必须注意这些因素。②竞争策略、产业中的地位及地理位置：企业的产业地位由过去的历史与现在的竞争策略所决定，在产业中每一公司因其竞争地位的不同，关键成功因素也会有所不同，对于由一或两家大公司主导的产业而言，领导厂商的行动常为产业内小公司带来重大的问题，所以对小公司而言，大公司竞争者的策略可能就是其生存的竞争的关键成功因素。③环境因素：企业因外在因素（总体环境）的变动，都会影响每个公司的关键成功因素，如在市场需求波动大时，存货控制可能就会被高阶主管视为关键成功因素之一。④暂时因素：大部分是由组织内特殊的理由而来，这些是在某一特定时期对组织的成功产生重大影响的活动领域。

4.2.3 内部环境分析

企业的内部环境分析包括内部资源分析、自身能力分析及核心能力分析。

4.2.3.1 企业内部资源

企业内部资源的内容涵盖面非常广泛，大致可分为三类，即有形资源、无形资源和人力资源。有形资源是指企业的物资和资金，包括生产设备、原材料、财务资源、不动产和计算机系统等；无形资源通常包括品牌、商誉、组织文化、技术、专利、商标以及累积的组织经验等；人力资源是人们根据其技能、知识以及推理和决策制定能力向企业提供的生产性服务。在创业阶段，创业者主要分析目前拥有的财力资源、物力资源、市场资源、环境资源、技术资源、人力资源等方面就足够了。值得注意的是，在进行企业资源分析的时候，还需要特别注意企业的无形资源，如技术资源、信誉资源、文化资源和商标等。

4.2.3.2 企业自身能力

企业自身能力泛指企业在日常经营管理活动中满足企业生存、成长和发展的系统方法和综合过程表现水平，包括企业组织运作能力、指挥控制能力、战略分解与执行能力、综合管理能力等。具体而言，企业能力的组成要素主要包括四个方面：①领先于竞争对手的几项或多项先进技能，它既可以包括研究与开发中的技能，也可以包括生产、营销等方面的技术或技能；②领先于竞争对手的组织机制和管理系统，包括组织制度、关键流程和领导力等要素；③领先于竞争对手的企业文化和价值观等组织要素，这类要素有助于实现企业内部不同职能部门或不同经营单位之间的各种技能和知识的交流、转移、扩散、整合；④领先于竞争对手的员工和组织的学习能力与知识传递率。对于不同行业、规模和性质的企业来说，这四类要素的重要性与表现形式会有所不同。就创业者而言，由于企业还不存在，可以从以下四个方面分析未来企业的一些能力：①企业从外部获取资源能力分析；②生产能力分析，创业者可能没有进行到生产环节，但应该根据创业计划预测企业今后的生产能力；③营销能力分析，主要从战略角度考虑市场定位的能力、营销组合的有效性、营销管理能力三方面的内容；④科研与开发能力分析，包括企业科研队伍的现状和变化趋势，以及高等院校或科研单位合作的基础、条件等。

4.2.3.3 企业核心能力

企业核心能力是企业在长期生产经营过程中的知识积累和特殊技能（包括技术的、管理的等）以及相关资源（如人力资源、财务资源、品牌资源、企业文化等）组合成的一个综合体系，是企业独具的、与他人不同的一种能力。企业持续竞争的源泉和基础在于核心能力。核心能力和企业能力理论在企业发展和企业战略研究方面占据主导地位，是指导企业经营和管理的重要理论之一。它的产生代表了一种企业发展的观点：企业的发展由自身所拥有的与众不同的资源决定，企业需要围绕这些资源构建自己的能力体系，以实现自己的竞争优势。根据麦肯锡咨询公司的观点，所谓核心能力是指某一组织内部一系列互补的技能和知识的结合，它具有使一项或多项业务达到竞争领域一流水平的能力。核心能力由洞察预见能力和前线执行能力构成。洞察预见能力主要来源于科学技术知识、独有的数据、产品的创造性、卓越的分析和推理能力等；前线执行能力产生这样一种情形，即最终产品或服务的质量会因前线工作人员的工作质量而发生改变。企业核心能力是企业的整体资源，它涉及企业的技术、人才、管理、文化和凝聚力等各方面，是企业各部门和全体员工的共同行为。

4.3 高校"众创空间"支撑环境构成要素

4.3.1 高校"众创空间"支撑环境的一般构成要素

国外学者在此方面已形成丰富的研究成果（表5）。其中，五维度模型和GEM模型最具有代表性。Gnyawali和Fogel于1994年提出五维度模型。他们认为，创业环境是由社会经济条件、资金支持、创业和管理技能、创业的非资金支持及政府政策和工作程序五个维度构成的。美国百森学院和英国伦敦商学院在对全球创业活动项目进行研究后，提出了GEM模型。他们认为，创业的环境条件应该包括九个维度[82]。我国学者池仁勇在对美国、日本的创业环境进行研究的基础上，指出创业环境体系应该由创业风险管理、创业者培训、创业网络、创业孵化、企业培训和成功报酬六个子系统组成。张玉利指出创业环境体系包括四个维度，分别是政府政策和工作程序、创业与管理技能、社会经济条件及金融与非金融支持。

表5 国内外创业支撑环境构成要素研究

研究者	时间（年）	创业支撑环境的构成要素
Gnyawali Fogel	1994	创业和管理技能、社会经济条件、政府政策和工作程序、资金支持、创业的非资金支持（五维度模型）
Saxenian	2000	工业体系、人才市场、社会网络、社会文化氛围
池仁勇	2002	创业网络系统、创业风险管理系统、创业者培训系统、企业培训系统、成功报酬系统、创业孵化系统
Scott	2003	政治环境、经济环境、社会文化环境
GEM	2003	金融支持、政府政策、政府项目、教育与培训、研究开发和转移、商业环境与专业基础设施、市场开放程度、有形基础设施、文化及社会规范
张玉利	2004	社会经济条件、金融与非金融支持、政府政策和工作程序、创业与管理技能
郭元源	2006	环境支撑、文化支撑、科教支撑、经济基础、服务支持
蔡莉	2007	政策法规环境、科技环境、市场环境、融资环境、文化环境、人才环境
苏益南	2009	经济环境、政策环境、教育和培训环境、社会文化环境、融资环境

资料来源：通过文献整理而得。

GEM 模型中的九个维度具体包括政府项目、金融支持、政府政策、研究开发和转移、市场开放程度、教育与培训、有形基础设施、商业环境与专业基础设施、文化及社会规范等。该模型从这九个维度深入研究了影响一个国家经济增长的重要因素。其报告在世界范围内得到了广泛重视,并成为各国专业人士获取创业政策、环境等问题的重要信息来源。除此之外,清华大学创业研究中也以 GEM 框架为基础,与国内 16 家单位一同建立了我国城市创业观察系统,对我国的创业环境展开了系统的研究。另外,学者周丽、葛宝山、曹明等都基于 GEM 模型来对不同产业或地区的创业环境进行了实证研究。段利民、杜跃平认为,基于 GEM 模型的大学生创业环境模型能够比较科学、系统地反映现阶段我国大学生的创业环境。在这九个维度中,对大学生创业意愿影响最高的有五个维度,分别是政府政策、研究开发和转移、金融支持、市场开放程度、教育与培训;有一定影响的有两个维度,分别是文化及社会规范和政府项目;影响不太显著的有两个维度,分别是有形基础设施和商业环境与专业基础设施。科技创业环境构成要素见表6。

表6 科技创业环境构成要素列表

环境要素	指标
政策环境	行政办公效率、创业者奖励(优惠)政策、创业政策完善程度
市场环境	市场规模、市场竞争度、市场集中度
经济环境	生产结构、GDP、规模以上工业增加值、进出口总额
科技环境	高校、科研院所数量,经费,科技成果转化率,科技市场运行状况,科技产业集中度,产业关联度
区位环境	自然资源、交通状况
人才环境	人才激励措施、人才市场完善程度、人才流动效率、专业技术人才规模
融资环境	投资主体多元化程度、风险投资发展情况、金融机构对高校"众创空间"的政策取向、担保体系建设情况

资料来源:通过文献整理而得。

无论是五要素还是九要素,都未能将环境支持要素全部包括在内。本文认为,将高校"众创空间"支撑环境要素构成一个完整的体系,分为宏观要素、中观要素和微观要素三个层次的概括更为全面。

4.3.2 高校"众创空间"支撑环境的整体构建

对要素的单纯罗列并不能构成环境，只有按照一定的结构安排要素才能组成特定的环境。因此，如果对创业环境进行分析，则需要对组成创业环境与主体的各个要素进行系统化、结构化的分析。

创业者也称创业主体。创业系统则是由创业环境与创业主体的各个要素所组成的一个综合性系统。在创业系统中，建立创业环境支撑体系核心目标的是创业主体，所以，创业主体被称为对象面；而创业环境则是创业系统中构成创业环境支撑体系的客观要素，有无形和有形两种状态，因此，创业环境也被称为作用面。创业系统的内在运行机理："作用面"，也就是创业环境通过某种方式作用于"对象面"，影响创业主体的创业实践；"对象面"，即创业主体借助创业环境中可资利用的要素发挥自身的能动性，促成自身的发展。

针对创业环境的不同要素，可将它们区分为三个层次，即"宏观、中观、微观"。分别从宏观、中观、微观三个层面分析创业环境的结构，能够把握不同层次创业环境的不同构成要素，有利于构建科学合理的创业环境。

4.3.2.1 构建宏观的创业支撑环境

如上文所述，一个区域内的创业环境是这一区域经济中的创业支撑环境的整体发展状况和聚集程度的反映，也是营造创业环境战略的重要着手点。简单来说，构成宏观创业环境的要素主要是带有战略性与全局性的规划和方法，如政府工作效率、产业政策、基础设施、产业布局及产业链等，具体内容如下。

第一，产业政策。产业政策可由一个统领性、纲领性的法规和若干个领域性专项政策或法规构成。整个产业政策体系应该具有系统性和内在关联性，避免出现脱离实际和互相抄袭的现象。同时，整个产业政策体系还应该具备创新资源和创新要素配置、科技奖励、创新服务体系建设、创新人才、知识产权保护等关键环节。

第二，产业链。产业生存和发展的重要基础是产业链，它是企业之间相互联系，并进行价值交换的枢纽。因此，对产业链的完善有着重要的意义，具体有以下三个方面：①有助于本土产业稳定持续地发展；②有利于不同产业聚集在一起，从而形成产业群，呈现规模效应；③有利于提高产业的整体竞争力和安全性，提高产业抗风险能力与自我改进能力[82]。

第三，产业布局。将每个园区作为最基本的单元，并且将各个产业的类型和特征作为标准，比如以对信息流和物流的需求和产业链特性等，进行产业空间布局，使各个园区的特色和优势更加集中和凸显，也可使不同园区明确自身定位，避免出现产业同构、硬件重复和恶性竞争等现象，同时通过各个园区之间的需求来实现各自产业功能的互补，强化园区间的资源共享与分类服务，通过形成相应的产业链构成产业集群。

第四，政府工作效率。通过推动政府职能转变，逐步建设责任型和服务型政府，提高服务效率。责任型政府的建设需要对行政管理体制进行创新和改革，在政府层面逐步确立起监督权、决策权和执行权分属不同的行政主体，各个主体有明确的责任，逐渐形成责任型政府的模式。服务型政府的建设需要转变政府职能和推动社会管理体制的改革，大力发展和培育中介组织与公共服务机构，使政府逐渐转变为服务型。

第五，基础设施。创业支撑环境中的基础设施包括信息化基础设施（计算机网络、电信网络、广播电视网络等），能源基础设施（机场、港口、公路、铁路、电力、燃气等），科技文化基础设施（博物馆、图书馆、艺术馆、科学馆等），生活服务配套设施（银行、医院、学校、商场、公交系统等）。

4.3.2.2 构建中观的创业支撑环境

构建中观的创业支撑环境是营造创业环境的基础，因为中观环境与创业活动直接相关。构建中观环境的关键是要从企业创业过程中的共性与个性需求出发，主要内容包括政府和企业的科技投入、科技中介系统、企业融资渠道、科技型创业企业孵化环境和公共平台等。具体内容如下。

第一，政府对科技投入的效率。政府在鼓励本地区创业企业发展的过程中，应该对科技创业适当地增加投入，发挥出政府的引导作用，让政府的科技投入激发社会对科技创业的投资热情和支持力度。

第二，科技中介系统。科技中介系统的核心构成是科技中介服务机构。此类机构对知识的流动、技术的共享和转移有着显著的推动作用，同时可以降低创业成本和创业风险。因此，应该大力推动科技中介机构的发展与成长，主要有以下三种类型：①直接介入服务对象的科技创业过程的机构；②为创业者提供市场、技术和管理等方面知识的咨询服务的机构；③推动科技资源在市场上流动和合理配置的机构。

第三，企业融资渠道。随着我国金融资本市场的发展逐步趋于完善和成熟，拓宽企业融资渠道，实现科技创新型企业融资多元化的方案也被提上了日程。具体方法：①充分利用资本市场进行融资，鼓励符合条件的创业企业选择国内外的资本市场上市，同时对已上市的企业，鼓励其在资本市场上积极运作资本；②向民间资本开放，通过发售企业债券的方式引入民间资本；③构建相应的机构和机制，对政府投入进行监督、评估和责任追查，同时充分发挥政府间接投入的作用，带动企业自身加大科技研发投入。通过对本地专项资金进行匹配的方式，鼓励科技创业企业申请国家的科技研发经费。

第四，科技创业企业孵化环境。当前，我国各地建立了很多的解化器，但其中大多数孵化器仍以提供低端服务为主，其维持的主要来源还是依靠低端服务的收费和政府的资助，而具有高附加值的高端增值服务能力缺乏。因此，孵化器创新发展思路势在必行。

4.3.2.3 构建微观的创业支撑环境

微观的创业支撑环境所包括的环节主要是与人相关的人文关怀的细节性和补充性措施，包括人才服务支撑条件、奖励和激励机制、创新文化及创业氛围、人才培养引进模式、人才鉴别使用和待遇等。其构建方式如下。

第一，人才支撑服务。通过软硬件建设和配套，优化人才支撑服务的条件。其具体内容：简化创业过程中的各类手续办理，由政府设立专门机构，为创业者提供全方位的咨询指导服务和专业培训服务，并为创业者提供对外交流的机会和平台。此外，还应为创业者的家属提供相应的生活、医疗和教育保障。

第二，建立激励机制。积极拓宽政府激励机制的覆盖范围，建立全覆盖、多元化的奖励机制，并将其逐步建设成为一种持久长效的机制。同时，逐渐改变当今科技奖励制度过于匮乏的现状，由政府牵头建立涉及不同领域和环节的科技创新奖励机制。

第三，营造创新文化氛围。政府应该引导，并通过宣传和开展创业教育培训的方式，提高民众的创新创业意识。从政府到企业和社会，自上而下地激发各个层面对创新创业意识的认同感，营造尊重知识、勇于创新、开放包容的创业文化氛围。

第四，人才引进培养模式。采用多种形式的人才培养引进模式，例如，推行技术移民和项目移民；依托科研机构、高等院校和职业学校，培养本地区发展所需要的不同类型、不同领域、不同层次的专项人才。

4.4 高校"众创空间"的关键要素

认识和评估创业环境的基础是对创业环境的构成因素进行研究，但是这些因素是不断变化的，不是一成不变的，在不同时期，各个国家的创业环境各不相同。因此，部分学者开始对影响创业的不同环境因素进行单独分析与研究。在创业环境的各要素中，总有一个或几个要素在某一阶段的发展中居于主导地位，即在创业环境整体中规定和支配着其他要素。因此，对主导要素的研究具有特别重要的意义。不同于已经进入社会的创业者，对大学生群体来说，支撑其"众创空间"的环境构成要素所起的作用各不相同，有些因素起着关键作用。本研究将这些因素称为关键要素，具体包括创业教育、资源平台建设、公共保障政策和创业文化。文化是高校"众创空间"发生的深层土壤，影响高校"众创空间"的动机和心态；创业教育资源是高校"众创空间"的智力支撑环境，影响主体实践的知识完善过程；产业环境和资源平台建设是高校"众创空间"的物质支撑要素，影响实践主体创业活动的技术实施过程；政策和制度是高校"众创空间"的公共保障支撑要素，影响实践主体创业活动的社会化过程。

4.4.1 文化是高校"众创空间"健康发展的深层影响要素

文化是一个使用范围非常广、含义非常丰富的词汇，关于它的定义，人们曾从各种不同的角度来定义，但至今仍没有一个统一的认识。从广义上来定义，文化可包括器物文化、制度文化、行为规范文化和价值观念文化。本文所指的文化更指向狭义的文化，即观念层次上的文化。文化既包括社会有意识地宣传和倡导的思想理论、文化理想和文学、艺术、宗教、道德等，也涉及价值观、信念、历史和传统等深层次的组织基础，是长期的、深深扎根的东西，它通常缓慢地发生变化。这是由于长期的文化历史发展中积淀而成的社会文化心理、历史文化传统、民族文化性格等一般被看成是属于社会无意识的深层的东西，尽管它很难被觉察，却起着重要的作用。

Morris 和 Schindehutte 认为以文化为基础的价值观可以对创业企业产生很大的影响。研究发现，有着相同受教育程度和价值观的人，其往往具有相近的成长倾向和风险承担能力。Standish、Kuon 等学者在对阿根廷、中国台湾等地进行研究后发现，一个地区的创业文化氛围对该地区的创业有着重要的影响。Webster

指出，社会氛围对创业的态度在很大程度上影响了创业者的信心。因此，文化是高校"众创空间"发生的深层土壤，影响作为"众创空间"参与主体的大学生的创业动机和心态。

创新文化作为文化的一种，是在"创新的实践"基础上所形成的，按狭义的文化理解，创新文化特指创新价值观、创新氛围。具体来说，创新文化是鼓励成功、容忍失败、强调冒险和创新精神的文化。创新文化是对创新具有导向和牵引作用的文化，也是各种创新活动所赖以进行的文化环境。高校"众创空间"是一种创新创业活动，所以必然需要一种创新的文化来牵引，这种创新文化的价值观就是以创新为荣，以模仿为耻；以创业为荣，不以失败论英雄，以创业实现个人价值与社会价值、个人责任和社会责任的统一。创新文化也是高校"众创空间"赖以生存的文化环境氛围。

4.4.2 创业教育资源是高校"众创空间"发展的智力支撑要素

相对于社会中的创业者，大学生创业者是不成熟的。因为他们从事"众创空间"创业具有一定的科技专业知识优势，但缺少创业管理知识、市场经验，还需要接受与创业相关的系统知识和实践培训，其所处的环境能够提供多样的教育资源，则是非常重要。如果让缺少创业必要知识和经验的大学生直接进入社会，他们很可能在大量的失败打击下，挫伤创新创业的积极性。所以，创业教育资源是高校"众创空间"的智力支撑环境，影响主体实践的知识完善过程。

2008年的GEM报告有两个特征最为明显：一是将创业、政府政策和经济发展联系起来；二是在报告中额外增加一个关于高校创业教育和创业者培训的专题。创业教育在定义上分为广义和狭义两种解释。广义上的创业教育和创新型教育有些类似，它们都是注重培养具有创新个性的教育模式；而狭义上的创业教育是指对学生进行创业技能培训以满足其自谋职业或创业致富需要进行的一系列教育活动。一般而言，创业者接受越多的创业教育，其对创业的认识和理解就越深刻。这种认知可以帮助创业者评估风险、开展创业活动。我国的创业教育起步较晚，发展还比较落后。创业教育作为一种新的理念，它具备三种功能，分别是社会发展功能、教育发展功能和人的发展功能。社会发展功能是指一个社会的创业教育水平越高，其社会成员的灵活就业、自主创业、岗位立业的效果就越好，随之而来的社会效益和经济效益也就越好；教育发展功能是指创业教育作为一种教育理念，是对教育体制的一种深层次、根本性的改革，对高等教育的持续、健康发展起着重要作用；人的发展功能是指创业教育作为一种人生的教育，强调培养了学生的首创、冒险精神，创业、独立工作能力，以及技术、社交和管理技能，对人的全面发展起着重要作用。

我国学者张玉利认为，在创业能力和意愿都较低的国家和地区，政府在为创业者提供资金援助的同时，还必须实施相关的政策措施来鼓励创业者提高创业能力，并增强创业意愿。政府的创业政策应该以营造创业文化氛围并以此谋求创业能力和创业机会匹配为重点，同时，通过开展创业教育来提高创业者的能力，从而建立起创业环境支撑体系[83]。我国学者范巍和王重鸣也指出，拥有 MBA 学历的硕士，其创业意愿显著高于其他专业的硕士和博士，这是因为 MBA 硕士大多拥有多年的工作经历，并且具备优秀的商业头脑，因此，他们比其他专业的硕士和博士具有更加强烈的创业欲望[84]。

外国学者 Yungrae 和 Lee 在对 40 多家韩国创业企业进行研究后发现，创业者的受教育程度对创建企业有着积极影响，受教育程度较高的创业者更容易获得成功[85]。Chamey 和 Libap 在对大学生的创业教育培训进行研究时发现，创业教育能够提高个体承担风险的能力，同时还能够促进个体开展创业活动。Ulri 指出，创业教育与创业培训可以培养年轻人的创业技能与意识，并推动年轻人从过去的"终生职业"观逐渐过渡为现在的"多专业自由职业"观，同时大幅提高年轻人的就业能力。因此，创业教育能够提供资源丰富的课程十分重要。对于高校"众创空间"来说，所需要的课程资源就包括四个方面。①培养创业心理品质课程。这类课程的内容主要包括独立性、敢为性、坚韧性、克制性、适应性、合作性、缜密性、外向性等心理品质的形成和发展。设置的相关课程有创业精神与风险投资及现场参观等。②培养学生的创业意识课程。这类课程的内容主要包括创业需要、动机、兴趣、理想、信念、世界观的形成和培养，即不仅要培养学生的创业自我意识，更要培养学生的创业社会意识。设置的相关课程有创意激发、创造性开发、信息搜索、商业计划判断力、机会评估等。③形成完整的创业知识结构。创业知识机构的教学内容主要包括专业职业知识、经营管理知识和综合性知识。设置的课程有创新战略、组织设计、供应链管理、风险投资、资本市场、电子商务、税务制度、知识产权、合同与交易、国际贸易、市场竞争与结构等。④培养学生的创业能力素质。这类课程的内容主要包括专业职业能力、经营能力和综合性能力的提高和培养课程。设置的课程有将创意发展成创业流程、新公司的建立开办、信息搜索与处理、团队组织、应变能力、管理沟通、产品开发、市场营销等。除此之外，提供丰富的实践资源也特别重要。创业教育资源中不仅包括了创业学课程的普遍开设、本科和研究生创业管理专业的设立，还包括高校创业中心、创业教育研究会等的建立；不仅在校园内营造浓厚的创业文化氛围，还通过创业中心与社会建立了广泛的外部联系网络，包括各种孵化器和科技园、风险投资机构、创业培训机构、创业资质评定机构、小企业开发中心、创业者校友联合会、创业者协会等，形成了高校、社区、企业良性互动式发展的创业教育生态系统，有效地开发和整合了社会各类创业资源。

4.4.3 产业环境和资源平台建设是高校"众创空间"的物质支撑要素

产业环境和资源平台建设是高校"众创空间"的物质支撑要素，影响实践主体创业活动的技术实施过程。任何事情只有处于发展的有利环境，才可以实现近期发展和长远发展的结合。产业环境的优良提供了有利于高校"众创空间"的发展、繁荣的宏观大环境，产业环境包括一个区域的产业政策体系、基础设施配套、产业布局和产业链的完善等因素。它们构成了该区域产业长远发展、良性循环的主客观因素。

产业布局在静态上看是指形成产业的各部门、各要素、各链环在空间上的分布态势和地域上的组合。在动态上，产业布局则表现为各种资源、各生产要素甚至各产业和各企业为选择最佳区位而形成的在空间地域上的流动、转移或重新组合的配置与再配置过程。产业布局为大学生创业提供了产业间空间组织的专业化协作，产生更好的分工效益和规模效益，避免双重损失。

产业链的完善为大学生创办高端价值链的企业创造一定条件，因为有下游产业与之配套，在时间和空间上都赢得先机，产业的合理布局和聚集为新兴产业集群的诞生奠定了基础。

融资渠道的主要功能是保证金融资源的畅通。①充分利用资本市场进行融资，鼓励符合条件的创业企业选择国内外的资本市场上市，同时对已上市的企业，鼓励其在资本市场上积极运作资本。②通过发售企业债券的方式引入民间资本，为高校"众创空间"开拓更多的金融渠道。③通过政府财政投入监督机制、绩效评估机制和责任监察机制，保证高校"众创空间"环境的优化。④充分发挥税收减免、财政补贴和政府采购等间接投入方式的作用，并推动高校"众创空间"对科技研发加大资金投入。通过对本地专项资金进行匹配的方式，鼓励高校"众创空间"企业申请国家的科技研发经费。

创业资源平台主要包括政府和企业的科技投入、科技中介系统、企业融资渠道、科技型创业企业孵化环境和公共平台等。这些创业环境的功能是保证高校"众创空间"实践的顺利进行

"众创空间"孵化环境的主要功能是对于未成熟的科技小企业在资金、政策和人才方面提供帮助，通过小环境的优化集中力量促使小企业迅速孵出，走向市场。在大学校园生长的创业开始都很稚嫩，利用孵化环境提供的基础设备条件，通过时间的考验，聚集了人才、资金，增加了管理知识，提高了能力，经过孵化的企业要比直接走向市场的企业成活率更高些。

科技中介系统的主要功能是保证服务资源的到位：①通过直接介入服务对象的科技创业过程的机构，如工程技术研究中心和创业服务中心，获得科技资源和市场资源；②为创业者提供市场、技术和管理等方面知识的咨询服务，如知识产权中心、科技情报信息机构和科技评估中心等；③通过科技条件市场、技术市场和人才市场等，推动科技资源流动和合理配置。

Penning认为，新建企业获得资金的难易程度、是否位于大城市、是否能获得足够的人才资源支持是影响创业企业发展的重要因素[86]。Annika在对瑞典医药行业的创业企业进行实证研究后发现，技术转移的畅通性和渠道的多样性会对创业企业产生重要的影响[87]。

4.4.4 政策和制度是高校"众创空间"的公共保障支撑要素

政策和制度是高校"众创空间"的公共保障支撑要素，影响实践主体创业活动的社会化过程。创业是重要的科技知识转化的实践活动形式，创业不仅要有基本的资金、物质基础，还要通过一些制度安排，以及作为社会成员之间的某种意义上的交互动态的有限支撑和支持，以保证创业实践者的生存、生活和心理安全，比如，基本生存、基本生活、基本医疗、就业、失业、阶段性的免费教育、基本养老、居住条件、安全、正当正义的言论自由等。它需要建立在全社会的文明和财富逐步的增加和法治建设逐步完善的基础上。

政策和制度安排的另一重要功能对创业活动的支持，推动创造和创新。通过政策调整，调动各方面的积极性，协调各方面的利益，使资源最佳配置，以保证创业活动更有效地进行。所以，创业应该有两方面含义：一是鼓励更多人开办企业，并提高创业成功率；二是为新建企业的发展，创造更好的创业环境。综上所述，创业政策的核心应该是对创业过程的支持，并利用政策工具来培养创业者。

如产业政策体系是一个完整配套的政策,而临时政策可以应对产业发展出现的各种问题,系统地协调产业发展的各方面关系。Davidaaon 在对税收政策和创业关系进行研究时发现,税收与其他优惠政策对有强烈创业欲望的人有很强的影响效果[88]。外国学者 Bianchflower 通过研究瑞典税收和创业者数量关系后发现,瑞典在 1990—1991 年大幅降低企业所得税后,该国的个人创业意愿得到了显著提高,其创业者人口比例增加了近一倍[89]。Zahra 提出,创业企业很难以政府严格限制的某个行业的市场作为目标[90]。

5 高校"众创空间"支撑环境关键要素的协同机制及案例分析

  "协同"是指协调两个或两个以上的不同资源或者个体，协同一致地完成某一目标的过程或能力。协同也指元素对元素的相干能力，表现了元素在整体发展运行过程中协调与合作的性质。结构元素各自之间的协调、协作形成拉动效应，推动事物共同前进，对事物双方或多方而言，协同的结果使个个获益，整体加强，共同发展。导致事物间属性互相增强、向积极方向发展的相干性即为协同性。在一个系统内，若各种子系统（要素）不能很好协同，这样的系统就难以发挥整体性功能。相反，若系统中各子系统（要素）能很好配合、协同，多种力量就能集聚成一个总力量，形成大幅超越原各自功能总和的新功能。

  高校"众创空间"支撑环境的核心要素彼此之间都需要协同，如创业教育的发展也需要政策保障，创业资源平台建设和政策的制定也需要创业文化氛围，但是某些要素之间的协同至关重要，一是关系创业实践主体的形成关键因素——显现的能力和潜在的创新文化影响之间的协同，二是关系到创业实践客体条件形成的关键因素——硬性的物质支撑条件和软性的政策保障条件之间的协同。所以，在这四个关键要素中，创业教育与创业文化的协同；创业资源平台建设与创业政策之间的协同是整个支持环境体系各要素协同的关键。本文在高校"众创空间"支撑环境的宏观、中观和微观要素中抽取了四个关键要素，这并不是意味着其他要素就不重要，每一要素都有着不可或缺的作用，但高校"众创空间"的支撑环境要素发生作用的关键是各要素形成一定体系与结构实现系统功能、实现最佳功能的路径。除了优化每一个环境要素之外，各种环境要素之间还需要发挥协同机制。对于高校"众创空间"发展来说，要保证其更高的成功率，其核心支撑要素的协同至关重要。这一点从发达国家大学生创业的经验中可以得到验证。

5.1 创业平台构建与政府政策支持的协同机制及案例分析

5.1.1 我国高校"众创空间"资源平台的形成与发展

总结高校"众创空间"的实践，决定"众创空间"顺利进行的关键因素就是拥有充分的创业资源，一般来说，发展"众创空间"的资源包括科技成果资源、客户资源、经营管理资源、资金资源、行业信息资源、人力资源。大多数情况下，这些资源都是分散在不同的时间与空间里，对于刚刚创业的大学生来说，能否较为顺利地将以上资源整合在一起是决定高校"众创空间"能否成功的关键，因此，通过建立创业资源平台使各类创业资源在平台上快速聚集成为各个国家和地区构建高校"众创空间"支撑环境的重要途径。

我国高校"众创空间"资源平台的建立始于1999年，1999年8月在清华大学的科技园中建立了创业园，这是一个园中园，采用"孵化器+风险投资"的经营模式进行全面经营和管理。这是一个开放的创业园，不仅面对大学生创业，也吸引其他具有高附加值、高成长性的高科技企业进入园区。清华大学的创业园在推动大学科技成果转化、培养科技型企业家、造就高科技企业方面发挥着重要作用。在清华创业园之后，我国的北京、青岛、成都、上海、沈阳等地纷纷建立起科技创业园，在经过二十几年的发展历程之后，我国高校"众创空间"资源平台的建设逐渐成熟，从初期的仅仅为创业者提供场地、资金等硬件服务逐渐向对创业者提供科技成果资源、财务资源、客户资源、政策资源等软硬结合的综合服务。成立于2000年的北京赛欧科技园大学生创业孵化基地以科学发展观为指导，坚持"支持创业、鼓励创新、激励成功、宽容失败"的方针，支持大学毕业生（含本科生、研究生）自主创业，一方面帮助政府缓解大学毕业生就业压力、创造就业岗位，另一方面利用孵化器自身优势孵化技术创新成果、培育创新人才，实现"孵化促创业、创业代就业、共赢求发展"。基地为大学生创业项目提供2万~20万元的创业资金支持，并与相关金融机构、风险投资机构和投资人合作建立投融资平台，帮助企业解决后期融资问题，同时还设立专业财务管理机构，为创业企业提供代理记账、财税登记和税务筹划等财务管理工作，为创业企业节省财务管理费用，并帮助企业落实相关优惠政策。基地拥有一支高素质的服务团队，为创业大学生提供创业咨询、创业培训、政策法规咨询、管理咨询、决策咨询、信息咨询、技术咨询、技术论证等服务，基地与北京多家理工类大学和科研院所建立了框架合作关系，实现实验室等创业资源共享，可为大学生创业者提供测试条件及后期技术支持。

高校"众创空间"创业资源平台能够有效地整合各方优势资源，构建符合高校"众创空间"创业企业发展的平台，创业资源平台通过提供研发、生产、经营的场地，通信、网络、办公等方面的共享设施，系统的培训、咨询以及政策、融资、法律和市场推广等方面的支持，不仅可以减少政府对大学生创业所投入的国有资产流失，而且规避了创业者在创建公司中的资本性投资风险，可以集中提供创业指导，既解决了创业导师专家资源稀缺问题，又规避了创业者盲目选择项目的决策风险，还使政府政策得到有效的落实和检验。在企业发展初期，"众创空间"给予专业的指导和有效的服务，在创业平台良好的孵化环境和条件下，可降低企业的创业成本，减少其风险性，因而成为高校"众创空间"企业生长发展的摇篮。截至2017年，大学生创业和孵化基地达3000余个，总面积达500万平方米，但是这其中的多数孵化器并不是完全供大学生自主创业使用的，一般是依托科技园区合作使用。大学生创业初期一般都是小微企业，竞争力无法与社会企业相比，得到孵化器的青睐和关注明显不足。而全国范围内能够为大学生创业提供的专口孵化器少之又少。

5.1.2 创业平台构建与政府政策支持的协同机制

5.1.2.1 政策和制度建设发挥了高校"众创空间"的保障功能

（1）发挥政策的导向作用促进高校"众创空间"发展

第二次世界大战后，美国政府改变科技政策，开始从宏观上"制定游戏规则"，为创业教育的发展创设良好的政策环境和制度环境。

第一，拓宽融投资渠道，加强资金支持力度。美国国家科学基金会设立了实施"小企业创新研究计划"的机构，鼓励创业者积极创业，例如，小企业在创立时可以得到5万美元的拨款作为初始经费，继而还可发行几百万美元的公共股票；在州政府层面，许多州政府以风险资本计划、允许发行免税工业集资债券等形式支持小企业的开办[91]。此外，考夫曼创业流动基金中心、科尔曼基金会、国家独立企业联合会、新墨西哥企业发展中心等机构，每年都以商业计划大赛、论文奖学金和捐赠教席等形式向高校提供创业教育资金。

第二，通过立法给予政策支持，加强就业、创业培训。政府以职业技术培训、税收政策优惠、创业资金支持和优惠培训等办法，培养创业者，发展小企业。近十年来美国政府出台了十几项有关职业培训与创业教育的立法，为创业者提供专业指导。此外，美国政府还通过税收优惠政策、资金支持等方法调动地方政府、私人机构支持创业的积极性。这些法规和政策的出台，不仅形成了很好的市场氛围和社会氛围，还为高校创业教育提供了法律基础和社会认知。

第三，支持大学衍生公司的发展。联邦政府和州政府采取直接的机制，鼓励创业型企业的创办。首先，州政府通过孵化器和应用研究资助等形式，资助新技术的发展，提升了基于大学衍生公司的技术发展。其次，州政府通过建设将学术研究转化为商业所用的"缓冲型机构"，降低科技转移的成本，缓解研究者将发明成果商业化的压力，从而提升了衍生公司的创造性。最后，州政府允许大学衍生机构利用大学研究实验室，通过降低创办企业的成本等形式促进大学创办衍生公司。这直接提升了大学生的创业成效。

与美国政府类似，英国政府出台多项优惠政策推动创业投资发展。英国政府对创业投资业非常重视，并出台了多项优惠政策支持创业投资的发展。其中，比较有代表性的是"创业投资信托计划"，该计划规定，凡按照此计划建立的创业投资公司均可以在符合条件的情况下，获得相应的企业所得税减免。除此之外，英国政府还通过建立专项财政拨款来为创业投资行业建设相关的基础设施。大学生创立的小企业抗风险能力很弱，很难吸收外部资源。英国对中小企业的扶持主要是宏观上的引导与服务，并制定了一系列的长远规划和具体措施。

第一，用法律手段支持中小企业的生产经营活动。英国用立法的形式贯彻执行对中小企业的一些措施。目前，英国已出台了10多项关于中小企业的法案，如防止大企业过度吞并中小企业形成行业垄断等。

第二，设立各种专口机构对中小企业进行管理和扶持。如英国在贸易与工业部内设立了中小企业管理局，在"全英工业联合会"中成立"中小企业委员会"和"中小企业管理和发展工作组"。

第三，实施一系列计划鼓励包括创业资本在内的社会资源流向中小企业。英国各部门独立或同主要银行等投资机构合作，设立了各项资助小企业发展的专项优惠贷款，还帮助中小企业获得国际基金资助等。为了促进高科技企业的发展，英国政府还出台一系列科技计划，如"千年产品"计划，鼓励社会各界开展发明与创新活动。

（2）特定群体的创业政策适应日益增多的创业活动

特定群体政策可能包括激励导向和技术导向的措施及机会措施。在特定群体政策占主导地位的地方，政府往往引入很多激励和资助策略，帮助人们（尤其是高等学校科技人员）创办企业或衍生公司。如果目标群体是高等学校毕业生或有商业化潜力的技术研究人员，政策措施经常包括为校园孵化器提供资金，为可商业化科研成果提供种子资金、校园风险投资计划、企业平台、全国商务计划大赛等。特定群体创业政策集中关注在特定的人口群体中进行激励以提高创业比率，关注这些目标群体的政策逻辑依据可以是工作机会创造、社会包容、性别平等、劳动力市场整合、财富创造等，这种措施的总目标是改善弱势群体的创业水平，如女性、少数民族及失学、辍学、失业人员，或者加速高等学校毕业生、科学技术研究人员和专家的高技术创新创业。不管是哪种情形，政府基于社会、体制、市场介入创业都是正确的。弱势群体可能面临创业的社会和经济壁垒，技术创业者可能面临因为高技术企业不可避免的不确定性和高风险而带来的市场失败。

应用特定群体创业政策最多的是美国联邦政府。美国小型企业管理局为妇女创业者、非洲裔美国人、美洲印第安人、西班牙裔美国人、其他少数民族及退伍军人提供全面的创业发展计划。这些措施包括由提供创业中心、小型贷款基金、奖励计划、技术培训、咨询及辅导服务、基于网络的信息服务等组成的全国网络服务。

特定群体政策经常是创业延伸路径的补充，这种政策模式在总体创业文化浓厚，却又有特定人群需要特殊帮助的美国十分必要。作为一个独立的政策方法，它可能有其自身的局限性。如果总体的创业文化氛围淡薄，企业进入的总体壁垒较高，获得创业技能和知识的机会不足，目标群体很可能遇到更多困难。因此，在创业导向政策背景下，特定群体创业政策途径会发挥更大的作用。同时，还需要注意的是，创业政策支持的选择还取决于目标群体的类型。

（3）新公司创建政策降低或消除企业出入的创业壁垒

新公司创建政策关心的是简化创办企业的过程，消除政府引起的企业出入的行政障碍或调节管理壁垒。同样，政策强调的往往是机会圈中的各个方面以及行政管理和调节的各个方面。影响创业活动层次的行政管理和调节问题在于创办企业的时间和成本，创办企业获得政府批准所需要的人数、需要经历的程序、需要符合的规定，企业注册需要的费用以及法律规范。

新公司创建政策的目标是将时间和成本降到最低限度，以便更多的人能够创办企业，同时，也考虑政府的其他措施和结构，包括竞争、社会安全、就业机会、税收、破产、无力偿还、公司法等相关的规定和政策。美国自我雇佣水平很高，很多资金和其他资源都十分有限的小型企业有待成长壮大，而创业过程的结构性和调节性壁垒始终需要政府去应对。所以，尽管新公司创建政策是一项牵涉政府很多部门的繁杂工作，美国政府也总是将促进新公司创建作为支持高等学校学生创业的主导路径[92]。为了回应政策面临的困境，政府成立了企业创建的一站式窗口，简化成立公司的程序，如减少表格、减少许可证、减少步骤等，此外，对公司法进行了很大的改革，以便非正式的经济企业和小型公司可以轻松地成为正式经济的组成部分。美国政府还制定并实施了很多计划，帮助妇女、年轻人及失业人员实现自我雇佣，在教育体系中进行创业教育，推动创业，特别是在职业教育层面。很多地方政府重新认真评估他们出入企业的壁垒，对公司法、破产法等进行广泛的改革，重新评估竞争政策，努力为新创业者和现有的中小型企业创造更加创业友好的环境。

为了鼓励民众进行创业，日本政府在21世纪初将注册公司的最低保证金降到了1元。这一措施在当时严重失业的日本经济环境中，引发了空前的全民创业热潮。日本的官方统计数据显示，在这项政策实行了9个月后，日本共建立了238家公司。在日本实行注册制度后，无论是家庭主妇还是普通公司职员，只要有创业意愿都能自己当老板开公司。这一政策还激发了很多受教育程度较高的年轻人利用自身的知识优势，创建高科技创业公司。

5.1.2.2　创业资源平台的硬性功能与政策的软性功能的相互协同

创业资源平台建设是一种物质环境要素，是创业实践活动得以进行的物质基础之一。它看得见，摸得着，发挥着基本的支撑作用。物质环境要素一旦缺失，活动将无法正常进行，所以物质环境发挥着硬性功能的作用[93]。政策是活动得以进行的保障因素，一旦缺失，将影响实践活动更健康和持久地发展。政策并不是看得见的物质条件，而是外化为符号表达的观念和信息。创业政策只是一种调整各种资源关系的规则和制度安排，需要在执行过程中与其他环境要素共同发挥作用，因此其功能又可称为软性功能。创业的物质环境支撑与政策保障功能的相互协同是通过政策与资源平台各自发挥作用，又可相互促进的机制实现的。政策的合理制定可以充分发挥资源平台的支撑作用，资源平台的建设也可以推动政策的不断完善。创业实践需要政策和法律的不断调整以保证其健康发展。

（1）资源平台建设推动政策不断调整和完善

一般来说，物质环境要素的发展总是落后于创业者的需求，需要制定者不断调整、引导资源建设的重点方向加以满足；但是有的时候，某种物质环境要素的发展已经过剩，也需要政策调整，使某些物质环境的发展得到控制。这就是政策与物质环境要素的协同机制产生的另一理想结果——使高校"众创空间"物质环境支撑要素健康发展。

①细分创业行业，设立不同的创新基金。不同的创业活动涉及不同的行业，因此，英国政府对不同行业的创业者制定不同的税费优惠政策，扩大在创业期注册资本维持在零水平的企业范围，使之具有充足的运营资金。从长远角度来看，经济发展的动力在创新，只有不断创新，才能产生更多更好的创业项目。政府应设立专门的创新基金，对创新研究的企业进行资金支持，鼓励运用研究成果创办新企业。并且，还可以通过创新基金为高知识、高技能的创业人才提供信用担保，解决拥有研究成果的大学生和留学生在创业初期的融资难题。

同国外成熟的创业政策相比，目前我国的法律法规略显落后，对创业尚未形成有力的鼓励和保护。从我国的创业情况看，很多企业在创业期会面临各种法律问题和产权纠纷，从法律上创造更加宽松的创业环境就成为亟待解决的问题。因此，有必要制定相关法律法规，为创业者这一群体提供支持，优化创业环境，维护创业者的利益。

②创业实践需要政策和法律的不断调整。创业对美国经济发展起了重要的推动作用，美国较完善的政策也为创业提供了全方位的支持。美国相对健全的教育体系和法律体系，既为创业打下了良好的理论基础，也提供了全面的法律援助。另外，发达的融投资体系和创新研究也为美国企业发展提供了资金和技术援助。但这些政策和制度安排不是一天形成的，创业的实践需要促进了政策的不断调整。

美国是法制相对健全的国家，国家以立法的形式推动各项事业的发展，创业也不例外。为了鼓励小企业充分发挥其技术潜能，从事创新活动，1982年美国国会通过了《小企业创新发展法案》，规定各政府部门每年拨出一定比例的研究经费，用于高技术中小企业的技术创新与研发。此外，美国还设立了小企业技术转移计划，规定在联邦政府机构从事的机构以外的研究成果中，取出一部分留给小企业以及与小企业合作的非营利研究机构，推动小企业技术升级。但是实践中出现新的问题，科技发展和产业结构的调整速度十分迅速，小企业的创立和发展需要新的专业技能和知识。于是美国制定了一系列法律法规促进创业培训，鼓励创业发展。20世纪末的重要法律有《工人调整和再训练通知法》（1988年）、《从学校到工作机会法》（1993年）和《劳工保障法》（1993年）等[94]。这些法律调动了地方政府和私人机构的积极性，它们在政府拨款的支持下，提供了多种形式的创业培训。创业的关键是融资。为了打破创业融资的障碍，美国通过政策和法律制度的调整，形成了覆盖广泛的融资担保体系，既包括全国性的中小企融资担保体系，还包括社区和区域担保体系，而在收入较低的地区，为了对股权融资进行补充，还实施了新兴市场创业投资项目体系。在新兴市场创业投资项目体系的帮助下，小企业得到了股权融资和技术服务两方面的重要援助，实现了转型升级。

③建立和完善创投产业退出机制。21世纪初，日本政府对创业教育体制、投资环境、创投产业退出机制等方面进行了全面的改革，并由此掀起了一场全民创业的热潮，促进了日本经济的持续发展。日本政府为了推动国家、公立学术机构研究人员参与科技创业，2001年彻底取消了国立大学教职工的国家公务员地位，消除了学术机构研究人员在旧体制上的安逸感。而且，2004年日本在教育界引入研究经费竞争机制和业绩外部评估机制，迫使研究者主动地参与科技创业活动。此外，日本还扩大了高校等学术机构的自主权，使其能够通过技术转让或兴办实业等形式参与创业。为了提高创业热情，扶持创业活动，日本政府重视每个创业群体，出台了针对妇女、青年和老年人创业群体的资金援助政策。对已开业但未满5年的妇女、青年（未满30岁）和老年人（55岁以上）提供低息贷款，并且，这种贷款不需要担保人和保证人。

但是，全民参与的创业实践也遇到了现实问题，参与数量的激增也导致失败增多。于是政府出台新的政策，建立和完善创投产业退出机制，日本通产省代表企业向银行贷款抵押，对风险大、商品化难度大的高新技术产业项目实行5年无息贷款，成功创业者必须偿还，失败者可以不偿还。日本建立了中小企业组合制度，它通过组织化的形式，实施共同采购、生产和研究开发，对缺乏充足技术人才等资源的单个企业进行互补。这就通过政府把同产业内的中小企业聚集起来，实现优势互补，提高成活率。为了推动创业投资产业的发展，促进更多的创投公司投资于更广泛的初创企业，日本政府建立和完善了包括二板市场在内的多层资本市场结构，为创投机构顺利回收资金提供渠道。

健全的失败保障机制可以免去创业者的后顾之忧，我国的创业失败保障机制尚未形成，无形中束缚了创业活动的发展。在国外发达国家，健全的失败保障机制是创业体系的必要组成部分，因此，我国可以从产权转移、社会保障再就业等方面形成保障机制，为创业失败人员创造良好的生活环境，使之能够顺利地进行再创业或就业。

(2) 合理制定政策可充分发挥资源平台的支撑作用

目标是系统行动的方向，独具特色的创业文化为大学生创业提供了持续的目标引领，但对于高校"众创空间"支撑体系这一复杂的系统来说，仅有好的目标还不行，必须有达到目标的一系列的制度安排。从发达国家大学生创业支撑体系的建构来看，多层的政策供给构成了制度框架，这些制度框架保障了创业的另一环境要素——资源平台的建设。以美国为例，其灵活、多层次的政策供给是鼓励大学生创业的制度保障，使各种资源能充分发挥作用。主要体现在以下方面。

①全面支持政策促进创业活动获得更高层次的生长。全面创业政策是最综合的政策类型，是将前面几种政策措施进行整合。降低企业进入壁垒，确保小型企业支持体系能够回应新兴创业者的需求，确保新创办企业融资渠道畅通，并且焦点关注将创业融入教育体系，促进创业文化发展，构建正面积极的创业氛围，将激励导向、机会导向、技术导向措施相结合，这种措施能有效回应前三种创业政策基础。通过强化创业文化、创业氛围及创业能力的这种更为全面综合的途径，很多地方政府在努力解决一系列失败问题，诸如系统失败、社会失败、教育失败、信息不对称、市场失败等。全面创业政策途径的主要推动力在于通过强有力的创业活动获得更高层次的动力、创新、生产效率和成长，使整个社会变成一个更加有创业精神的社会。诚然，每一种政策模式都有其弱点与不足，重要的是看选择以什么模式为主导模式。当然，政府不一定只采取其中一类创业政策途径，也可以某一类政策模式为主，再辅以其他类型的创业政策作为补充。

②创业教育政策使教育资源物尽其用。美国政府在创业环境营造上起着主导作用，他们制定的政策和计划服务于企业形成、企业生存、企业发展，培养创业者、培育创业文化。在美国，创办企业的个人能够从政府那里得到税收减免、建筑物、道路、人员雇佣、原材料和能源等资源供应方面的优惠条件。政府还设立了小企业管理局，帮助有意经营者创办自己的企业。近几十年来，美国颁布了很多关于职业培训和职业教育的法律，这些法律结合政府拨款，调动州、地方政府、私人机构的积极性，开展针对职业和失业人员的多种形式的培训。美国政府还设立了多种形式的基金来推动创业教育的发展，如国家创业教育基金、科尔曼基金均提供经费赞助创业教育竞赛，接受创业教育的优秀学生，开发创业教育课程。

③拓宽资助路径的创业延伸政策使资金长期跟进。采用创业延伸政策路径的政府事实上没有一个确定的创业政策。为了回应当地和区域性创业活动的需求，政府会做出调整，延伸一些已经通过现有中小型企业计划提供的服务，也就是添加一些内容在创业导向的活动中。这种创业导向的措施可能包括提供创办企业的信息、企业计划支持或自我雇佣培训。政府这些政策的焦点在于解决市场失败，为现有的中小型企业提供一个公平的竞技场。

美国政府有一长远的中小型企业政策，中小型企业支持网络建设良好，创办企业过程中的调节管理性障碍很少，创办企业通常不困难、不费时、花费不高。新创办企业的大学生对开办企业信息、建议、融资等有日益增长的需求。很大程度上讲，创业延伸政策途径就是对这种需求的积极回应，也是一种创建就业岗位的策略。这种政策模式中，政策措施往往聚焦改善人们获得机会和资源的路径。例如，现有中小型企业支持网络提供的服务可以通过举办专题研讨会予以延伸，政府可以利用现有的中小型企业网站为那些新创业者提供一些量身定做的信息，地方政府的中小型企业办公网络可在社区层面推动创业，创造更多的就业机会。美国的自我雇佣比率很高，新创业者比率也很高，因为有这些高水平创业动力因素的存在，政府往往不太容易发现在政策上做出调整，以进一步营造创业氛围的紧迫性和必要性，这就是美国很少有国家指导性政策关注培育创业文化的缘故。

5.1.2.3 大学生创业资源平台建设发挥基础支撑功能

制约高校"众创空间"发展的因素是资金、技术和人才，纵观国外发达国家大学生创业的经验，具有较强支撑力量的投资平台的建构是使高校"众创空间"创业从理念走向行动的关键。政策制定后，还需要资源平台建设的具体实施，让政策落地生根。

（1）设立大学生创业特殊资助平台——创业项目

自20世纪80年代起，英国政府为推动大学生创业的发展，先后制定出台了多项政策，例如，为大学生创业项目提供资金支持。20世纪80年代，英国政府发起了"高等教育创业"计划（EHE计划），该计划是大学生创业教育方面的首创。此后，随着创业教育发展政策逐渐清晰，英国政府先后制定实施了一系列大学生创业教育发展政策，同时发展高校的创业教育，加大了支持和引导的力度[95]。英国政府为全国开展的新创企业项目提供一定数量的资金，旨在激发大学生创业的热情，释放他们的创业潜能，使他们了解创业过程，并获得与创业相关的技能。

1998年英国政府启动了"大学生创业项目"，该项目是专门为18~25岁在校大学生设计的，由两部分内容组成。一是创办自己的公司。学生自己进行商业构思，并组建创业团队，筹集资金，开拓市场，开发产品或提供服务，从而获得创立企业整个过程的经验。学生在创建企业的过程中能够得到志愿企业顾问和创业导师的咨询指导。二是创业课堂。创业课堂通常是指半天或一天的研讨班，学生与企业家聚集一堂，听创业者演讲，并参与一些活动和讨论，获得与创业者进行面对面交流的机会。此外，英国政府在 2004 年 6 月还推出了一项创业竞赛活动，名为"Make Your Mark"。该项活动至今已组织过 6000 多次竞赛，有超过百万人参与其中。通过此项活动，30%左右的青少年改变了对创业的态度，认识到创业对个人发展的作用，提高了青少年创业的激情与素质。

(2) 建立高校大学生创业资金一般支持平台

美国高校还鼓励学生积极组织和参与相关的创业活动。不少大学设有创业教育基金，高校从捐款和成果转化收益中拿出一部分设立创业教育基金，为在校生进行创业实践、开办企业提供有力支持；甚至有的学校还创立了孵化基金，专门支持具有创新性的研究，资助已初步成型但尚未获得许可的技术，资助那些有商业前景但较难获得许可的发明。

日本创投公司为了克服公司制的弊端，借鉴了美国的经验，引入了合伙制创投基金，避免了双重纳税的问题，同时增加了投资公司的可投资规模。《投资事业有限责任合伙法》的出台，确保了合伙人的有限责任，激发了合伙人努力提高投资效率的热情，而《促进中小企业创造活动法》则对创投产业的外部环境进行了改善。与美国不同的是，日本的创业企业数量较少，主要原因有两点：一是具有科技背景的创业投资行业从业人员很少；二是日本的创业投资资本在股票市场上沉淀的时间过长。日本的中小创业企业政策进行了方向性的调整，主要拓展中小企业的发展空间。从对企业规模效益的追求逐渐转向企业运营基础，即人才、资金和技术方面的政策和措施，并为从事创新性事业的中小创业企业提供发展条件，并为预防金融危机的发生构建安全网。调查研究数据显示，日本的中小创业型公司主要集中在社会服务、信息技术和制造三大领域，占到了创业总数的 80%，其中，制造业类属于高端制造，主要包括医疗、电子和新能源等行业。在融资支援方面，日本创业企业主要依靠政府的金融机构，如中小企业投资育成公司、中小企业金融公库等政府机构；在信用方面，通过信用保证协会提供担保；在资本形成方面，主要通过中小企业投资育成公司来投资，以推动创业企业不断发展创新。

日本政府审定创业计划时，对审定合格的创业者实施无担保融资政策。地方政府中小企业支援中心对引进了设备的微小创业企业提供无息且等同于购入价 50%的资金帮助。对于陷入困境的中小创业企业，日本政府还提供无担保融资，从支援对象的条件来看要比美国更加严格。

(3) 建立多种多样的创业园孵化器

2000 年 4 月，英国政府成立了专门为小企业服务的政府机构，它是由 20 多个具有运营中小企业经验的创业家构成的,主要职能是为创业者提供创业援助与建议。从 2001 年 4 月起,该机构在英国全国范围内建立起一个商业化连接网络,为英国全境顾客提供跟踪式服务[96]。其服务的主要内容:提供量身定做的创业培训项目、提供各种政府官方信息、为创业者提供一对一的咨询和建议服务、为创业者提供一定的资金支持,并参与举办一些促进创业的运动。"商业连接"也在区域内各大学之间建立沟通,弥补大学之间的差距。"商业连接"使英国的创业园孵化器非常发达,如牛津大学科学院、剑桥中英创业园和曼彻斯特中英创业园等。这些创业园的孵化模式各不相同,主要类型有三种,分别是牛津型、剑桥型和帝国理工型。而这三种类型的孵化器都会面临三个共同的问题,即孵化器的盈利模式是什么,孵化器与企业的关系,孵化器如何提供全方位服务。孵化器所必须经历的阶段一般有三个,分别是房屋租赁,增值服务阶段;投资性服务,股权阶段;银行性服务阶段。

创业教育对创业精神的培养至关重要,我国创业教育普及度较低,没有形成健全的创业教育机制,因此,有必要让创业教育走进中学和大学课堂,以培养学生的创业精神,并且让创业实践走入校园,使学生更早地了解社会、懂得创业。

(4) 建立大学生创业管理机构协调各种资源

随着英国高校创业教育的繁荣和兴盛,英国政府认识到建立一个全国性大学生创业教育组织机构的迫切性和重要性,因而 2004 年教育与技能部、"小企业服务局"共同出资 70 万英镑作为基金,成立了全国大学生创业委员会(NCGE)。该委员会的主要任务是促进高等院校、地区与当地商业支持伙伴之间加强联系;鼓励大学在学科课程中加强对学生创业技能的培养;向决策部门提供影响大学生创业关键因素的信息;开展创业理论研究。

2004 年,贸工部下属机构"小企业服务局"拨款 15 万英镑,由英国一流商业组织与提供创业教育、培训、指导和援助的重要组织及机构联合设立了组织机构"创业远见",旨在通过全国性的运动鼓励 14~30 岁青年的创业精神,提升英国的创业文化。英国创业教育 80% 的资金来自公共资源,英国政府在大学生创业教育上投入了大量的资金。1998 年,由政府、卫康基金、恶善基金会、各大学共同出资设立了"大学挑战基金",该基金共设有种子基金 5000 万英镑,其中政府出资 2000 万英镑。此基金的目的是帮助大学渡过把研究成果转化为市场产品的最为关键与困难的最初阶段[97]。1999 年,英国政府成立了"科学创业挑战基金",该基金致力于为学生、教师和商业机构提供创业知识和技能,它成功地为 13 个科学创业中心提供了 5700 万英镑的资助。为支持大学科技成果转化,英国政府2001年启动了专门为加强校企合作而建立"高等教育创新基金",这一基金的创建对高校周围各种科技网络群和各高校内部师生的创业活动提供了很大的支持。此外,由贸工部、教育及就业部和高教拨款委员会共同出资设立了"高教援助基金",目的是让高校教师与学生带着创业项目到企业中去,鼓励高校主动进行技术开发,并以此提高大学生的创业能力。

2004—2005年,英国高等教育学会在英国教育与技能部的资助下开发了一个"创业技能矩阵"来帮助创业教学,在本科生中倡导企业家精神。威廉姆巴特学习公司组织了"威尔士学生创新奖学金"项目,参与赞助的还有其他学习公司、专利局、哥莱康哥大学等。伦敦大学在开展"培育工科学生的创造性"项目过程中,曾经组织过一个"热心网络"顾问团,吸引了来自业界、学术圈和教育开发机构的代表参与。

5.1.3 创业平台构建与政府政策支持的协同案例——苏州"创梦空间"分析

5.1.3.1 苏州"创梦空间"发展概述

在我国,"众创空间"的管理虽越来越多的开始实行社会化企业化运作,但仍有部分为政府主导行为,苏州"创梦空间"同样依托苏州市人力资源和社会保障局、姑苏区人力资源和社会保障局以及姑苏区沧浪街道办事处建立,虽然运营公司为第三方有限责任公司,实行自主经营、自负盈亏的运作模式,但其组织架构、资金来源、管理人员等主要资源均由相关人社部门提供。

(1) 发展历程

苏州市大学生公共创业实训基地位于苏州市东二路18号,总面积达5055平方米。其中,孵化区域面积为3425平方米,管理区域面积为1630平方米。2010年,苏州市人力资源和社会保障局为深入推进苏州市创业工作发展,特别是大学生创业发展的需要,打造了苏州市大学生公共创业实训基地;2011年,被苏州市人力资源和社会保障局认定为"苏州市创业孵化基地";2014年,被国家认定为"国家级大学生创业示范基地"。2015年,在"大众创业""草根创业"的新浪潮,"人人创新""万众创新"的新局面下,为进一步推动实训基地紧跟时代潮流、健康有序地发展,不断增强实训基地创业活力,以满足不断发展的大学生创业形势、创业环境需求,在相关人社部门的支持与帮助下,实训基地引进苏州淘金商务服务有限公司作为实训基地新的管理服务团队,并调整优化其功能布局与管理服务模式，对基地一楼进行功能布局调整，在保留原有孵化功能的同时，为初始创业大学生新增爱创咖啡、O2O产品展示区等功能，打造苏州市古城区首个"众创空间"。

(2) 组织架构

"创梦空间"主办单位为苏州市人力资源和社会保障局，具体业务指导由市、区劳动就业管理服务中心（市、区创业指导中心）负责；设立"大学生公共创业实训基地领导小组"（以下简称"领导小组"），成员单位由市、区人社局和沧浪街道办事处组成；领导小组下设"创梦空间"管理服务中心，由沧浪街道劳动保障事务所、苏州淘金电子商务服务有限公司（以下简称"管理公司"）共同组建，作为"创梦空间"的管理机构，办公室设在实训基地内。

(3) 职能分工

领导小组主要负责审定入驻企业享受孵化政策的资格；负责与孵化企业签订《大学生创业文化园孵化协议》（以下简称"孵化协议"）；对孵化企业进行综合管理和考察统计；对孵化企业提前解除协议、违约，劝其解除协议做出处理意见；负责上级拨付用于孵化基地的专项创业引导性资金的财务管理及按区政策规定发放房租补贴；协调有关部门为孵化企业落实市、区各项创业优惠扶持政策；为创业者提供创业（技能）培训、开业指导、政策咨询等；负责孵化基地的对外宣传和工作交流；对孵化企业的有关资料（孵化协议、项目评估、营业执照、税务登记证、房屋租赁协议等证照复印件）接受上级部门的监督与检查。对孵化企业的投诉事项，属于职权范围内的应当自接到投诉之日起5个工作日内进行处理；属于其他部门处理的，应当及时移送相关部门处理，并书面告知投诉人。

管理公司日常运营团队有总经理、行政、商务助理、人事专员、招商主管、培训主管、运营经理各1名，主要负责企业管理与活动开展，具体包括负责办理企业入驻或撤离的相关手续；负责入驻企业的日常管理及为企业提供一站式开业配套服务、办理开业（变更）手续；配合做好孵化基地的对外宣传和工作交流；定期上报企业数量以及具体发展情况；安排实训基地日常活动，提前一个月上报活动计划；协调政府相关业务和管理部门、实训基地、孵化企业、非孵化企业等各方的关系；结合自身的优势和实力，在项目选择、资金、技术、业务和具体资源对接方面给予创业者大力支持。

(4) 发展成果

整个基地运行以来，截至2018年12月31日，累计吸引入驻项目182个，共带动就业472人。现入驻项目65个，安排从业人员219人。一楼"创梦空间"

累计吸引入驻项目108个，已成功注册81个，孵化成功率达75%；目前在驻企业26个，已孵化毕业的项目23个。二至四楼为大学生成熟创业提供服务的创业示范基地，拥有29间孵化办公室，累计吸引入驻项目74个；目前在驻企业26个，已孵化毕业的项目22个。随着大学生创业工作的深入，大学生创业孵化已由苏州市大学生公共创业实训基地辐射到各个在苏高校校内大学生创业实训基地。

5.1.3.2 苏州"创梦空间"的运营模式

通过研究大学生创业失败的案例，发现项目选择、项目定位、项目资金、合作伙伴内部矛盾和缺乏持之以恒的精神这五个方面是大学生创业失败的五大主要因素，因此，苏州"创梦空间"将通过政府支持与社会运作相结合，为创业大学生创业全程提供更为有力的支持与指导。

（1）拓宽项目征集渠道

创业项目遴选主要通过面向社会征集、政府推荐、校园招募三个渠道进行。

①社会征集。通过举办大型系列活动征集优秀创业项目，如"创新创业大赛""创业周——全城寻找最优秀的电商创业项目"等，以及通过新闻媒体宣传、口口相传等形式扩大实训基地的影响力，以入园优惠政策、项目扶持资金向社会广泛征集创业种子项目。

②政府推荐。在政府网站、政府文件上，将实训基地作为首选推向创业大学生，同时，依托政府的公信力，通过"创业精英大赛"、招商引资、重点引进项目、扶持项目等形式推荐创业项目。

③校园招募。依托苏州市"1+18"的创业孵化示范园区的布局，充分运用华东三省一市电子商务高职高专师资联盟，加强与各大高校就业创业指导站的深度接洽，以电子商务专业教师为抓手，与高校签订共同广泛开展专业的就创业培训机制协议，使就创业培训专业化、系统化和长期化。

（2）完善项目遴选流程

通过上述三个渠道进行项目征集，创业大学生填写《入驻申请表》以及《创业计划书》等材料；市劳动就业管理服务中心（市创业指导中心）根据各创业项目申请入驻材料组织专家进行项目评审，评审分为书面材料评审和现场问答评审两个步骤；市劳动就业管理服务中心（市创业指导中心）根据专家项目评审意见和苏州"创梦空间"建设规划方向，筛选创业项目同意入驻并签署意见；入驻创业项目申请人或申请团队代表与市劳动就业管理服务中心（市创业指导中心）签订《入驻协议》，与管理公司签订《管理协议》，并按照《入驻协议》和《管理协议》各方履行义务权利。

5.1.3.3 政府政策支持促进"创梦空间"平台建设

优厚的政策扶持是"创梦空间"得以迅速发展的重要支持因素，苏州市政府在政策、资金及社会环境等方面为大学生创业平台的搭建做出了极大的努力。

①政策环境方面。苏州市政府印发了《苏州市关于实施创客天堂行动发展众创空间的若干政策意见》《关于进一步做好新形势下创业就业工作的实施意见》等一系列配套政策文件，积极有效地引导与推动了苏州市"众创空间"的发展。

②资金支持方面。以市场为导向，苏州市政府鼓励民营企业、国有企业等创办"众创空间"，并给予一定资金支持。姑苏科技创业天使计划将20万~50万元项目资助和5万~10万元创业补助优先支持"众创空间"推荐的创业项目、团队；为发展"众创空间"提供必要支持；人社部门新增市级创业贷款担保基金8000万元，扩大创业担保贷款规模至1.27亿元，为创业者提供最高30万元的贷款额度[98]。

③资源协作方面。苏州市于2016年2月成立了"众创空间"协会，共有36氪、启点咖啡、e帮创、昆山启迪众创工社、腾讯"众创空间"等90家"众创空间"加入，占目前苏州市"众创空间"数量的95%以上。从"协作程度"[99]来说，提供良好的工作空间、网络空间、社交空间、资源共享空间和生态环境，团结各"众创空间"从事创业创新的孵化培育、投资、培训，开展各类合作交流、行业研讨、专题论坛等活动，发挥主观能动性[100]，为广大创业者尤其是大学生创业者提供了充足的资源平台。

5.1.3.4 "创梦空间"平台特色服务依托政策促进大学生创业

（1）初期孵化加速落地

大学生对电商行业发展趋势不清楚、创业启动资金缺乏、企业管理经验缺乏等一系列问题都成了大学生创业过程中的绊脚石。

初期孵化基础服务：政府部门主要为创业大学生提供物理空间和基础设施，搭建交流平台，推荐其参加SYB创业培训、创业导师结对，为其提供社保、小额担保贷款等相关咨询服务支持；商务小秘书为入驻企业提供一站式开业配套服务，如公司注册、代理登记、收发文件、代办其他各项法律手续、客户接待、来电转接、安排会议等。

专业团队定制服务：根据淘金集团强大的互联网经济数据分析系统，把握市场各类商机资讯，可以很好地帮助大学生选择创业项目，降低创业风险，同时引导大学生利用现在已有的资源去整合资源创业，进而降低创业者的创业风险和创业成本，提高创业成功率。

(2) 中期孵化保驾护航

在孵化初期的扶持帮助之下，创业项目加快落地，但接下来，创业者又要面临进一步发展的难题。这时，实训基地服务的辅助和引导起着重要作用。

中期孵化基础服务：定期邀请创业导师入驻创业指导室与孵化企业进行"一对一"创业指导及专业讲座，并不定期邀请"两岸青年创业大联盟""华东三省一市电子商务高职高专师资联盟"等组织来苏州进行创业交流，以带给创业者一些"新空气""新能量"，进行互动互补。定期开展产品的体验与项目的发布、职场交流互助、创投融资咨询、创业指导策划、高端求职招聘、行业专题咨询等活动，以形成抱团经营、信息共享的良性创业氛围。

专业团队定制服务：①技术支持，淘金集团在电商各个环节都有自己的优势，可以在拍摄、美工、推广和移动端等几个方面培训大学生，减少其创业的时间成本，同时也为大学生创业提供最先进的技术支持，保证大学生创业中后端技术服务的完善；②业务支持，管理公司运用自身的业务优势、庞大的客户群体、强大的销售队伍，将淘金集团已有的线上线下开展的业务输送给创业大学生，同时也可以为其提供货源等，帮助他们更好地开展创业项目；③人才支持，依托淘金商学院开展电子商务人才培训，为大学生创业项目输送各类技术骨干和电商管理人才，同时在培训中挑选创业人才，真正实现就业、创业共赢。

(3) 后期孵化展翅高飞

针对逐渐发展成熟的创业企业，研究制订帮扶创业成功者后期扶持方案，对孵化成功并具有一定发展潜力的企业给予更多更为专业的资源支持，真正做到"扶上马、送一程"，帮助企业做大做强。

后期孵化基础服务：做好创业载体推荐工作，适时解决成熟企业在办公场地方面的发展瓶颈，以便做好创业企业的跟踪服务；推荐其参加 SYB 创业培训、协助申请姑苏区"给力贷"；推荐其吸纳近三年毕业的姑苏区大学生以及就业困难人员，在享受优惠政策的同时以创业带动就业。

专业团队定制服务：组织成熟企业进行项目路演，帮助创业项目找资金；借助金融服务区的平台优势，整合自身资源，为创业大学生牵线搭桥，并提供"量体裁衣"的融资方案，以便促成创业项目与资金的良好结合，帮助他们解决发展资金短缺问题。

5.2 高校创业教育与创业文化环境的协同机制及案例分析

5.2.1 创业教育与创业文化的协同机制

5.2.1.1 各具特色的校园创业文化是激发大学生创业动机的土壤

创业教育最终能否卓有成效地开展起来，还有赖于适合创业教育的大学文化的创建与形成。大力建设适宜大学生创业与进行创业教育的文化氛围，激发大学生创业热情是更为根本的环境要素建设。

（1）以实用主义为核心价值观的美国创业文化

建立在启蒙精神、实用主义和个体主义基础上的美国精神是美国创业环境的文化底蕴。首先，美国精神的核心内涵是冒险主义精神。当年，第一批欧洲移民乘坐五月花号帆船穿越大西洋，冒着生命危险来到美洲大陆，其冒险精神可见一斑。其次，美国精神的实质是一种创新精神。最后，美国精神还蕴涵一种追求公平、公正、博爱、自由的意识。美国诞生的实用主义蔑视教条和权威，主张实干与奋斗，注重现实和效用。与传统的形而上学的观点不同，实用主义强调的是行动，人类不仅是认识主体，更是利益和行动主体。实用主义立足于现实，注重最后的结果与事实，并且主张通过大胆的行动来创造和实现人生的价值与意义。

（2）注重组合创新的日本大学生创业文化

日本文化是一件"百纳衣"，主要由中国、英国、美国及本土各种因子构成。日本人自身创造力主要从外来文明中得到启发，进而推进本国发展。日本人主张吸收先进的文化和思想，在明治维新期间，主张"和魂洋才"，即一方面保持本民族固有的传统道德观念；另一方面积极学习西方科学知识，培养西方人才，让人们掌握西方文化和先进的科学技术。在诸多西学中，日本人最看重科技，他们有针对性地引进西方先进技术，从单纯的模仿开始，吸取其中精髓，待民族技术逐渐发展成熟之时，便按照自己的想法进行技术改装。日本高校经常组织大学生参与各种具有广泛影响的科技创新活动，大力宣传创业教育的典型成功案例等。创建创业教育示范校，积累经验，逐步扩大创业教育范围，形成创业的良好社会氛围，是建设适应创业教育的大学文化的有效途径之一。政府还应着力改变人们对于创业的态度，大力营造有利于大学生开展创业的监管环境和社会环境，为创业教育提供重要的外部保障。

(3) 注重创意的英国大学生创业文化

英国是世界重要的创意文化产业大国，每年的版权输出量在全球位居前三。在英国，每10英镑的出口额中，便有1英镑属于创意产业。追求创意成为当下英国文化的一种新特点，这也反映在英国社会对大学生创业的支持中，英国成为世界上最早将"通过发掘个人创造力、技能和天赋的经济属性来创造财富和就业机会"的所谓文化创意产业作为发展战略的国家之一。从20世纪90年代开始，在这一国家战略引导下，英国从事创意产业的企业占全国企业总数的5.13%，提供了150多万个就业岗位。英国社会各界就十分重视小企业对经济增长的意义和作用，认为小企业是国家经济的命脉。英国大学的创业教育起步较早，甚至从高中就已经开始，这在无形之中形成了有利于大学创业教育发展的文化氛围。

5.2.1.2 丰富的创业教育资源支撑大学生创业能力的初步形成

大学生群体是有着强烈的创业动机并掌握了一定的专业知识与技能思想开放的实践群体，由于缺乏社会经历，他们往往自我认知较高，但有时自我认知与能力存在差距，容易出现"眼高手低"的状况，这是造成创业成功率较低的主要因素，为此，许多发达国家都通过各自的创业教育来提升本国高校"众创空间"的能力。

(1) 理论与实践并进的创业教育体系

国外高校创业教育经历了从课程教学到专业教育，再到学位教育，从功利性的职业教育到系统化的教育，从商业化组织到全社会关注的过程，完善了政策制度、教育模式、社会援助等方面，形成了完善的教育体系。其特点如下。

①建立从基础教育到高等教育相互衔接的教育体系。日本政府对创业教育的开展从初等教育就开始了，每一个阶段之间的衔接都很连贯。从小学开始，日本就很重视对学生创业意识的教育，开展"勤工助学"等活动，培养学生的就业、创业心理意识和意志品质；中学阶段，通过课外活动为学生提供开展模拟创业的空间；大学阶段，学校开设创业课程，使创业教育更加深入和广泛。因此，创业教育在不同的阶段，以不同的形式、不同内容的创业教育将想创业的意识、能创业的能力、会创业的技巧等内容都贯穿于所有阶段的教育中，能够避免创业技能与创业意识之间的失调，为大学创业教育的顺利开展奠定了基础。

美国的创业教育有其完整的梯队，包含K-12创业教育、社区学院创业教育、高校创业教育、创业中心创业教育四个方面[101]。K-12创业教育主要对就读于小学、中学、高中共计12年基础教育的学生进行与其年龄相应的创业教育；社区学院创业教育成为提供职业技能培训、促进当地经济发展的重要部门；高校创业教育是开设创业教育课程、培养人才的重要阵地。创业教育的课程更是覆盖了国民教育的各个阶段。针对创业者年轻化的趋势，早在20世纪末，美国就实行了"金融扫盲2001年计划"，直接面向中学生，向中学生普及金融、投资、理财、营销、商务等方面与创业有关的知识和技能。

②创业教育涵盖每一学科。美国许多高校要求将创业教育思想体现在所有教学科目中，所有的教师在教学中都能教授与创业教育有关的内容。特别是商贸、财税、经济、管理类相关专业更是要将创业教育渗透到每门课程中，潜移默化地培育创业意识和基本素质。日本高校有三种创业教育课程的设置方式。一是依托专业，即大学基于原有的专业课程结合创业知识开发出来的。二是产学结合，即学校通过与企业联合办学等方式，将创办企业的实践知识与大学理论知识融合，培养企业家精神。三是结合地域特色，从发展区域经济的视角出发，切实培养大学生的创业技能，并建立差异性的创业教育课程。

为了促进大学生创业教育的发展，英国政府专门拨款建立英国科学创业中心（UKSE），从最初的8个逐渐增加到13个，涉及60多所高校。科学创业中心的任务是在大学传统教学中融入创业教育，革新大学文化。政府成立创业中心的目的就是要让创业中心成为大学文化变革的催化剂，使大学与企业关系更密切，提高大学对经济增长、就业和生产力的贡献度，所以，科学创业中心的活动主要在四个领域展开：开展创业教育；加强与产业界的联系；支持创办企业，并鼓励新企业成长；鼓励技术转化。

③创设跨越大学、学部、学科的交流平台。美国大学向来重视学科间的交流与互通。创业教育成为大学以上学历教育的必修、辅修或培训重点科目。在课程体系构建中坚持文科和理科结合，教学和科研结合，文化教育与职业教育结合的三个基本原则，把创业主体所需要的创业意识、个性特质、核心能力等个体创业基质与相关社会知识整合到一起，将科学教育与人文教育、智力教育与非智力教育进行整合，构建了由主体、创业战略和创业机会、创业资源和创业计划、创业融资、快速成长五大模块构成的课程体系[102]。这种具有整合性的课程结构，将学习者置于真实的创业流程中，创业所涉及的一切因素都呈现在学习者面前，吸引并引导学生关注创业相关的经济问题和社会问题，从中识别创业机会。

日本大学内部创设跨学科、跨专业的交流空间，使学习者在一个学科交叉、专业互补的宽松氛围内学习。对不同专业的人，学校有针对性地对待，以理工科学生为对象开设经营、管理、商业等课程,通过学分制度改革,为学生参加专业以外的课程学习或在学校以外的机构学习给予学分互换的认定。同时,政府通过政策引导大学之间的创业教育交流合作,促进资源共享,共同进步。此外,各大学加强建设创业孵化器及相关辅导机构,加强校友之间的联系,开展多种类型的创业计划。

④培养一批胜任创业教育的师资。美国教师和学生分别属于国家、州、地方的创业组织,他们从事或支持创业教育教学材料与教学方法开发、教学信息交流等工作,这些工作促进了创业教育师资的培养。各高校在创业教育师资上,进行了专门的选拔和培训,鼓励教师直接从事创业实践,为创业教育提供真实案例和示范教学,教师之间进行经验交流,多种方式培养师资队伍有效提升了教师的水平,稳定了队伍。另外,美国还形成专兼结合的师资结构。百森商学院有35名专职从事创业教育和研究的教师,共开设33门课程。仁斯里尔理工大学有22名教师,开设了20门课程。伯克利学院从事创业教育的教师有20人,共计开设了23门课程。这些教师并不都是从事理论工作的学者,企业家、创业者在其中占有很大的比例。此外,企业家或者创业者不仅可以承担创业类的课程,还可以作为兼职教师,为创业教育提供短期讲学、案例讨论和创业论坛等。

⑤深入开展创业教育研究。美国管理学会于1987年将创业研究作为一个分领域正式纳入管理学会,创业教育在发展的过程中已经形成了完善的创业研究和教学体系,两者相互支持、相互促进。全国设立若干创业研究基金会,举办创业研讨会等实践教育活动。

日本创业教育研究中心采用问卷访谈法,提出了一个符合日本文化特色的大学创业教育基本框架:"创业家诞生"="首先开发可能的创业素质(包括心理素质、非心理的智质和知识)"+通过"成长的经历、家庭状况和教育"树立企业家精神+通过官、产、学的密切配合营造良好的"创业外部环境"。日本很多大学都将这一框架作为创业教育的规范和要求。

⑥重视高校创业教育基础设施的建设。日本在推进创业教育过程中,文部科学省与经济产业省、厚生劳动省密切合作,充分运用可用资源领导日本全国创业教育,从企业精神培养、生存能力培养、职业生涯能力培养的角度出发,促进创业教育课程以及企业见习活动的改革[103]。在创业基础设施方面,日本高校重视创业孵化器、创业支援机构的建设。在日本,60%以上的国立大学设置了创业支援机构,其中,近70%的高校提供创业指导以及知识产权方面的相关支援,还有部分学校提供资金层面的支援。在创业教学内容方面,日本高校重视创业实践环

节，在政府与企业的配合下，日本高校广泛开展创业活动和创业竞赛。在师资队伍方面，纳入具有优秀创业资质和丰富创业经历的"双师"，以此促成与企业的双向交流，提升创业教育质量。

⑦与企业对接，推动创业计划实施。在美国，以创业为导向的国家政策引发了很多著名大学纷纷建立创业教育教学与研究中心，这些中心为本校乃至全美提供系统化的创业教育，从事前瞻性的创业研究，其中创业计划竞赛已经成为一种成熟的创业教育手段，有很多大公司就是在竞赛成果的基础上孵化出来的，这更加凸显了高校创业计划竞赛在美国经济中的影响力和驱动力。日本大学十分重视在创业计划的实施中与产业合作，创建实践体系。社会实践不单是对学生生活的丰富，更是他们直接体验创业过程，锻炼创业能力的绝好机会。注重学生直接参加社会实践，将创业教育与相关产业结合起来是日本创业教育的一大特点，学校着力构建与地方产业之间的联系，让学生参与创业见习课程和调研活动，在直接实践中获得感受和体验，丰富学生对创业的直观理解，也增强了学生的实践能力。

（2）创业教育对高校"众创空间"发展的支撑作用

创业教育的成效和作用是不言而喻的，除了对经济发展的巨大贡献以外，创业教育对企业、学校、学生以及整个社会的发展都起到不可估量的作用。

①创业教育对学生个体的作用。一是创业教育提升了学生创业的比率。控制毕业生的个性因素及其他各种环境因素进行研究，发现接受创业教育的学生比没接受创业教育的学生就业于新风险企业的人数高25%。毕业后，创业教育学生自己创办公司的人数比没接受创业教育的学生多11%。在参与共同创建新型风险企业的人中，接受过创业教育的学生是没有接受过创业教育学生人数的3倍。所以，创业教育促进了学习者的风险承担及风险企业的创建，提高了他们自我雇佣的比例，使他们更不愿意去政府部门及其他非营利性组织工作，更多的是去创办企业。二是创业教育提高了学生的收入和就业满意度。在收入上，参加过创业教育的毕业生收入比未参加创业教育培训的毕业生高27%；在获得就业机会上，接受过创业教育的毕业生获得全日制雇佣的机会远远超过没有参加创业教育的毕业生。参加过创业教育的毕业生和他们情况相似而没有参加创业教育的学生相比，前者财产比后者多62%，年收入也平均提高12561美元。调查显示，参加过创业教育的毕业生就业满意度提升大约1%。

②创业教育对学校的作用。创业教育改变了教师、学生、行政管理者等很多人对大学功能和价值的认识，大学与社会的关系等问题的认识，推动美国高等教

育体系中大学的市场化。市场化的进程促进了大学的技术转移，促进了以科技为基础的公司和产品的开发。在大学科研成果商业化目标指引下培养衍生公司是很多国家政策及地方政策的核心，人们认为，衍生技术充当技术转移和技术商业化媒介，可以为大学提高直接收入，为社会创造就业机会，加强大学和地方商务社区的联系，为发展区域经济作出贡献。

③创业教育对企业的作用。创业教育促进了公司，尤其是小公司的发展。雇用接受过创业教育的毕业生的公司，比雇用没有接受创业教育的毕业生的公司发展更快。同时，接受过创业教育的毕业生，不仅掌握了较为丰富的创业知识和一定的创业能力，他们创办企业的信心也得以提升，成功的概率也会大幅提高。

④创业教育对政府—高校—产业联动发展的作用。随着创业教育的深入，高校科研成果的产业化必然会加强高校与政府、产业的联系合作，因此，促进了高校—政府—产业的联动发展。大学—政府、大学—产业、政府—产业通过角色承担，增强他们的双边互动，保持每一机构的核心身份，还以新的方式强化与其他机构的互动和联系，大学在教室培养学生，在孵化器中培训组织，其创造的技术推动产业发展。同时，大学介入技术转移，成为新产品发展的源泉。而政府在大学和产业之间扮演着政策制定、法律保障和资金支持的角色，为大学和产业合作提供平台。

5.2.1.3 教育的显现功能与文化的潜在作用的协同

一个系统想持续地发挥作用与功能，必须保证系统的各种构成要素协同行动。关于这一点，协同理论的思想可以为我们提供依据，根据协同理论，尽管千差万别的系统的属性不同，但在整个环境中，系统的构成要素之间既存在着竞争关系也存在着协作关系，要素之间的协作是因为对系统目标的认同，各要素是因共同目标而协同起来的，如果说支撑环境是个系统，那么，系统功能的最终实现是以系统目标为规定的，而系统目标是通过具有特殊属性的系统文化来体现的，就如同企业文化是企业目标和企业家价值观的集中体现一样。纵观发达国家大学生创业体系的构建，首先都体现为形成独具特色的创业孕育文化与培养能力的创业教育的协同，因为这两个因素都关系到创业实践主体的形成，一个发挥着显现的功能，另一个发挥着潜在的深层作用。

（1）创建创业教育网络，让创业教育与社会创业文化有机连接

美国创业教育除了政府的政策、制度支持外，其发展的核心力量主要是非政府组织，在这些非政府组织的努力下，各种类型的基金会、中小型企业、评估机

构都是高校创业教育不可或缺的支持力量,构建了创业教育的支撑网络[104]。社区学院虽然是美国高等教育系统中的低端机构,但对美国高等教育的普及做出了重大贡献。社区学院作为最大众化的高等教育部门,不仅为学生提供职业技能培训,同时也担负着培养受教育者创业能力的任务。全面广泛的社会服务机构构成了实施创业教育的社会网络,其中包括各种科技园、风险投资机构、创业培训机构、创业资质评定机构、小企业开发中心、创业者校友联合会等,它们可以为创业者提供技术支持、信息或智力支持。学校和社会网络的互动发展,为美国创业教育的实施提供了良好的运作环境。全国性的创业教育联盟也发挥着重要作用。美国创业教育联盟成立于1982年,其成员包括美国高校、各类政府机构、地方教育系统、基金会、企业、学生组织等。作为全美国创业教育的倡导者,创业教育联盟旨在促进成员之间的资源共享。其活动主要集中在三个方面:一是开展创业教育研究,包括发起、支持和报道国内创业教育项目,制定创业教育内容及实践的国家标准,发起各类倡议活动,编辑出版创业教育新闻通讯;二是提供丰富网络资源,包括各类创业教育机构的网址,各层次研讨会、培训班的相关信息等;三是搜集创业教育教学资源,包括课程教学规划、商业实践项目、创业模型及案例、用于创业课程的教学产品等。

社会舆论的关注。一些关于成功创业者及创新企业的报道会不时出现在《华尔街日报》《商业周刊》等有影响力的报刊上,这些报道大幅提升了创业者的社会地位,鼓励了整个社会的创业热情。此外,权威创业杂志如《成功》及《创业者》每年都会进行全美高校的创业教育排名,这一排名在某种程度上已成为衡量高校创业教育质量优劣的标准。各种创业教育组织在促进美国的创业教育发展方面起着不可替代的作用,美国高校通过创业也与社会建立了广泛的外部联系网络,形成了一个"政府、社会、学校"相结合、良性互动的创业教育生态系统,有效地开发和整合了社会各类创业资源,为大学生创业提供了有力的社会保障。与美国相比,日本在推进创业、创业教育的过程中,政府积极引导,扮演了指导者的角色。以经济产业省、文部科学省、厚生劳动省为中心的政府机构发挥了重要的引领作用。日本政府是大学生创业教育的坚强后盾。日本的文部科学省、经济产业省、厚生劳动省将创业教育看作国家科技与经济发展的重要课题,共同研究、共同行动。近年来,日本政府为了推动大学生创业教育的发展,不仅对新公司的申请程序进行了简化,还出台了资金支援方面的政策,积极促进大学生创业教育的发展。日本缺乏一个创业教育的全国性信息交流团体组织,大学间教学方法的共享存在一定难度,而大学的教育内容又大多依赖个人的经验、人脉等现状。为了解决上述问题,日本经济产业省于2009年5月设立了"大学院创业教育推进网络"。该网络囊括了已经和即将从事创业教育的大学教师、期望向后代传授创业经验的企业家、从事创业实践教学的外聘教师等[105]。此外,该网络的组织构成多样化,其创业教育推进活动也广泛而全面,例如发行网上杂志,推进外聘教师的认定及利用,促进教材案例的普及,开展全国性论坛,促进风险企业的实习,提供创业竞赛信息等。经济产业省和地方经济产业局从促进经济成长、新企业诞生、企业家培养教育角度出发,将创业教育作为推动新企业产生的重要手段。创业教育的开展不仅涉及课程、师资等教育资源,还涉及众多企业经营资源和社会网络资源,而经济产业省作为专门负责日本经济、产业、贸易等相关政策的管理和推进的部门,在推进创业教育时具有先天优势。2009年4月,经济产业省针对日本全国进行创业教育的247所大学、研究生院,设立了专门的数据库。数据库提供各学校的创业教育内容、课程、师资、活动及特点的介绍,用于帮助有志创业者选择合适的创业教育资源。

(2) 创业教育目标定位与文化养成的统一

创业教育并不等于创建企业的教育。对此,英国人有着独特的认识,他们认为,创业是指在混乱无序、变化和不确定的环境中勇于承担责任,积极主动地寻求与把握机会,高效地整合与利用资源,明智地决策,创造性地解决问题,创新并创造价值的过程。创业既指向目标达成,有时也指向"创造性的破坏"。因此,创业首先不能仅仅被当作一种纯粹的、以营利为唯一目的的商业活动,而是渗透于人们生活中的一种思维方式和行为模式,是一种创新文化的养成。创业活动要求大学生具备自主、自信、勤奋、坚毅、果敢、诚信等品格与创新精神,要求大学培养未来创业者与领导者的成就动机、开拓精神、分析问题与解决问题的能力。创业教育的宗旨在于培养学生的创业技能与开拓精神,以适应全球化、知识经济时代的挑战,并将创业作为未来职业的一种选择,转变就业观念。它不仅传授关于创业的知识与能力,更重要的是,要让学生学会像企业家一样去思考,成为全社会创新文化的一部分。另外,创业需要创业教育提供基础,即要经过严格的学术训练和知识准备,使未来创业者具备战略眼光、良好的沟通协调能力、营销能力和决策能力,并具备较高的情商。

(3) 企业家精神的培育需要创业教育与文化熏陶并行

企业家精神包括各类行业和职务所必需的通用知识与能力,而不仅局限在企业经营者所应具有的知识与资质。日本的文部科学省提到了创业者应具备必要的生存能力。换言之,在竞争日趋激烈的社会中,大学生在掌握了必备的知识与技能外，还需要拥有一定的学习能力和求知欲望。企业家精神不是人格特征，而是一种行动。它是一种基于理论和观念，而非直觉的客体通过自身努力培养出来的能力。日本高校对企业家精神的培养主要有几个方面内容。一是营造积极向上的创业文化氛围。日本企业家的核心创业动机是对自我的挑战，由于日本创业教育的普遍性，很多学生都具有创业意愿，并将其贯穿于整个创业教育的过程中。二是重视过程教育与家庭教育。个体的创业能力是从其最基本的素质中逐步发展出来的。日本的创业教育是一种过程教育，倡导从家庭到学校、从小学到大学的连续教育体系。日本家庭注重孩子毅力和自主意识的培养，可以看作是启蒙阶段的创业教育；而学校的创业教育则针对学生的思维和学习能力进行培养，大学阶段主要是在企业经营方法方面加强对学生的教育，培养其创业知识和技能。基础教育与大学教育的连贯和统一才可能养育出企业家精神。

(4) 企业参与高校创业教育，将企业创新文化渗透创业教育之中

企业是高校创业教育强有力的后盾，为高校创业教育提供了人力、物力、财力保障。企业家为高校创业教育提供人力和实习岗位，为高校学生提供了与一流创业者直接交流的机会。企业为高校创业教育提供财力和物力。首先，是捐助创业项目的发展。由私人或企业资助大学教育是美国高等教育的传统，美国存在大量以这些捐赠者命名的创业捐赠席位或创业中心，这些捐赠中有95%来自私人捐赠，是美国高校创业教育的核心力量和主要基地。其次，是营造良好的风险资本和天使资本氛围。促进创业活动有效开展，是美国创业活动蓬勃发展的重要动力。一方面，企业作为人才的需求方，可以主动为高校提供人才需求建议，并为高校输入经验丰富的外聘教师，和大学联合开发具有行业特色的课程设置，编著创业教育教材，设计创业型人才的培养方案。另一方面，企业还可以为在校大学生提供实习岗位和实践基地，并为有潜力的创业计划提供一定额度的风险投资。

日本的东京新商会（NBC）近年来和大学联合起来取得了明显的成效，具体包括两大实施项目：一是派遣创业家和风险企业经营者作为外聘教师；二是介绍实习接收企业。自从项目实施以来，产生了两大效果：一是对于想在大企业就职的学生来说，可以接触到平常不可能有交集的创业家和风险企业，扩大了创业边缘；二是对于已经有创业想法的学生，可以通过密切接触创业家和风险企业，加速创业实现的进程。

日本大学，一所以培养社长闻名的大学，在东京的中心为开展创业活动的大学生提供办公楼，并经常邀请社会各界人士给这些年轻的创业者举办讲座。在以信息产业为主的北海道和工业发达的九州，当地政府都联合学府一同推动大学生

创业。此外，日本众多高校还充分利用校友资源，实现对在校大学生创业的"传帮带"作用。大阪商业大学以企业家精神的涵养和创业资质、能力的培养为目标实施创业教育，开展了"向现实社会学习、各类社会问题的发现、问题解决方案的思考、解决方案的实际推行"一系列活动，包括举办"创业想法比赛"活动，设置"大商大创业实验室"孵化基地设施，邀请当地的小商店、大型企业、非营利组织（NPO）参与实践研讨会，联合当地创业家开设企业经营的有关课程。其中社会和中小企业、地区产业振兴论等课程就是学校利用其位于中小企业聚集的大阪市的地理优势，聘请当地企业中第一线的经营者讲授的，这不仅是理论知识的传授，更是经营者心声的传达。

5.2.2 创业文化与创业教育融合促进高校"众创空间"发展——清华大学"创新环"案例

清华大学作为国内最早开展创业教育的高校之一，在创业教育的理论和实践方面的具有丰富成功经验，在全国高等教育界发挥了辐射和引领作用。

5.2.2.1 "创新环"模式解析

清华大学的创新创业教育模式表现为"创新环"模式，这一模式的核心为学生的创新行为，其注重创新意识、创新实践和创新成果之间的良性循环，以群体激励体系、资助体系、指导支持体系、竞争交流体系、转化体系和个体评价体系为学生创新行为提供支撑。在试点阶段，清华大学的创业教育特色体现为两个方面：一是以创业计划竞赛为龙头的学生课外创新竞赛体系；二是以"科技活动月"为龙头的系列群众性科技创新活动。确立为实验区后，清华大学从创业启蒙、专业知识训练和创业实践等方面入手，丰富和发展了"创新环"教育模式。"创新环"模式创业教育可分为三个阶段：学生产生创业意识并有意付诸实践阶段、创新实践发展为创新成果阶段和创新成果影响创新意识阶段。

（1）学生产生创新意识并付诸实践阶段

在学生产生创新意识并付诸实践阶段，清华大学一方面通过群体激励体系激发学生的创新意识和创新冲动；另一方面通过资助体系选拔、保护学生的创新"种子"。在创新意识培育方面，学校通过多种多样的群众性科技创新活动营造文化氛围，以释放和激发学生的创新意识。课外学术科技活动是清华大学进行创新和创业教育的有效手段，也是开展学生创业教育的基础和前提。在"创新环"

模式中，清华大学通过"科技活动月"为龙头的一系列群众性科技创新活动，激励学生的创新意识，培养学生的创新精神，这些活动营造起创新意识"发芽"的群体氛围，因而形成了优秀创新成果产生并发展的"土壤"。这类群众性科技创新活动如同大潮般，其目的不在于创新的成果，而在于通过群体激励，激发学生的能动性和创造性，使学生在创新创业活动中最大限度地发挥自己的能力。

在资助方面，通过创新基金的筹集和使用，为优秀的创新"种子"提供发展机会。清华大学设有专用于支持学生科技创新项目研究的经费，并称为"种子"基金。这笔"种子"基金是学生创新项目的第一笔资助基金，对于学生将创意想法落实起关键作用。

（2）创新实践发展为创新成果阶段

创新实践转变为创新成果阶段是"创新环"中的重要部分，清华大学在这一环节设立了指导支持体系和竞争交流体系两个支撑体系。在指导支持方面，清华大学选聘各行业领域专家、各专业教授组成专家委员会，对学生的创新项目进行指导，同时充分提高本校已有资源的利用率，尝试向学生开放实验室，为学生的创业实践提供广阔的基本场所。在校外资源方面，清华大学积极联系社会上行业和企业的支持，建立起一批校外创新活动基地，为学生提供多层次的资源支撑。

在竞争交流方面，清华大学以"挑战杯"科技作品竞赛与展览为龙头为学生建立课外创新竞赛体系。1983年，清华大学开始有组织、有规模地开展学生课外学术科技活动，举办了首届清华大学"挑战杯"学生课外学术科技作品竞赛暨展览交流会，同年成立清华大学学生科学技术协会。此后，清华大学逐渐形成了一套创新竞赛体系，该体系包括结构设计大赛、机械创新设计大赛、数学建模竞赛、计算机知识与技术竞赛、电子设计竞赛、企业管理模拟挑战赛等赛事，这些赛事激励着富有创新精神的学生投入一次次的创新挑战中，并催生出一系列科技创新成果。

5.2.2.2 以创业计划大赛为核心的创业教育载体与实践平台

在开展多样的课外学术科技活动的同时，清华大学依托创业计划大赛，对学生的创业素质、创业意识、创业能力进行系统性训练，探索出了一条卓有成效、具有中国高校特色的创业教育模式。1998年5月，清华大学举办了中国最早的学生创业计划竞赛。竞赛期间，学校组织了形式多样的讲座、培训和创业沙龙等实践活动，对普及创业知识、提升创业能力起到了良好的作用。1999年，首届

5 高校"众创空间"支撑环境关键要素的协同机制及案例分析

"挑战杯"中国大学生创业计划竞赛在北京成功举办,大赛由团中央、中国科协、全国学联共同主办,由清华大学承办。竞赛汇集了全国 120 余所高校近 400 件作品。大赛的举办在全国大学生中激起了极高的创新创业热情,孕育了视美乐、易得方舟等一批高科技公司。次年,共青团系统组织的创业计划竞赛在全国开始普及。在"创新环"模式基础上开展的大学生创业计划大赛成为清华大学创业教育和创业实践的最大特色,引领着全国大学生创业计划大赛的潮流。作为创业教育最直接的载体,举办创业计划大赛的理念直接影响教育的导向和效果。清华大学通过比赛,促进学生科技创新成果转化,推动学生投入创业实践,使学生、科技成果、风险资本形成有效互动,从而孕育出学生创业公司。

在这样的思路影响下,大赛关注学生与投资者之间的沟通,关注创业计划中的商业创意及商业价值。但这一方式忽视了对学生意识、素质和能力方面的培育,后来在 2001 年,清华大学对创业计划大赛的举办进行了调整,以大赛为主要载体,将整个参赛过程作为主线,把培育创业素质、创业意识、创业能力作为核心内容,加强整个过程中的培训环节;特别设立暑期创业素质训练营,为参赛团队进行针对性的素质提升;同时在参赛团队中推行导师制,为增加参赛同学的实践经验;增加参赛同学到创业公司进行短期实习的内容,使大赛更加具备"第二课堂"性质。

6 我国高校"众创空间"典型案例及成功特征分析

6.1 我国高校"众创空间"典型案例分析

6.1.1 政策支持下获得成功的紫金创业元空间

浙江大学紫金创业元空间（以下简称元空间）位于紫金港校区月牙楼内，于2015年8月正式成立并投入使用，旨在有序开展对学生创业项目的资金资助、政策对接、导师帮扶、市场拓展、创投对接等孵化工作，为在校生从创业点子团队到相对成熟的创业项目团队提供创业实践的平台和空间。"元"在古语中有万物初始之寓意，浙江大学希望元空间能成为学生的创新创业之路开启之地。从发展模式上看，元空间属于以联合办公空间为主，兼有新型孵化器功能的"众创空间"。但考虑到当前孵化作用并不突出，因此仍将元空间视为联合办公空间的代表。

(1) 元空间的场地与资金来源

元空间占地800平方米左右，采用一体化的平面设计，主要包括办公工位区、会议区、休闲交流区和展示区四个分区。办公工位区是元空间的主要组成部分，目前拥有工位120余个，主要采用集中布置的多排长桌办公位。会议区主要包括1个大会议室、1个中型会议室和3个小会议室。大会议室占地约40平方米，最高可容纳60人，配备了投影仪和白板，主要用于空间交流、路演、分享、沙龙等集体活动；中型会议室占地约10平方米，配备了桌椅和白板，主要用于团队内的会议；小型会议室占地约3平方米，配备了桌椅，主要用于团队成员讨论、面试等。元空间的休闲交流区主要配备了书籍、沙发和乒乓球台，位于办公工位区附近，供团队成员工作之余休闲娱乐。元空间的展示区主要包括入口处的空间展示区和空间过道内的入驻团队展示区，空间展示区主要展示近几年空间发展的成果，入驻团队展示区主要展示团队的产品或团队的介绍。除了为学生创业团队提供分区合理的办公空间，元空间还配备了高速网络、空调、饮用水、书籍、办公用品等，为学生营造了舒适的办公环境，此外，还配备了智能门锁系统，杜绝无关人员对空间内人员的干扰。

紫金创业元空间的创办和运营经费主要来自校友的无偿捐赠。2015年上海丰瑞投资有限公司无偿捐赠1200万元人民币，其中200万元用于元空间的实体空间建设，1000万元作为元空间的运营管理经费。元空间每年的运营预算为100万元，其中50万元作为元空间入驻创业团队的扶持经费，25万元作为创业骨干海外交流经费，15万元作为元空间管理经费，10万元作为日常用品购置经费。

(2) 元空间的运营与管理机制

元空间目前采用学生运营制，由隶属于党委学工部的学生社团——创业联盟管理运营。创业联盟每年选拔15名骨干组成元空间管理团队，在两任管理团队的努力下，元空间目前已建立起一整套涉及值班、会议室管理、卫生检查、活动组织、导师聘请、考评管理等的规章制度，有效保障了元空间的有序运营。

元空间目前只接受以浙江大学在校生为主组建的创业团队入驻，原则上入驻孵化的时间不超过一年，一年期满必须撤出，在孵化期间免费享用元空间所有基础设施。学生创业团队入驻元空间主要包括以下流程：首先需向元空间管理委员会提交申请及完整的创业计划书，在初审通过后需要参加元空间管理委员会组织的公开路演答辩，通过答辩后，方能与元空间签订入驻孵化协议。

为了最大化地提高元空间使用率，避免工位资源闲置，元空间管理委员会要求入驻创业团队在每天三个时间段（上午、下午、晚上）中至少有一个时间段在工位办公。在创业团队入驻后，元空间管理委员会还会在每季度组织考核，考核不合格的团队需要在一个月内进行整改，如整改后仍达不到考核标准，创业团队需自行搬离元空间。入驻元空间的创业团队还可获得元空间扶持基金的支持。元空间每年会组织两次入驻创业团队的考核暨创业资金申请，通过考核并递交申请的创业团队需参加由元空间管理委员会组织的公开答辩形式的评审，通过评审的创业项目将被分为三个等级，分别给予5000元、10000元、20000元的资金扶持，特别好的项目的扶持资金可以达到20000元以上。

(3) 元空间的运营服务及思路

通过近两年"众创空间"运营管理的摸索与实践，元空间管理团队总结出校内学生创业团队发展的六大问题，即办公场地缺乏、团队人才招募难、营销渠道缺乏、投融资渠道少、创业经验不足和人脉资源不足。元空间管理团队在学工部教师的指导下，不断探索解决问题的方法，目前已形成集创业培训、人才对接、媒体宣传、内外部交流于一体的元空间服务体系。

针对团队人才招募难的问题，元空间举行了多次联合招聘，群策群力寻找适合团队的合伙人，还通过建设人才库为创业团队解决长期的人才问题。针对营销渠道缺乏的问题，元空间进行了多期面向空间内团队创始人的"@CEO"人物专访，还对接了社会媒体来扩大校园创业团队的影响力。针对校园项目投融资渠道少的问题，元空间与张洁等校友投资人保持了密切的联系，并通过"哈勃之眼"项目路演为团队和投资人之间搭建沟通的平台。针对学生创业者创业经验普遍不足的问题，元空间常设了三个培训项目：主打小规模深度交流的"围炉夜话"、主打科学系统的"创业精英沙盘"实战培训以及主打资深创业者主讲的 On The Road 创业公开课。针对学生创业者人脉资源不足的问题，元空间组织了多次知名校友分享会、知名企业家分享会等活动，结合投资人等资源，为空间团队建立了初步的人脉圈。同时，元空间管理团队还注重保持与运营者的沟通，以及时调整服务内容，目前已形成线上公众号留言、线下专人对接以及团队负责人会议三条通道。

（4）元空间的成效与受关注度

截至2016年年底，累计入驻元空间创业团队的总数超过了100支，团队涉及在线教育、在线旅游、O2O、智能硬件、电子商务、物流配送、文化创意等多个领域，其中成立并注册公司接近20家，获得投资的创业团队近20个，获得投资的总额接近1亿元。此外，在成立不到两年的时间里，元空间以其鲜明的特色吸引了众多主管部门领导、地方政府、兄弟院校以及企业前来指导参观。2015年以来，包括教育部两任部长（袁贵仁、陈宝生），上海市市长应勇，浙江省省长袁家军、浙江省委宣传部原部长葛慧君等在内的政府领导，复旦大学校长许宁生，浙江大学原党委书记金德水、校长吴朝晖等在内的高校领导，腾讯公司集团副总裁黄海、腾讯·大浙网原总裁傅剑锋、腾讯大浙网总编辑陈国平等在内企业家，均分别考察了紫金创业元空间，并对元空间的创业团队表示了充分的肯定。

6.1.2 高校文化氛围催生的 Cookie 创客空间案例

Cookie 创客空间位于浙江大学玉泉校区东南角，由一处老旧基建仓库改建而来，是浙江大学生物医学工程与仪器科学学院（以下简称生仪学院）独立创建的创客空间，于 2016 年 4 月正式开放使用。Cookie 创客空间定位于学生的技术培训与创意制造平台，面向生物医学工程和测控技术与仪器及其他硬件技术开发专业的学生，不仅提供配备先进设备的制作工坊以鼓励学生在课余时间动手设计与实践，培养制作的兴趣，还提供相关技术的课程、培训和分享。相较于实验教学中心、教学实践基地等传统基地，Cookie 创客空间要更开放，学习的形式也要更多元、更灵活，功能区设置更人性化，满足了大学生创客在课外转化创意的需求。

(1) Cookie 创客空间的场地设备

Cookie 创客空间总占地面积 450 平方米左右，前期总投入达到 150 余万元。Cookie 创客空间在设计之初充分考虑到学生的学习、生活需要，将空间分为学习区和创客区两大核心区域，使用不同的门禁系统以便利管理。学习区还可分为加工区、休闲讨论区和会议区，主要用于学生的课程教学、技术培训、沙龙分享等大型活动。加工区配备了包括激光雕刻机，3D 打印机，心电、脑电测试仪，500M 示波器等高端设备。休闲讨论区配备了沙发和咖啡，便于空间成员开展交流。会议区中配备了先进的可触摸式的投影屏幕与高配台式电脑，与会者可直接在投影屏幕上进行批注、修改等操作。创客区主要包括制作区和展示区，主要用于学生创客发挥创意、制作产品。制作区是整个 Cookie 创客空间的核心区域，宽敞的工作区域最多可以容纳 16 组创客队伍同时工作。每一个工位精心配备有 6M 示波器、5M 信号发生源、4 个专用物品存放柜，更有各类电子元器件、常用芯片和随时都可借用的高端加工设施。展示区配备 2 台 58 寸超大液晶展示屏和 4 台灯光投影封闭展示台，可供创客们精心展示自己的产品。

(2) Cookie 创客空间的运营服务

Cookie 创客空间主要面向具备工程技术专业知识、思维活跃、动手能力较强的创客团队。目前，Cookie 创客空间的入驻项目主要来源于在 SRTP 创新训练计划（浙江大学旨在培养学生创新精神的训练计划，分为校级、院级两个层面）、学科竞赛以及创业大赛中表现优异的创客团队，也包括少量其他学院的创客团队。这些创客团队基于专业学习的体会、启蒙的创新点子和想法，或者是通过参加各类创新创业竞赛的项目雏形，在创客导师的指导下，形成较为完善和成熟的创新创业项目，最终在 Cookie 创客空间落地。

项目入驻后不仅可以分配到一个集各类电子元器件、芯片、各类精密仪器和高端加工设备的工作台，而且可以享受"创业创客双导师"的师资配备。目前 Cookie 创客空间为入驻项目均配备两位导师：一位创业导师，一般为校内外创新创业教育专家、创业成功的校友、风险投资机构人员，主要帮助学生团队引入社会化商业思维，切实为创客团队提供创新创业教育方面的指导与帮助；一位创客导师，一般为生仪学院经验丰富的青年教师，主要指导学生项目的技术设计。围绕"创业创客双导师"制度，Cookie 创客空间为学生及创客们组织了内容丰富的公共课，包括"有火花"思维大爆炸、Cookie 公开课、"Big Demo"路演、Boss 对话等各类形式创客空间活动，激发学生的创新思维和创新实践活动。除了公共课之外，创客空间还致力于为每一个创客团队提供一门个性化课程。

此外，通过与校内外"众创空间"的合作与交流，Cookie 创客空间还将成熟的项目与团队输送到校内或校外接受更系统的对接与孵化，如萌橙科技团队在完成 Cookie 的预孵化后转入元空间进行下一轮的孵化。在国际化方面，依托浙江大学生仪学院，Cookie 创客空间与西澳大利亚大学、新加坡国立大学、美国的罗格斯大学等知名院校开展了广泛的合作，除了邀请海外教授来创客空间讲学外，中外学生创客还在空间内合作完成项目。

Cookie 创客空间的重要意义在于探索了创新创业教育与专业教育的融合，具体表现为两个方面。一方面，创客空间的平台培养了高年级学生的创新精神与实践能力，空间举办的多样化活动也培养了低年级学生对技术以及创新创业的兴趣，形成了一个创新创业能力培养和创新创业意识激发的通道。另一方面，Cookie 创客空间为专业知识掌握程度较高的学生提供了动手实践平台，提高了学生活跃活用专业知识的能力，多样化的培训、交流也激发了学生对专业知识的兴趣。当前，生仪学院积极鼓励学生参与 Cookie 创客空间的活动，明确规定 Cookie 创客空间系列活动可替代每位本科生每学年至少参加的 4 次报告会。下一步，生仪学院还将申请为 Cookie 平台的活动替代本科生培养计划中的院系选修课学分，以此进一步激发学生参与 Cookie 创客空间活动的热情。

Cookie 创客空间的建立，贯通了实验室创新与社会创业的中间环节，降低了大学生在硬件领域创新创业的门槛，为大学生走出校门开展更深层次的创业奠定了基础。创客空间的建设，有意识地培养大学生"知行合一"的创客精神，鼓励大学生借助跨界思维解决专业学习实际问题，切实增强了学生的创新精神、创业意识和创新创业能力。

6.1.3 资金与资源平台支持下获得成功的紫牛公社创业咖啡案例

（1）项目简介

紫牛公社创业咖啡是浙江大学目前唯一一家创业主题的咖啡，拥有两处店址，一处位于紫金港校区行政楼2楼，于2014年11月正式启用，是浙江大学开设最早的"创咖"式"众创空间"；另外一处位于玉泉校区小桥门，主要定位于极客等技术创业者交流分享空间，于2016年9月正式启用。"紫牛"一词来自赛思戈丁畅销书《紫牛》，意为独特的产品创意，紫牛公社创业咖啡创始人是浙江大学MBA校友周杰，她认为紫牛公社创业咖啡并不是一个普通的咖啡馆，它不仅为与众不同的团队、产品服务，而且它本身就是一个在成长中的创业项目。

（2）运营服务

紫牛公社创业咖啡处于浙江大学人数最多的两大校区的核心位置，内部空间除了制作饮品的吧台之外，整体分两个区块：一是点式交流区，当创业者人数较少时，为创业者相互交流提供服务；二是路演交流区，主要为创业团队项目路演提供交流平台，一般可以容纳10~20人的交流和讨论。紫牛公社创业咖啡相对安静的环境、舒适的座椅、可口的饮品，致力于为浙江大学教师、研究人员、学生创业者服务的理念，为校内外创业者、投资人打造了一个良好的思维碰撞与交流的空间平台。

在活动方面，紫牛公社咖啡除了承接校内的师生活动之外，得益于创始人的投资人背景，短时间内组织了大量形式多样、内容丰富的活动，如每周举办的紫牛创业沙龙，以及不定期举行的紫牛投融资对接会、紫牛创业导师对接指导、紫牛学者大讲堂、紫牛头脑风暴、紫牛公社创客大学、紫牛极客小圆桌等。在正式开业不到半年的时间里，紫牛公社自办的创业沙龙分享会就已成功举办了16期，对浙江大学创新创业氛围的营造有着重要的意义。

目前，紫牛公社已经成功举办了4期紫牛投资对接会、6期紫牛学者大讲堂、8期紫牛国际接待、11期紫牛导师带徒制，另外正在孵化和培育的创业团队也达到了20个。每周四晚固定的创业沙龙，已经成为浙江大学学生创业圈里小有名气的活动。限于场地，活动只能接受报名预约，但参加活动的人数总是会大大超出预期，不少前来参加活动的老师和同学只能站着听讲，这也从侧面说明了校园创业者对于创意交流空间的巨大需求。

6.2 我国高校"众创空间"成功基本特征

结合上述高校"众创空间"的案例，可以发现我国高校"众创空间"成功的几个主要基本特征。

6.2.1 高校"众创空间"具备专业知识的优势

无论是创业元空间、Cookie 创客空间还是紫牛公社创业咖啡，他们都是依据对专业知识的占有，通过进一步研究与开发，掌握了有市场应用前景的创新型科技成果，以此作为他们创业的基础，对各种创业资源进行有效整合，最终获得了创业的成功。这一点与大学生一般创业是有所区别的。从我国目前大学生创业的总体情况来看，以自主创业谋求就业的大学生越来越多，但以自己的专业知识，依靠自己研究开发的科技成果进行科技创业还不是主流，许多大学生的创业都集中在一般传统意义上的服务业，比如餐饮行业，由于这类行业科技含量不高，行业进入门槛低，而大学生的市场经验与人生阅历少，往往不能获得预期的创业效果，即使取得了创业的成功也会因为学非所用很难实现其人生价值与梦想。

6.2.2 高校"众创空间"成功离不开资源平台的支撑

"众创空间"具有一定程度上高风险和高回报的特征。刚毕业的大学生缺乏初始的创业资金，而这一问题直接制约了大学生的创业。很多大学生往往因为缺乏资金，自身负担过重，导致无法开创事业。大部分大学生还需要依靠家庭补贴，缺乏创业所需的经济来源。因此，当创业的初始资金超出家庭所能承受的范围时，往往意味着创业失败。即便大学生有了初始创业资金，他们的风险承受能力仍旧很低，一旦遇到资金紧张的情况，就很容易被市场淘汰掉。但资本是要带来增值的，尤其是来自非政府的资金支持，更将资本的回报率作为资金投入的重要考量，因此，高校"众创空间"必须拿出有一定吸引力的项目和可行性报告才能令投资机构考虑为他们提供融资渠道。

6.2.3 高校"众创空间"离不开政府创业政策的支持

政府除了需要为大学生提供融资渠道以外，还需要提供相应的社会氛围和行政管理支持。大学生创业的政策执行力有待改善。近年来,我国推出了一系列扶持政策来支持高校"众创空间",在财政、税收、服务、培训等方面均提供政策支持。但由于扶持政策的宣传力度较弱,大学生对这些政策的知晓度较低,而且政府各部门之间没有协调机制,大学生创业的扶持政策部门协同性不够。调查显示,大学生创业者对我国政府提供的创业服务并不满意,38.9%的创业者认为政府提供的服务对其创业行为没有任何实质帮助。调查发现,学生创业者对政府服务最不满意的地方分别是没有为大学生提供优惠政策(40%);政府的服务办事效率差(40%);没有创造公平的竞争环境(20%)[106]。除了保障政策的落实以外,政府还需要为高校"众创空间"提供相应的社会氛围,"众创空间"意味着创新,意味着风险,意味着失败。对高校"众创空间",社会应该能够宽容其中的失败,否则,不容许失败的社会氛围会使大学生在失败后丧失前进的勇气。

6.2.4 高校"众创空间"需要持续不断的创新动力

科技型企业在创立之后,核心技术的研发非常重要,但大学生创业者更应该重视服务与营运模式的创新,必须着重将技术应用在整合服务的研发上,并且重视消费者的实际需求,结合核心技术的研发与工业设计,建立与消费者的沟通渠道,这样才能使其他竞争者在短期内无法模仿和超越。在技术日益成为市场竞争的要素的今天,没有自主的知识产权很难参与经济合作与竞争,而产业联盟则是科技企业参与竞争的通行证,通过实施产业联盟战略,科技企业可以掌握高新技术产业发展的制高点和市场的主动权。

6.2.5 高校"众创空间"发展需要鼓励学生团队参与运营管理

当前高校自建"众创空间"的运营与管理一般由学工部门或院系团委的教师负责。由于主管部门教师往往有很多的本职工作需要完成,因此对"众创空间"的运营管理很难做到全力以赴。引进学生团队参与运营与管理,既可以帮助教师节约在琐事方面投入的精力,源源不断的学生又可以保证"众创空间"运营的常态化。以元空间为例,短短两年之内就形成较为完备的规章制度和相对完善的服务体系,可以说离不开每一位参与管理的创业联盟成员。

学生团队参与"众创空间"运营的过程也是对学生进行创新创业教育的过程。近几年,高校"众创空间"经历了从无到有的发展,这意味着在"众创空间"在发展过程中遇到的问题基本上都是以前未曾遇到过的。对于学生运营团队来说，解决这些问题，不仅需要齐心协力，还要不断创新思维，整合自身资源，这个过程对于学生团队创新意识和创业能力的培养是非常有帮助的。此外，在举办活动服务创业者的同时，学生运营团队自身也在不断学习创业，不少运营团队成员通过创建或参与项目走上了创业之路。以元空间为例，运营团队中当前或即将参与（创建）项目的成员达到半数以上。但是学生运营模式也存在着水平有限以及不稳定等特点，因此在发挥学生运营团队作用的过程中，高校需要加强指导，尤其是在创立初期，应尽快建立全面覆盖的空间管理制度，同时需注重对运营团队的培训以提升其运营管理水平。

7 美国大学生创业支撑环境的启示与借鉴

7.1 美国大学生创业的政策环境支持

7.1.1 美国大学生创业政策的关键要素

创业政策的制定，目标在于促进创业活动发展，高校、政府与相关机构应承担完善创业环境、培养创业人才、提高创业项目存活率的责任。不同国家的创业政策呈现出不同特点，包括政策目标、动因、评价标准和侧重点等。创业政策包括针对性的直接政策和统领性的间接政策，针对不同的创业阶段提供不同的支持和干预。政策的针对对象可分为个人或企业、产业和环境三类政策[107]。其一，面向创业者个体或者某个创业公司的政策，包括决策过程、创业动机、个人特质、创业教育和技能、资金管理、家庭背景和先前经验等；其二，面向某个产业或特定市场，包括盈利机会、市场进入和退出等；其三，面向整个国家、地区的创业环境和发展政策，包括技术、经济、文化、政治等领域。创业政策类型的内容框架可分为微观、中观和宏观三个维度（表7）。

表7 不同类型的创业政策内容框架

分析维度	微观	中观	宏观
主体	个人	企业	环境
变量	技能 动机 机会	行政管理压力 特殊群体激励 商业激励	创业文化 创业基础建设 创业教育

续表

分析维度	微观	中观	宏观
政策干预	创业教育、培训 进入堡垒 融资渠道 孵化、导师 榜样 实践经验	进入、退出保障 进出口制度 知识产权保护 技术转移、商业化 劳动力市场 税收和财政激励	创业意识 创业信息 天使投资、风险投资 网络覆盖 创业教育
影响	创办企业	企业成长、退出	经济增长

资料来源：MIRZANTI I R, STIMATUPANG T M, LARSO D. A Conceptual Framework of Entrepreneurship Policy [J]. International Business Management, 2015 (4)：397-404.

就创业者个体而言，也就是微观层面，在创业的过程中，需具备动机、创业技能和运营技能来获得创业成就。动机是个体成为创业者的重要决定因素，也是创业政策的重要部分。机会与创业技能有关，即个体决定创业时所具备的个人能力，包括在不确定情况下的问题解决、创新、说服力、协商、营销、全面管理和战略思考能力等。这些技能则需通过创业教育来获得，要求政府予以支持性的创业教育政策。除专业的创业技能外，市场、运作、财务和商业技能等也是创业者必备的重要能力。

对于创业企业来说，能否在市场中存活、发展，是其面临的问题。作为中观层面的政府干预，应考虑建立均等适宜的市场进入退出机制，为创业企业减少行政程序带来的压力。尤其是针对涉及知识产权、进出口贸易的技术产业，创业政策需予以技术转移和技术交流的相关辅助和保护机制。此外，政府可以通过人力资源、税收、财政资助的相关制度提供创业动力。

就宏观层面而言，政府创业政策在创业文化、基础设施和规章制度方面具有巨大影响力。在营造创业文化方面，政府可通过媒体等方式传播创业意识和创业信息，鼓励更多人尝试创业。在基础设施方面，政府可以通过创业资金、软贷款、天使投资和风险投资等形式提供支持。尤其在如今这个信息时代，信息技术可以被称为企业的重要竞争力之一，因此互联网介入和普及是政府所需完备的重要基础建设之一，此外还有交通、电力等。

从创业政策的实施和影响途径来看，其主要包括直接介入创业活动、营造创业环境氛围、制定政策导向三种类型[108]。其一，直接介入创业活动，即直接干预资源的市场配置，包括提供技术服务、资金支持等，如设立大学科技园和孵化园等。其二，营造良好的创业环境，即政府以协调者或促进者的角色推动创业，而非参与者。通过建设和完善基础设施，包括交通、教育、通信等，支持创业活动，降低创业的机会成本，间接影响创业的意识、动机、知识和技能。其三，政策导向，即通过地区制度的制定和改革，包括政治、经济、法律等，发挥对创业活动的引导作用。

创业活动是动机、技能和机会的结合，创业政策一般围绕创业活动的三大要素进行设计（图8），包括在个体层面上激发创业意识，提供创业所需知识和技能，并为潜在创业者提供资源和环境支持。政策分析框架主要包含六大维度，即创业教育、目标群体支持、创业文化、创业促进、创业资金和创业服务支持。创业政策应能够促进这六方面不断发挥更强功效。第一，创业教育是出发点，为培养下一代创业家做准备，它是整个创业政策框架的动力源。第二，目标群体是创业政策的具体作用对象，例如弱势群体和高科技创业者等，提供特殊的支持政策。第三，创业政策还应包括营造积极的创业文化，降低失败的耻辱感，鼓励创业。第四，在创业促进方面，减少创业进入堡垒，通过税收政策等降低创业障碍。第五，在创业资金方面，协调并填补初创企业和早期创业企业的资金缺口。第六，提供创业支持，包括创业孵化器、创业导师、资源网络平台等。

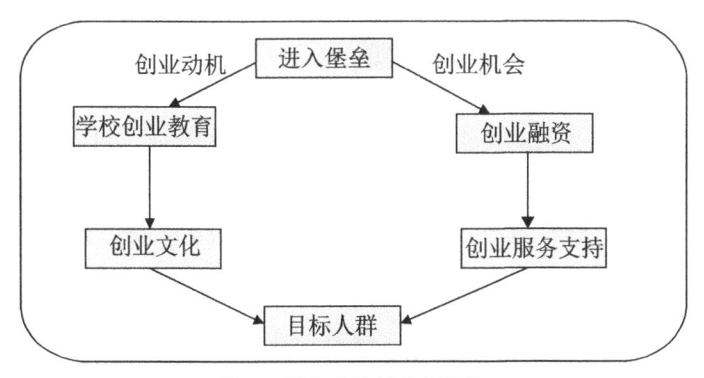

图8 创业政策的分析框架

资料来源：LUNDSTRÖM A, STEVENSON L A. Entrepreneurship Policy：Theory and Practice [M]. New York：Springer US，2005：65.

创业教育政策以培养学生的创业意识、知识和技能为主要目标，设置贯穿各级教育阶段的创业教育课程，鼓励社会参与并提供创业支持（图9）。创业教育政策涉及的利益相关者包括创业教育领域的政府部门、创业教师和咨询师、学校行政官员、社会组织、大学生家长以及当地企业家、创业家，他们提供创业教育发展战略、教学资源、师资、活动、支持项目、奖项、教师交流平台、资源共享平台、评价机制和创业文化。

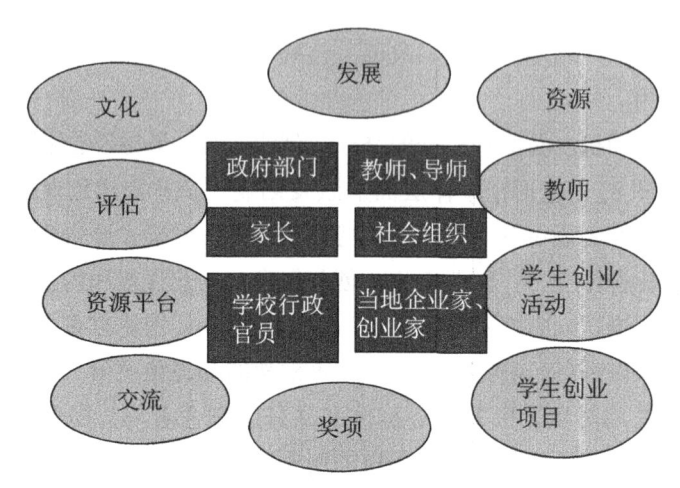

图9 创业教育政策分析框架

资料来源：LUNDSTRÖM A, STEVENSON L A. Entrepreneurship Policy: Theory and Practice [M]. New York: Springer US, 2005: 71.

7.1.2 美国政府的创业政策

美国政府的创业政策主要集中于两方面，一方面是通过设立小企业管理局，统筹并管理促进小企业创业和发展的相关政策支持，为大学生提供经费、技术、服务、培训等创业支持；另一方面是通过出台国家创新战略，引领创业发展方向并明确创业人才培养的具体内容。

7.1.2.1 实施国家创新战略，培育创业人才

美国联邦政府将创业人才培养纳入国家创新战略，作为国家经济增长和竞争力提升的重要支柱。2009年9月，美国总统行政办公室、国家经济委员会和科技政策办公室联合发布"美国创新战略"[109]，以加强高科技和创新对经济增长的作用，促进美国经济可持续发展，保障就业率和就业质量。2011年"美国创新战略"进行更新，在原有的基础上增加了维持创新生态系统的新政策。2015年10月，再次正式发布最终版"美国创新战略"，为创新生态系统的可持续发展补充新政策。分析"美国创新战略"多次更新与再版的原因，主要有三个方面：

首先，在创新战略指引下，2014年美国企业创造就业机会的速率实现质的增长，验证了创新创业对经济增长的作用，刺激了美国进一步优化创新战略的意愿；其次，世界各国的研究和开发投入增长引发了美国的危机感；最后，为积极应对经济发展的深入和新社会问题的出现，创新战略要与时俱进。

(1) "美国创新战略"的主要内容

根据2015年最终版的"美国创新战略"内容，战略强调美国政府在创新领域投资、助推私立部门的创新以及助力培育国家创新人才方面的重要作用，采取创造高质量就业岗位和促进经济增长、催化国家重点领域的突破和建设创新型政府三项战略计划（图10）。

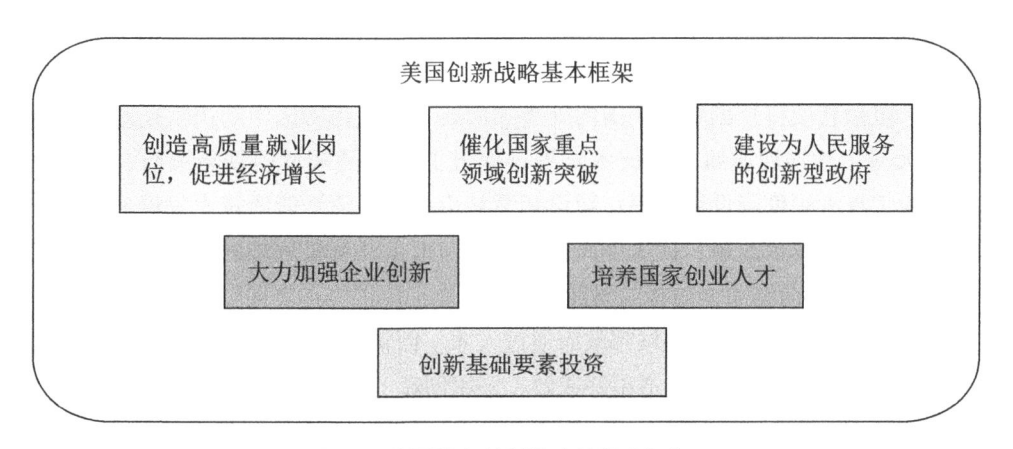

图10 美国国家创新战略的基本框架

资料来源：National Economic Council and Office of Science and Technology Policy. A Strategy for American Innovation [R]. Washington: the White House, 2015.

加强创新投资。美国联邦政府对于创业基础要素的投资是构建创新生态体系的支撑，主要措施包括在基础研究投资上维持世界领先地位，加强研发投资，保持国家创新力和经济竞争力；大力发展高质量的STEM教育（科学、技术、工程和数学），培育下一代工程师、科学家和创业家；为助推经济创新的移民铺平道路，发挥高技术移民对美国经济发展的作用；建设21世纪领先的物理基础设施，如交通系统；建设新一代数字化基础设施，包括网络宽带、电子通信等。

创业环境支撑。美国联邦政府通过政策调控，缓解市场失灵对创新活动的阻碍，并为实验和创新创造良好的条件，促进创业的持续发展，包括加强研究和实验税收抵免，为创业提供坚强、可预见的保障；支持创新的创业家，保持美国在营造公平、有吸引力的创业环境上的优势；确保为创新提供恰当的制度框架，为知识产权保护和技术转移提供保障；利用公开联邦数据为创业者提供参考，进一步公开有利于创新创业的政府数据；推动联邦资助研究项目的商业化；支持区域创新生态系统的发展；帮助美国企业的创新。

创新人才发展支持。美国联邦政府出台高科技创新人才政策，助推美国经济增长。一方面，挖掘培养创业人才，设立激励奖项提高美国人民的创造力；另一方面，注重技术创新，通过部门协作确立优先发展领域，政府通过系列措施，培养更多创新人才，包括强化美国在先进制造业的领先优势，包括传统和高科技产品的发明，加大对小型创新型制造商和供应链的支持；对未来产业的投资，如同蒸汽机、互联网曾经对经济创新带来的重要影响一样，政府将承诺投资新兴技术产业；建设包容型创新经济，确保经济发展的公平性。

重点领域创新。最大化发挥创新对国家重点领域的影响力，以应对国内国际挑战，包括利用科技创新解决国内外重大问题；研究精密医学解决疾病难题；通过"大脑"计划加速新神经技术发展；促进卫生保健领域的创新突破；利用先进交通工具大幅度降低事故率；建设智慧城市；促进清洁能源技术发展并提高能效；实现教育技术改革；促进空间技术发展；追求计算机领域的前沿发展；利用创新在2030年前结束全球极端贫困问题。

建设创新型政府。美国联邦政府通过人才、创新思维和技术工具的结合，为美国人民提供更好的服务，创造更好成效：采用创新工具解决公共部门问题，研发低成本高效益的政府创新工具；通过创新实验室在联邦机构营造创新文化；通过高效数字化服务，创建更好的政府；构建并利用数据促进社会创新，解决社会问题。

(2)"创业美国"计划

"创业美国"计划寄创新于创业，致力于在全美范围内鼓励并加速高成长型企业的创办和发展，联合公立和私立机构的努力，凝聚美国最具创新力的企业家、公司、大学、基金会等力量，协同联邦政府机构，激励并促进创业的成功[110]。作为美国国家创新战略的核心内容，"创业美国"计划旨在促进创业经济的可持续发展并创造高质量的就业机会。"创业美国"计划的核心目标包括扩大高成长型创业企业的数量和规模，促进经济创新和增长，创造高质量就业岗位；树立企业家精神，作为美国的核心价值观和竞争优势；鼓励和促进各类社会团体和个人进行创业。通过"创业美国"计划，美国联邦政府集结全国的企业、非营利组织、大学社区的力量，为促进更多创业者的成功，从以下五方面开展行动：第一，加大对全国高成长型初创企业的资本供应；第二，推广创业教育和导师项目的开展，让更多的美国人不仅获得工作机会，还能创造就业岗位；第三，加强每年联邦政府资助的 1480 亿美元研发项目的商业化，以创造创新型初创企业，并形成新产业；第四，识别并消除阻碍高成长型初创企业的发展障碍；第五，加强大型企业和初创企业间的合作。

在"创业美国"计划中，政府与私立部门达成共识，共同促进美国创业发展（表8、表9）。政府和社会两方通力合作且分工明确，协作实现战略目标。政府部门通过提供基金、税收减免、搭建平台、实施活动等政策举措，优化初创企业的发展环境，提升政府对创业者的服务质量，并扩大了创业融资渠道。私立部门通过营造可持续的创业生态系统，提供创业者资本对接机会，组织创业活动营造创业文化等措施，调动社会各界参与，发挥私立部门的灵活性和高效性。

表8 "创业美国"计划的政府承诺

政府承诺	具体内容
扩大创业资本来源	小企业管理局（SBA）启动两项 10 亿美元资金项目，作为投资基金和早期创新种子资金，在 5 年内为高增长型企业发展提供匹配资金
	政府将永久免除部分小企业股份的资本利得税，激励私立部门对小企业的投资
	针对低收入群体的私人投资，财政部简化其税收抵免条例，税收抵免金额从原来的 35 亿增加到 50 亿美元
	财政部于 2011 年将举办小企业和企业资本获取会议，帮助小企业获得融资机会
加强导师和创业者的练习	在清洁技术领域，小企业管理局和能源部共同发起创业导师行动，为 4 个私立创业加速器提供基金，为 100 余个初创企业提供创业指导
	退伍军人事务部创办新型孵化器，专门帮助退伍军人创办高增长型企业
加强政府创业服务	开放网络平台，聆听全国创业者的困难和建议，简化或免除政府相关部门的创业程序或手续，为创业排除障碍
	在医疗信息技术领域，扩大全国"DC-TO-VC"活动范围，促进政府、风险投资和创业家的联系
加速创新	商务部经济发展局投入 1200 万美元，推出"i6 绿色计划"，加速创新知识和技术的商业化
	美国专利和商标局（SUPTO）予以申请者更多专利检查时间的选择权，可申请在 12 个月内快速检查，或者 30 个月内延期检查
	美国社区学院协会、莫特基金会和罗雷恩县社区学院联合发起"美国创新基金"
释放市场机会	加速在医疗健康、能源和教育领域的创新创业，例如发挥开放教育资源的力量，为医疗创新建立国家平台等

资料来源：The White House. Fact Sheet: White House Launches "Startup America" Initiative [EB/

OL］.（2011-01-31）［2017-02-24］. https://obamawhitehouse.archives.gov/the-press-office/2011/01/31/white-house-launch-startup-america-initiative.

表9 "创业美国"计划的私立部门承诺

私立部门承诺	具体内容
建立长期的创业生态机制	成立"创业美国伙伴关系联盟",联合投资机构、企业、大学、基金会等,营造创业生态系统,包括创业教育、商业化和加速器项目
激励下一代创业者	创业教学网络为青年创业者和创新教学提供支持,包括创业教师培训、设立年度创业奖等
	黑石基金承诺5年内投入5000万美元,建立更多的大学创业中心
	美国商会为青年创业者提供更多创业教育项目
	莫特基金会为社区学院建立虚拟孵化器网络
加强导师和创业者的联系	Tech Stars网络承诺在3年内提供5000名创业导师指导和支持6000名有前景的青年创业家,使他们的创业成功率提高10倍,并在2015年前创造25000个新工作岗位
	Mass Challenge举办100万美元的创业大赛和创业加速活动,增强对高成长型初创企业的支持
	Astia社区将加大对女性创业的支持
加强企业和创业者的联系	英特尔公司承诺将为美国初创企业提供2亿美元投资
	惠普公司将扩大"惠普创业学习项目"在美国的支持力度,该项目已投资超过400万美元,为10万美国创业者和50万全球创业者提供支持
	Facebook发起"创业日"活动
加速创新	"德实潘德基金会"在新奥尔良设立新的创业中心
	Jump start在俄亥俄州发起"助推美国"计划,致力于推进地区创业生态系统形成

资料来源：The White House. Fact Sheet: White House Launches "Startup America" Initiative ［EB/OL］.（2011-01-31）［2017-02-24］. https://obamawhitehouse.archives.gov/the-press-office/2011/01/31/white-house-launch-startup-america-initiative.

"创业美国"计划推出后,已经取得了初步的成效。一方面,美国失业率从金融危机期间的最高点10.2%,下降至2016年6月的4.9%[111]。另一方面,美国的创新创业环境不断改善,创办企业的流程更加便捷,准入成本更加低廉。世界银行发布的《2017年全球营商环境报告》显示,在美国,从注册到运营一个创业公司,只需要6个环节,5~6天便可全部办完,且创办公司的经济成本非常低廉，仅为人均国民收入总值的1.1%[112]。可见，"创业美国"计划为解决美国大学生就业问题和营造友好创业环境作出了重要贡献。

7.1.2.2 出台小企业发展政策，助推大学生创业活动

美国联邦政府通过制定小企业政策，为大学生创业提供指导、融资、技术、服务、渠道等支持。小企业发展，尤其是大学生创业企业，是美国经济增长和就业保障的强大引擎。在美国，共有约2800万家小企业，在新创造的就业岗位中，约2/3是由小企业创造的，总共为将近1/2的美国劳动力人口提供了就业机会。按照美国联邦政府小企业管理局（SBA）的小企业规模标准，小企业的定义是根据不同的行业，按照雇员人数、企业资本金和企业规模来划分的。一般行业中，雇员在500人以下或企业资本金在750万美元以下的为小企业。

（1）设置统筹管理机构：小企业管理局

美国小企业管理局是独立运作的美国联邦政府机构，成立于1953年，专门为创业者和小企业发展提供支持，以推动经济增长。美国小企业管理局总部设在华盛顿，在全国范围内设置10个区域办公室、68个地区办公室，以及在50个州内建立的资源合作网络[113]。1958年，美国国会通过《小企业法》，确立小企业管理局为永久型联邦机构，局长由美国总统任命，直接向总统汇报工作，每年向国会汇报小企业发展年度报告，并为保护小企业的权益向政府提出政策建议。

小企业被视为美国经济复苏、增强未来全球竞争力的关键。小企业管理局的使命是"为小企业提供资金资助、咨询服务和技术援助，保障小企业的相关权益，维护企业自由竞争环境，以维持并加强美国经济发展"[114]。小企业管理局的战略目标包括企业发展和创造就业、小企业局自身建设和维护小企业的利益三方面。其主要职责包括为小企业提供资金支持、咨询和培训服务、政府采购合同、进出口贸易、特殊群体创业支持等全方位、专业化服务，其中创业教育的主要负责机构是创业发展办公室。SBA作为联邦政府和创业服务体系的中枢环节，通过全美63个小企业发展中心（SBDC）、超过900个拓展机构、11000余个创业导师和100余个妇女企业中心等，为全美2800多万家小企业提供服务。

（2）提供创业资金支持

资金短缺是美国大学生创业发展面临的最主要问题之一。通常来说，学生创业企业很难从银行直接获得贷款，因此开拓融资渠道是扶持大学生创业发展的重点。联邦政府通过国会制定《小企业法》《小企业投资法》，授权SBA具体组织实施各项计划，为小企业提供资金信贷帮助。SBA一般不直接提供融资资金，而

是创造必要的条件推动社会商业金融机构向学生创业企业进行投资，主要方式有三种。

第一，差额担保。SBA作为担保机构，通过全国十大地区分支机构，核准银行的小企业贷款部取得小企业优先贷款（PLP）承贷资格，再实施企业流动资金贷款担保和企业固定资产贷款担保，最高担保比例为80%，最高贷款额度达125万美元。

第二，小企业投资公司计划（SBIC）是一项专为小企业提供风险资金和企业开办资金的投资计划，根据《小企业投资法》从1958年起开始实施。小企业投资公司是由SBA批准发照，接受SBA监管并由SBA提供部分资助的私人投资公司。小企业投资公司使用自己的资金加上联邦政府所提供的优惠利率资金，以股本投资和提供管理服务的方式，对具有高成长性潜质的初创企业进行投资，并获得高额回报。这些资金对高科技小企业的发展起到了重要作用。如英特尔、苹果、耐克、美国在线、联邦快递等数百家世界知名企业，在其开办初期都得到过小企业投资公司的支持。

第三，其他贷款担保计划。SBA和各州、地方政府，以及银行合作，针对不同对象和不同目的，实施各种小企业贷款担保计划，如简易贷款速递、出口贷款快车、社区贷款快车、救灾贷款、技术援助贷款、妇女企业贷款、退伍军人企业贷款等，为各类小企业和创业者提供充分的金融服务，帮助其快速获得资金。

(3) 提供技术研发支持

美国联邦政府主要通过小企业创新研究计划（SBIR）和小企业科技成果转移计划（STTR）对创业企业或研究机构提供技术拨款，鼓励科研机构与创业企业合作研发，加速技术创新和创业企业的成长。

第一，小企业创新研究计划（SBIR）是联邦政府用于支持高科技创业企业发展的财政资助计划。自1982年起，美国国会通过《小企业创新发展法》，规定联邦政府中的国防部、能源部、教育部、国家健康研究院和国家科学基金会等11个政府部门，每年须拨出其研究经费的1.25%用于支持高科技型小企业的技术创新与开发活动。随后在1993年、1997年和1999年，国会对此项法案进行了多次修改，不断提高经费划拨比例，要求各联邦政府部门除了支持大学、大企业等机构外，将研究与开发经费的3%用于支持小企业创新。该项目成为美国各研究机构获得政府经费资助的重要途径[115]。

申请参与SBIR计划的小企业必须具备四个条件：一是美国人开办并独立经营的企业；二是以盈利为目的的商业企业；三是创新研究开发项目的主要研究者

为企业雇员；四是公司规模在500人以下。联邦政府部门每年根据需求公布研究方向和研究课题，小企业则参照自身行业定位和科技创新能力提出申请方案。联邦政府部门根据小企业的资格、项目创新水平以及研究成果的市场潜力评估，对小企业进行资助。SBIR计划的实施主要可分为三个阶段：第一，启动阶段，对项目进行技术价值和市场潜力的可行性研究，在此阶段每个项目最高可获得10万美元资助，时间在6个月以内；第二，开发阶段，成功通过启动阶段的企业可进入开发阶段，资助额最高达755万美元；第三，商品化阶段，将开发阶段的成果转化为产品，并推向市场，此时的资助主要来源于市场。

SBIR项目为美国高校的科技研发和科技创业带来了积极成效，尤其是在生物科技行业的影响[116]。SBIR项目产生的效益主要包括四类：第一，SBIR项目资助的创业企业存活率和成长率高于其他企业；第二，吸引并引导科学研究者从事生物医学等高新领域研究，鼓励将科研成果商业化，引领高校科研人员从基础研究转型为科研创业；第三，为科研人员提供创业启动经费支持，促进科研转化；第四，发挥科技创业示范作用，吸引更多的科研学者和学生进行科研成果转化和创办企业。

第二，小企业技术转移计划（STTR）。美国联邦政府通过小企业技术转移计划（STTR）对大学等科研机构的财政拨款，促进技术转移和科技创业。1992年起，联邦政府根据《小企业技术转移法》在商务部、能源部、卫生部、太空总署和国家科学基金会五个部门实施小企业技术转移计划，将其部分研究经费用于资助并促进科研机构向小企业实施技术转移。此外，该计划还推动大学、民间科研机构和联邦政府资助的研究开发中心等与小企业合作开发创新成果。

STTR计划的实施和SBIR计划基本相同，也分为三个阶段。他们主要的区别在于：STTR计划的资助对象主要是和小企业合作的科研机构；项目的可行性研究阶段资助金额为10万美元，时间延长为一年，主要是为了保证充分论证科技成果商品化的现实可能性；项目的研究开发阶段资助金额为50万美元。

(4) 提供创业渠道支持

为了扶持大学生创业发展，美国联邦政府通过SBA及其服务机构实施创业渠道支持，拓宽小企业发展渠道和市场，包括政府采购合同、进出口服务、促进与大企业的合作等。

第一，政府采购合同。《美国小企业法》规定，联邦政府应尽可能向小型企业提供采购合同，一般小型企业每年获取合同金额应不少于总合同金额的23%[117]。为帮助小企业获得政府采购合同，SBA成立了政府采购办公室，为创业企业和政府项目牵线搭桥，提供获得联邦政府采购合同的机会。SBA采购办公室的主要工作：其一，每年和所有的联邦机构商议，签订理解备忘录，确定给小企业的采购比例；其二，联络联邦机构的采购中心，对这些部门的采购情况进行监督、审查和评估；其三，通过各地的小企业服务机构，为申请采购投标的小企业提供资格证明和合同担保，助力小企业获得政府采购合同。

第二，产品出口服务。SBS在全美设立了20个小企业出口辅助中心，并在SBA的地区办公室内设置出口贸易促进部门，在小企业发展中心设置了国际贸易中心，为小企业产品出口提供法律、金融等方面的咨询服务，2015年，共服务了8120家小企业。同时，SBA还和商务部、进出口银行以及地方政府、商业贸易机构合作，为创业产品的出口提供支持。如SBA和银行合作研制了在线出口风险分析工具，帮助小企业尽快地获得出口贷款。另外，SBA还主动和俄罗斯、墨西哥、南非等一些国家签订协议，建立贸易关系；组织小企业出国参加产品展销、促销活动等。

第三，建立合作平台。SBA及其服务机构为了帮助小企业发展，与区域或政府部门合作，搭建资源共享和交流平台。一方面，通过区域创新集群项目，连接并加强创新资产，高效将新技术推向市场。区域创新集群集结了区域内的当地企业、研究机构、教育机构、金融机构和政府机构，建立公私伙伴关系。区域内多方合作的力量将远远高于单个小企业的创新力量。另一方面，小企业管理局和劳工部就业和培训管理局合作设立了"青年启动项目"，建立创业培训资源网络，通过就业中心为以大学生为代表的年轻人提供创业教育和创业机会。

(5) 提供创业教育支持

SBA和地方政府及大学合作，在许多大学设立小企业学院，为创业者提供应用培训和创业教育。大多数地方政府每年拨出一定的经费，为创业企业的员工提供免费培训。此外，通过各类小企业服务机构进行创业教育培训，如小企业发展中心、SCORE创业导师项目、妇女企业中心等，提供创业培训和咨询、指导起草商业计划书、企业管理技术支持等。

小企业发展中心（SBCD）是为小企业提供技术、信息、咨询、融资、培训等全方位服务的非营利性服务机构，由联邦、州和地方政府以及私人机构、教育团体共同合作组建。SBCD一般设在大学、社区职业技术学院、商会和经济社团组织内，加强了学术界与小企业发展的联系。小企业管理局和小企业发展中心之间没有隶属关系，只是契约关系。前者对后者的性质、职责、权利、义务以及运作程序作出明确具体的规定。凡具备条件的单位都可向小企业管理局申请成立小企业发展中心，经审查批准后，联邦政府提供50%的经费，其余50%由地方政府及私人机构（如大学、商业团体）提供。小企业发展中心通常从专业协会以及法律、金融、商业机构招聘专业人员，为创业者提供各种服务，如金融财务、企业管理和市场营销、工程技术、项目可行性分析、产品出口等，帮助小企业获得风险投资和政府采购合同，申请联邦政府的小企业创新研究计划和小企业技术转移计划。同时，小企业发展中心还联合地方政府和社区组织，为小企业提供员工培训及其他服务。

通过小企业管理局的统筹管理，各类小企业扶持项目为大量创业者提供资金、咨询、教育等服务。据统计，2017年度，SBA各种服务机构共为小企业培训人员67.89万人次，其中，小企业发展中心培训了32.6万人次，为21.4万人提供创业咨询；妇女企业中心培训了约14万人次，SCORE创业导师项目培训了24.8万人次。SBA及其服务机构还充分利用现代科技手段，在网上开设课程，进行在线培训。2015年度在线培训共计20万人次[118]。

7.1.2.3 州、地方政府的创业政策

相比联邦政府的创业支持政策，州政府和地方政府的相关政策更具针对性和明确性。为了解州政府政策对创业环境的影响和效益，20世纪末，美国卡夫曼基金会邀请美国全国州长协会和全国州立法大会针对各州的创业政策情况作以调研。结果表明，参与调研的37个州中，有3/4的州政府将创业纳入本州的经济发展战略。而州政府对于创业的支持，具体涉及53个项目，主要表现集中表现在创建风险投资池、发展战略中的明确目标、商业化策略等。

建立创业支持机构。支持大学生创业的机构主要有三种类型：第一，孵化器、科技园，为创业企业提供场地和资金；第二，大学技术转移办公室，大多隶属于政府部门，监管大学研究的知识产权保护；第三，风险投资机构，提供创业种子基金。在区域层面，创业政策最为突出的表现即科技园数量的大规模增长。科技园的发展对区域竞争力影响重大。其中一个典型案例是北卡罗来纳州的研究三角园，在北卡罗来纳州，传统工业，如家具业、纺织业和烟草业，都逐渐失去了国际竞争力，导致失业率下降和经济衰退。在1952年，北卡罗来纳州的人均收入仅列全国倒数第三，因而出台了一项利用丰富知识库的举措，主要包含三所高校：杜克大学、北卡罗兰纳州大学教堂山分校和北卡罗来纳州立大学。该项措施起初由北卡罗来纳州的企业家发起，以促进工业发展，之后由政府办公室接管。有研究表明，该研究三角园对区域发展起到了决定性的作用。该区域的研究型企业数

量由1958年的零突破，在20世纪80年代中期达到50家，在1997年上升到100家，提供了超过4万个就业岗位。[119]在1959年到1990年，研究三角园为该区域直接或间接地解决了1/4的就业问题，并实现了就业岗位高技术化的转变[120]。

搭建区域合作平台。此外，州政府和地方政府还为创业者提供商业服务和建立合作网络。如"制造延伸合作伙伴"项目，汇聚并共享了来自55个州的制造业中小企业案例，并与相关服务机构达成对接。除了以产业为聚焦的合作平台，美国州、地方政府还建立了学术与产业的合作平台。俄亥俄州的艾迪森科技项目被喻为连接学术机构和产业界的"桥梁机构"，扶持大学和政府科研机构的研究项目，将其转化为新的创业企业。艾迪森中心主要致力于连接俄亥俄州的顶尖大学和医疗机构、商业行业、基金会、公立组织等，以创造新的创业机会，尤其是促进高新科技企业的创办和发展。

7.1.3 美国大学生创业政策支持的特点

美国政府将创新创业作为未来经济增长和提升国际竞争力的关键因素，集全国各界之力支持创业人才培养和创业活动发展，其创业政策的制定和实施表现出前瞻性、全面性、协调性三大特征。

7.1.3.1 前瞻性

美国政府的创业政策，无论是小企业发展政策还是国家创新战略，都制定了明确的战略规划和目标，在创新创业领域、创业人才培养和创业生态环境建设三个方面展现出前瞻性特征。

(1) 关注创新创业领域前沿发展

在科学技术日新月异的时代，拥有创新技术就具有竞争优势。国家创新战略展现了美国对创新方向和动态的准确把握，通过强调新兴领域的战略机遇，显示了战略的前瞻性。美国政府优先集中发展先进制造、精密医疗、大脑计划、先进交通工具、智慧城市、清洁能源、教育技术、太空探索、计算机等新领域的创新。战略中提到的这几大重点产业都具有庞大的成长空间，国家若能够在该领域中占据领导地位，对于增强国家竞争能力具有战略价值。政府在国家战略中明确优先发展技术领域，也为产业发展和人才培养释放信号，提升发展信心。

(2) 关注下一代高水平创业人才培养

美国国家战略强调培育"下一代科学家和工程师"的投资，小企业管理局的战略目标也明确了创业者和员工培训的重要性，这些都是具有前瞻性的人才培养战略规划。未来的竞争属于新一代青年人才，通过创新人才培育和引进相关政策，是为未来发展做准备的长期战略工程。具体的人才培养战略包括设立创业教学网络、大学创业中心，设立创业教育专项基金和项目，强调知识创业和科技创业在未来的关键作用，推动高水平创业人才培养和高增长型创业企业发展。

(3) 关注长期可持续发展的创业生态系统建设

美国政府的创业政策以建立长期的创业生态系统为目标，不仅是针对当前的发展现状和挑战而制定并落实的，更是着眼于未来的，强调创业生态系统的可持续发展。政府成立创业美国伙伴关系联盟，建立大学、社会机构和群体间有效协作的动力机制，营造创业友好环境，形成持续创新创业合力。

7.1.3.2 全面性

美国大学生创业支持政策在内容和实施对象上展现出全面包容性特征，不仅涵盖促进创业教育发展的关键要素，还注重政策实施的平等和包容，在促进社会创新发展的同时体现社会公平、教育公平的价值观。

(1) 创业政策内容的全面性

从美国创业政策的内容要素来看，以小企业管理局为主导的创业政策包括创业资金支持，如担保计划和小企业投资公司计划；技术研发支持，如小企业创新研究计划和小企业技术转移计划；创业渠道支持，如政府采购合同对接、产品出口服务和区域合作伙伴计划；创业教育支持，如小企业发展中心、创业导师计划等。此外，国家创新战略也强调了创新投资、创业环境、人才发展和创新型政府等支持要素，加上州、地方政府的创业服务机构和合作平台建设政策，为大学生创业提供了资金、环境、渠道、技术和培训等全方位的创业支持。

(2) 政策实施对象的全面性

平等和公正是美国创业政策中的价值取向，包括性别平等、种族平等、区域平等和群体平等，为女性、少数群体、资源贫乏地区、退役军人和残疾人等特殊群体提供支持。例如，美国国家创新战略和其中的"创业美国"计划提及了发挥美国各界对创新创业的参与性和创造性，尤其关注对女性、贫困人群等弱势人群的资助和鼓励；小企业管理局的创业政策强调对资源贫乏地区人口的资助、对退役军人等特殊群体的关注，并建立妇女企业中心，为弱势群体提供专门的支持服务。美国政府通过创新激励措施，吸引各类企业和个体积极参与创新创业活动，激励社会各类群体投入创新工作中，并通过网络众包和公民科学项目等挖掘各类创新人才，集思广益，加强创新效益。同时，重点关注创业发展和教育发展的公平性和包容性，为弱势群体提供特殊援助，在倡导社会创新的同时保障社会公平。

7.1.3.3 协调性

美国高校在创业教育实施和创业人才培养方面具有较强的自主权，市场是创业教育发展的主要驱动，政府政策则发挥战略规划和环境优化的支持作用[121]。美国政府的创业政策表现出协调性特征，通过宏观调控和资源调动促进创业人才培养和创业活动的开展。

(1) 设立统筹协调的专门机构

以小企业管理局（SBA）为代表，其负责创业者需求和政策实施方向的协调，相关机构部门间的关系协调及创业支持要素间的协调，以整合支持创业的各类资源，营造良好的创业环境。第一，创业者需求和政策实施方向的协调。小企业管理局以代表小企业发声为核心任务之一，为政策制定者提供最新、准确和详细的小企业创业数据，实时跟踪创业教育和相关支持的进展和遇到的问题，提供创业者反馈创业支持需求的平台，以出台针对性、适切性的创业政策。第二，相关机构部门间的协调。从小企业管理局的组织架构来看，其不仅设立了政府采购、资源渠道、法律事务、咨询服务等专业细分的办公室，还设立了沟通交流和公共责任办公室、政府部门协调办公室，在进行专项政策实施同时，注重各部门间的合作和交流，以加强创业政策实施的一致性和协调性。第三，创业支持要素间的协调。小企业管理局通过出台资金支持计划、技术研发计划、渠道对接计划、创业导师计划和创业培训计划等，关注创业政策关键要素的整合和落实，为创业者提供全方位服务。

(2) 明确各利益相关者的角色定位

美国政府通过对国家创新战略的制定，明确并协调了国家、政府、社会及公民的角色定位，各尽其责，发挥所长，促进创新创业发展。首先，"世界领先的创新大国"的发展目标不断得到重申和巩固，在美国国民、企业的心中形成了鲜明的定位，有助于建立全民创新的文化氛围。其次，战略多次强调联邦政府的创新服务角色，包括建设创新型政府、打造创新者国度、为创新者铺平道路等。政府不仅鼓励全民创新，更是从自身切实行动出发，通过完善机构体制，优化政府职能，在创新上起到表率作用，并能为创新型企业和社会提供更优质的服务。最后，明确社会和个体协作与参与的角色和责任，通过经费、制度、活动、合约等形式鼓励各界参与，促进并激励创新。

（3）联邦政府和州、地方政府间的政策协调

美国大学生的创业政策源于各级政府间的协作和整合，既包括联邦政府的创业环境保障政策，也包括州、地方政府基于区域性特征的创业促进政策。美国联邦政府通过法律法规和战略规划的出台，为大学生创业提供可持续发展的大环境和大方向；州、地方政府则通过具体细化的针对性政策，将促进创业纳入区域发展战略，提供专业的创业支持机构和资源整合平台。各级政府的创业政策在促进大学生创业的过程中分别扮演引领者和推动者的角色，协同促进创业人才培养并激发创新活力。

7.2 美国大学生创业孵化服务

7.2.1 美国大学生创业孵化服务的模式

7.2.1.1 孵化器模式

孵化器是服务于大学生创业的专业机构，一般具有四大基本特征：共享的办公空间，大多以相对低廉的价格租给创业者；共享支持创业的基础设备，以减少创业者的日常基础开支；提供专业的创业指导；为创业者搭建内外部联系网络[122]。

孵化器的使命在于有效地为创业者提供创业服务，美国商业孵化器协会（NBIA）提出了成功孵化器运作的主要原则，包括致力于最大化地促进创业企业的成功，继而为区域经济的健康发展作出贡献；孵化器本身应以动态的、可持续发展的、高效率的形式运作[123]。成功的孵化器展现出了与区域经济发展相一致的战略计划，与区域建立有效的联系和支持网络，以及可持续发展的运作结构和管理体系。因此，建立有效的运作模式，对孵化器的发展及更好地服务创业者和创业企业，具有重要的决定性作用。

孵化器的主导机构包括私立机构、大学、政府和非营利组织，支持体系包括资本、管理、设备和提供专家指导的经验网络。创业者通过入驻创业孵化器，最终获得产品的商业化和市场化发展，获取经济收益及可持续发展的公司，同时创造了就业岗位，促进经济发展、产业竞争和社会创新，加强区域和国际联系。从

投入—产出的角度来看，孵化器的投入资源有资金、项目、管理、创业者的目标和理念。孵化的过程以孵化器的一系列服务为媒介，包括培训、咨询、经济支持和技术支持。孵化的产出则是通过创业企业的发展实现区域就业率提高和经济增长。从运作层面来看，孵化过程以物理空间和内外网络平台的提供为基础，并针对入驻孵化器的项目制定进入和退出标准。从区域层面来看，孵化器项目对区域的发展具有五个方面的作用力，包括资金投入和产出的效率、产出成果达成利益相关者需求和目标的效力、成果影响力与区域发展目标的相关性、创业服务对于创业项目发展的效用、整体运作过程的可持续性。

针对创业的不同发展阶段和类型，创业孵化服务机构可分为公共办公场地、孵化器（创业学园）、加速器和超级加速器几种运行模式，在创业服务目标上各有侧重。创业孵化机构的功能主要包括为创业者提供工作场地、创业技能培训和创业教育、募集资金及助推企业快速成长和规模扩张。相应地，创业企业的孵化过程包括创业概念发展、市场评估检验、企业创办和发展、产品和团队发展及最终在市场中取得成功。类似的概念还有研究园和技术创新中心等。在科技发展背景下，美国的孵化机构不断完善和创新，其表现模式开始多元分化发展，有科技研究中心、科技园、商业和创新中心等，有实体的和虚拟的，也有专注于不同细分领域的（图11），为大学生创业提供灵活、多元的孵化服务。

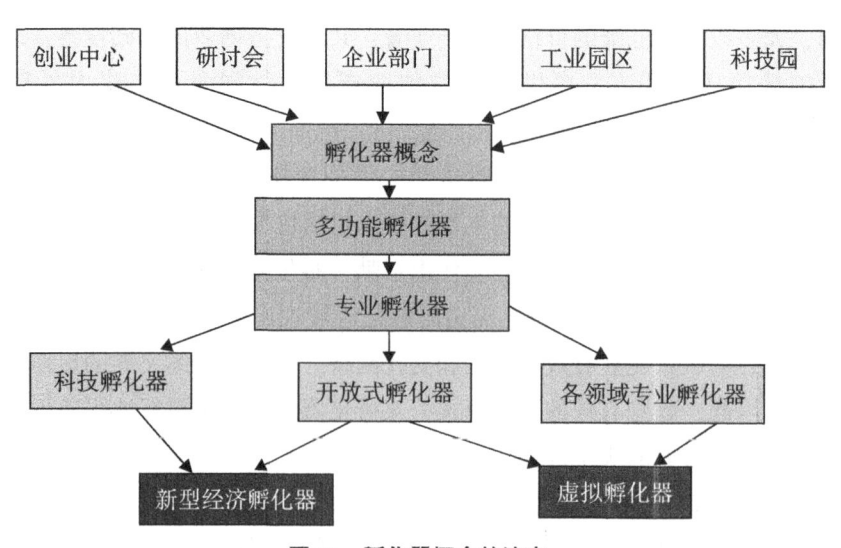

图 11 孵化器概念的演变

资料来源：Center for Strategy and Evaluation Services. Benchmarking Business Incubators Final Report [R]. European Commission Enterprise Directorate-General，2002：3.

7.2.1.2 大学研究园模式

大学研究园是依托于研究机构（大学、公立和私立研究实验室等）的，培养、吸引并留住科技人才和创业企业的物理环境，是服务科技创业的特殊孵化机构。20世纪50年代起，美国商业界和政府以研究型大学为核心，开始建立"研究园"或"科技园"。按主导机构来分，园区大致分为三种类型：第一种，由大学主导，如斯坦福大学于1951年建立的"斯坦福研究园"，日渐发展成为今天的"硅谷"；第二种，由企业主导，如沿波士顿128号公路建立的"波士顿128号公路高科技园区"；第三种，由政府主导，如北卡罗来纳州的"三角研究园"。

研究园为具备研发力量的大学和高新技术企业建立合作平台，创造优越的创业环境，吸引并助推科技研究者和大学生进行成果转移并创办企业，打造推动产研结合、技术转移和商业化的孵化平台。在全球化、科技快速发展的知识经济社会，创新创业对于经济的可持续增长和竞争力提升具有重要作用。世界经济论坛通过全球竞争力报告指出，从长远角度来看，只有创新可以提升人们的生活水平，要求建立公私合作的、有利于促进创新活动发展的环境。尤其重要的是，这意味着需要私立机构在研发领域的投入，高质量科学研究机构的建立，大学和产业界的深度合作以及知识产权的保护[124]。当前大学研究园对于经济创新的促进作用主要体现在区域层面，被认为是产业集群发展的纽带。就大学研究院的运作模式而言，其关键主体包括产生创新理念和技术的机构，如大学、联邦实验室和非营利性研发机构等，以及私立企业，如风险投资、天使投资和银行等。大学研究园与区域内的创业企业建立联系，两者通过在园区内的创新、技术、知识和人才互动，促进创业企业的发展和技术转移，以实现社会创新和经济增长，解决就业难题。

大学研究园协会将大学研究园定义为基于知识产权的投资，具有五大特点：第一，基于研究和商业化的产权规划；第二，与一所及以上的研究型机构建立伙伴关系；第三，鼓励新企业的创办；第四，从实验室到市场的技术转移；第五，聚焦技术型经济发展。虽然大学研究园的建园本质是基于产权的场地提供，而其核心目标却是关注创新创业和经济发展。研究发现，促进创新是大学研究园的主要目标和任务。有97%的大学研究园将"创造一个鼓励创新和创业的环境"列为其最重要的任务，其后依次是"为师生提供与企业合作的工作场所""作为企业人才招聘的着陆点""促进区域内现有企业的发展""鼓励大学知识产权的商业化"等[125]。大学研究园为园内的创业者提供创新支持服务，尤其是基于校企合作和商业化的相关服务，包括提供资金、技术、商业和人才培养等资源渠道。一方面，就具体的校企合作服务内容而言，大学研究园的伙伴关系建立机制包括设置专业人员负责校企合作关系建设；向园区人员开放大学的研究实验室；人力资源配对，包括实习或合作项目、毕业生雇佣机制；大学技术转移办公室的设立；与产业界共享大学核心设备；为相关人才提供大学教育课程等。另一方面，商业化服务包括帮助与州政府或其他公共项目建立联系；提供创业资本；帮助制订商业计划；提供市场销售策略指导；提供补助性质的办公场地；提供技术和市场评估；人力资源服务和提供担保基金等[126]。基于对大学研究园的情况调研和综合分析，表10罗列了美国大学研究园的典型特征。

表10 美国大学研究院典型特征

园区规模	①119英亩（1英亩约为4047平方米）；7个开放建筑 ②25万平方英尺（1平方英尺约0.1平方米）的场地，有90%的利用率 ③2.5万平方英尺的孵化场地
地理位置	一般设立于郊区；人口数量少于50万
机构设置	由大学或大学附属的非营利性机构主办
入驻人员	①6家当地组织 ②64%的盈利企业 ③24%的大学部门 ④4%的政府机构
雇佣员工	①一般总员工数850人 ②集中产业包括软件、航空、国防和生物科技等
资金情况	①运作预算每年少于100美元（1美元约为6.9元人民币） ②收入主要来自园区的日常运营，也有来自大学、州政府、地方政府等资助 ③28%的研究园有5%的留存盈余，34%的研究园没有
服务项目	提供一系列商业服务支持：获得州政府或其他公共项目；提供创业资金来源；商业计划；市场营销策略咨询；获得场地补贴；技术和市场评估

资料来源：Association of University Research Parks. Driving Regional Innovation and Growth: the 2012 Survey of North American University Research Parks [R]. Columbus: Battelle Technology Partnership Practice, 2013: 29.

美国大学研究园产生了积极的经济和社会成效。据调查，北美137个大学研究园在2017年共有51.2万个就业岗位，加上园区中的创业企业间接创造了66.8万个就业岗位，共为所在区域提供了约118万个就业岗位[127]。考虑到调研的大学研究园数量仅是北美所有研究园的79%，因此，可以推算出全部大学研究园共为北美创造了上百万个就业机会,产生重要的经济影响。

7.2.1.3 孵化平台模式:以"发射台"项目为例

孵化平台模式是以项目的形式搭建的创业资源平台,为大学生提供创业孵化服务。"发射台"项目是美国迈阿密大学全校性的创业辅助课程,并向大学创业者提供指导的校园孵化平台。2008年,在全球金融危机影响下,大学毕业生遇到了就业难题,为此,迈阿密大学重新思考并设置了学校课程,鼓励学生创业,为那些具有创业兴趣的大学生开设密集培训项目,与校内外的创业导师牵线搭桥,帮助大学生获得创业教育和指导,并成功创办企业。

"发射台"项目的创始人是迈阿密大学的副教务长威廉格林,他秉承开放式的创业教育理念,认为创业课程不仅是教授学生如何创立公司,其中蕴含的创新精神、寻求问题的不同解决方法的探索精神及不断增强自身竞争力的理念,将是学生一生受用的宝贵财富。"发射台"项目以创业教育为核心,面向全校学生培养"以创业为事业"的理念,提供安全的创业环境,并予以百分之百的支持和服务。"发射台"项目主要通过创业咨询、校内外的创业活动和创业指导三个模块为学生打开获得学校、社会资源的大门。

第一,创业咨询。"发射台"项目为大学生创业者提供及时性、发展性、可信任的和无条件的创业咨询平台。其一,第一时间为学生的创业理念出谋划策,评估创业项目的可行性,并提供相应的创业资源和建议。其二,为处于创业各阶段的学生提供一对一的发展跟踪服务,不仅是创业理念的开发,更是对学生的创业精神、知识和能力的培养。其三,为学生提供可信任的创业资源,一切支持活动以创业者的需求为中心,不以营利为目的。其四,学校不对学生的创业项目进行任何形式的入股,以保障创业服务的公平性和开放性。

第二,校内外的创业活动。借助"发射台"的创业支持平台,举办一系列创业活动,加强学生之间、学生与校友之间、学生与创业导师之间、学生与投资者之间的联系。活动内容包括参与"全球创业周",举办相应创业活动,邀请成功创业者和创业领域的专家进行指导,与学生进行面对面的交流;在校友的资助下,举办"演讲者"活动,定期为全校学生提供创业经验分享和讨论;举办创业大赛和创业展会,在企业和社会组织的赞助下,举办学生创业大赛和路演展示,帮助创业者吸引并获得创业资金;建立区域创业活动日历,借助迈阿密市的创业资源,组织学生参与区域型的创业活动,结识更多潜在客户、创业伙伴和潜在投资者。

第三，创业指导。"发射台"项目为学生创业者搭建了创业指导平台，邀请当地的成功校友、各领域专家和企业家，为学生提供专业指导和经验学习的机会。同时，"发射台"项目积极调查迈阿密当地的市场特征，帮助学生的创业项目在落地前完成区域市场调查，促进创业企业的存活和成长。此外，项目举办定期的模块化交流活动，以细化的创业问题为主题，进行有针对性的创业指导，例如，以创业行业、产品特征、团队分析、融资渠道和创业战略模型等为主题，建立联系网络，通过同伴交流和专家指导来解决各类难题。自 2008 年创办以来，迈阿密大学的"发射台"项目已为 3700 余名学生创业者提供服务，帮助萌生并发展了 2400 余个创业理念，成功创办了 350 余家企业，累计创造了 1100 余个就业岗位，基于高校的创业孵化平台模式，能予以学生创业者最直接、最便捷的创业服务支持，不仅营造了全校性的创业文化和氛围，也引领大学生打开创业的大门，为学生创业项目的启动、市场拓展、法律咨询、商业计划、资金支持和战略发展提供有针对性的服务和指导。

7.2.2　美国大学生创业孵化机构的成效

根据不同的行业需求，不同类型的孵化器、加速器等创业服务机构予以创业者专业化的支持，主要在创业存活率、创业成长速度、知识传播和技术转移、专利研发等领域发挥影响。对于孵化企业和创业者来说，孵化器的影响包括提高企业的可靠性；缩短创业者的学习曲线，加快创业学习进程；针对创业中遇到的问题予以快速解决；搭建创业网络平台[128]。通过予以行政支持、管理支持、设备支持和商业知识支持，孵化器帮助创业企业搭建内部结构，建立外部信誉。在创业者选择孵化器或加速器时，应考虑五个方面的因素：创业的阶段；创业者需求与服务机构定位、目标和关注点的匹配程度；进驻条件和结业政策；服务的性质和程序及所需承担的费用；搭建的合作网络，能够予以的法律、技术、金融支持网络。

7.2.2.1　孵化器成效的影响因素

孵化器项目的设计理念出于为创业者提供全方面技术、资金、咨询和培训等支持服务的目标，但孵化器项目的实际成效却受到多元因素的影响。2011 年，美国商业部经济发展管理局出资，并联合美国商业孵化器协会对全美 376 个孵化器机构进行调研，探讨孵化器活动的成功经验，并为孵化器的发展和评估提出建议[129]。

①孵化器的规模大小和设立时长一般不影响孵化项目的成效。相比孵化器的项目和管理，规模大小和成立时间的长短并不对孵化项目的成功产生显著影响，而是孵化器内的员工-顾客比例与孵化企业的发展有重要关联。

②孵化器的咨询委员会成员具有重要作用。孵化器为创业者提供的咨询指导服务，需要配备各类专业人才。已经结业的成功创业公司分享经验有利于促进在孵项目的成长。财务、知识产权、法律领域的专家指导，来自政府和经济发展机构的予以宏观策略指导的专业人士，都对创业项目的资本获取和市场发展起到重要作用。

③高绩效孵化器项目通常具有类似的管理方式。他们通常制订明确的目标，根据文化适应度选择孵化项目，根据成功潜力选拔创业者，在入驻时对创业者的需求进行评估，向所处地区和潜在投资者展示创业项目，具备健全的经费体系。这些因素是决定孵化项目的成败和孵化器机构的效应的关键。

④孵化器模型无法以一概全，而需"量身定制"。不存在确保孵化成功的孵化器运行模式、政策或服务的"万能标准"，而需根据不同的孵化项目和环境特征，如发展阶段、产业细分、管理技能、主导机构、资源分布等特点，制定多元的、有针对性的孵化政策和服务模式。

⑤大多数高绩效孵化器是非营利模式。调研的高绩效孵化器中有93%是非营利机构，以创造就业岗位和构建创业环境为主要目标。孵化器机构的盈利目标对项目的成效并无显著促进作用。

⑥高绩效孵化器对孵化项目的跟踪和数据评估更为频繁和长期。数据显示，有2/3的高绩效孵化器对孵化项目的成绩进行数据统计和跟踪，一半以上的跟踪时限达到2年，有30%甚至达到5年以上。孵化数据的评估能够予以孵化器直观的反馈，并促进孵化项目的持续成长。

⑦孵化器所处地区的经济环境指标、区域竞争力与孵化成效无直接关系。孵化器所处地区的经济规模、GDP发展、就业率等，与孵化项目的成效一般没有直接关联。研究显示，仅城市化进程、工作劳动力结构、区域资本的可获得性以及接受高等教育比例对孵化项目的发展具有影响，但影响程度有限。

⑧公共部门的支持有利于孵化项目的成功。大多数高绩效的孵化器都显示了其与政府、经济发展机构、高等教育机构等公共部门或组织具有密切的联系，促进就业岗位的创造和结业率的提高。

⑨孵化项目的成功对于孵化器的成功有正面影响。孵化器中的实践项目，如

咨询委员会、高质量的员工、保障与入驻者充分交流的时间、跟踪孵化成果等,既能促进孵化项目的成功,也能促进孵化器的持续发展。

⑩具有更多经济资源的孵化项目表现更优异。具备充足的经济支持,有利于为创业者提供优质稳定的服务。除了足够的经费资源,孵化器如何使用经费预算也起到重要影响。从房租和服务经费获得大比例的经费收入,并在员工、项目实施、建筑修理和债权服务上予以更多经费投入的孵化器,取得优秀成效的可能性更高。

7.2.2.2 孵化器成效评估的矛盾结果

近年来,不少研究者对美国的创业孵化器或加速器项目进行了实证研究,探讨创业服务机构的实际影响和成效,却总结出不同乃至相反的结论。一方面,孵化器的创业服务和催化作用能得以证明。有学者发现孵化器中的创业导师和合作网络可以促进创业企业快速制订发展战略,为创业企业和潜在投资者建立有效联系,认为加速器是初创企业的质量保障证书[130]。另一方面,孵化器的实际成效和影响受到质疑。对于大学生创业者而言,孵化器主要提供办公场地和基本服务的支持,然而这并不能保证创业的成功。一些孵化器声称不仅提供办公场所,还提供财务、法律、管理和知识产权等咨询服务。但是有研究表明,在美国,平均每个孵化器中只有1.8个全职管理人员,却要服务25个创业企业[131]。要求该管理者同时扮演计算机专家、募资者、社会工作者和房屋出租者等各个服务于创业企业的角色,几乎是不可能的。孵化器管理的不成熟,也会直接导致孵化企业的失败。对此,有学者发现孵化企业和未孵化企业在存活率上并未有显著差别,只有少量孵化项目具有明显优势。例如,科恩和宾汉姆选取了两组创业企业的对照数据,对比孵化企业和未孵化企业的成长过程,包括企业的员工数量、是否募集到100万美元的投资,以及一年后的外部网络。研究发现,只有少数经过高水平加速器学员式训练的企业比其相对应的未接受孵化的企业更容易存活和发展,并且雇佣的员工数量更多,更容易获得风险投资,但是随着时间的推移,两者区别逐渐缩小[132]。可见加速器在短期内可以促进创业企业的发展,但要取得长期的可持续的成功,还受到人力资源、外部网络和经验等多因素的影响。

此外,舒沃兹的类似研究也横向对比了孵化企业和未孵化企业的发展情况,结果发现完成孵化的企业在市场生存方面并未表现出显著优势[133]。另外有学者发现,孵化企业在前期规模发展和收入增长方面速度更快,但退出市场的时间也更早,存活时间更短。如阿梅斯夸通过对比美国944家孵化器的数据及国家建立时间和序列数据库的企业数据，发现孵化企业的规模与非孵化企业基本相当，孵化企业在人员招聘和公司收入方面的成长速度更快，增长率从孵化前的3.5%上升到孵化后的6.7%，公司收入增长率则从孵化前的2.15%上升到孵化后的5.1%，但孵化企业的市场退出时间比未孵化企业早10%，这可能是因为孵化器帮助企业快速识别失败的可能性，因此企业趁早退出以降低损失[134]。

基于不同的研究样本和指标，孵化器的影响和作用显示出不同的表现，有些甚至截然相反。这一现象不由得让人反思孵化器评估的有效性和孵化器的真实影响。一般而言，从纵向来看孵化器的表现，包括促进就业和经济增长方面，都具有显著的成效。而通过横向对比孵化企业和未孵化企业的存活发展情况，则产生了不同的结果。究其原因，创业原本是一个受多维度影响的过程，创业企业的存活不仅与创业服务有关，更与产业发展规律、市场环境和经济背景有关，因此在进行孵化器有效性评估时，应多方位考虑各个变量的控制。

7.2.2.3 对于孵化器成效的进一步思考

创业服务机构，以孵化器为主要表现形式，为创业者的创业起步和发展提供了重要的经费、管理运营、市场制度等资源支持。为确保创业服务机构能够高效、有效地为孵化项目提供支持，需要政府、社会投资机构、大学等多方参与和合作。

①对于创业服务机构而言，首先，应积极集聚并发挥各类专家的作用，为服务项目提供全面的指导和咨询服务。孵化器的咨询委员会的主要成员应包括完成孵化的企业、有经验的创业者、当地经济发展官员、公司高层领导者、金融投资团体代表、商业律师、大学领导、商会代表。其次，根据不同专业的孵化器项目，创业服务机构应提供多样化的专业支持。

②对于政策制定者而言，首先，应予以创业孵化器充足的经费支持和财政补贴，并对于表现优异的孵化器予以奖励和表彰，进行成功案例分享。例如，美国的小企业发展中心，与大学的孵化器项目合作，予以经费奖励外，还应进行相关的创业课程培训和指导。其次，政府的公共基金项目，通过跟踪孵化器项目的成效数据，对公共投资的影响进行监控，促进区域经济发展和就业保障。最后，政府机构应建立全国范围的孵化项目数据库，制订孵化器的质量保证和评估标准，以进行资源共享、数据公开和经验学习，监督受公共资助的孵化器项目进行年度评估和汇报，实时跟踪其发展进度。

③提供完善的创业服务，并注重服务的有效性。关键的创业服务包括提供创

业培训和多元融资渠道，与当地高等教育机构建立坚定的支持关系，提供产品服务及加强导师计划。此外，还有重要的硬件设施，如高速度的网络接入，共享的行政服务和基础设备，以及创业者的商业展示营销技能。

④配备有能力应对并组织各类资源的工作人员。工作人员应具有相应的管理技能，包括收集整理孵化项目的成果数据，提供孵化前和孵化后的服务，对于机构的预算使用、项目实施等进行阶段性评估，为创业者和创业项目进行市场推广和展示服务，为孵化器设置有效的入驻和结业机制。

⑤对在孵项目进行跟踪评估，包括成果评估和过程评估。成果评估包括企业成活率、创造的就业岗位数量、公司收入、缴纳的税款额、知识产权数量等，至少每年进行一次，并进行短期和长期的成效分析。过程评估则应进行得更为频繁，内容包括提供的服务、咨询委员会的组成、服务的提供者、预算、进入/退出条件、项目实施的有效性等。

7.3 美国大学生创业的资金支持

7.3.1 美国大学生创业资金获得渠道

7.3.1.1 政府项目

美国政府为促进创业、保障小企业发展，制定了一系列金融支持制度，包括以小企业管理局（SBA）为主要职能机构的担保贷款、直接贷款和风险投资等融资支持，同时提供有关创业、商业知识的免费学习资源和培训机会；财政部出台的小企业融资计划；税收减免政策刺激社会创业投资；制订学生创业专项计划等。

(1) 小企业管理局的创业资金支持项目

为创业企业开拓多元的融资渠道是小企业管理局的重要职能之一。SBA主要通过贷款和风险投资这两种方式向小企业提供资金支持，SBA一般不直接向小企业提供资金，而是通过担保、培训指导等形式帮助企业获得银行贷款，或由经SBA认证的私营小企业投资公司（SBIC）提供风险投资。其中，银行贷款主要解决创业企业的启动资金和流动资金短缺问题，小企业投资公司则对创业企业进行长期性投资。

·担保贷款

小企业管理局提供的担保贷款项目包括7（a）小企业贷款、小额贷款、有形资产 CDC/504 贷款、灾难贷款等，针对各个创业阶段，为创业者提供不同期限、不同金额的担保贷款选择。

第一，7（a）小企业贷款项目是 SBA 担保贷款中最常使用的贷款项目，主要为创业企业拓展经营提供支持，最高不超过 500 万美元，2015 年，接受 7（a）小企业贷款资助的平均金额为 37 万美元。经 SBA 地区办公室协调，由约 7000 家商业银行提供由 SBA 担保的贷款，贷款金额低于 15 万美元，SBA 提供贷款担保的 85%；贷款金额超过 15 万美元的，SBA 承担担保金额的 75% 或最高价值 375 万美元的担保[135]。

第二，小额贷款项目，即提供 5 万美元以内的贷款，为符合条件的小企业及非营利机构提供金融支持，可用于研发资本或有形资产。另外，SBA 的小额贷款发放须经过中介机构，SBA 先向中介机构提供资金，继而转贷给创业企业。SBA 授权的中介机构还向小额贷款借款人提供多种营销、管理、技术方面的服务。

第三，有形资产 CDC/504 贷款，主要为小企业提供购买设备、机械、厂房等有形资产的长期资金支持。约 270 家担保发展公司通过银行及 SBA 的合作提供固定资产，如土地、建筑物、设备及机械在内的长期融资，不可用于运营资本融资及库存购买。

第四，灾难贷款，即为受到自然或经济灾害的各类企业、私有非营利组织、房屋屋主或出租者提供低利率灾难贷款，用于灾后重建。

美国民间金融机构对 SBA 信用担保计划的参与度非常高，担保计划至今已吸引了约 7000 家银行和部分非银行金融机构的参与。是否申请 SBA 的担保由金融机构自主决定，SBA 不干预贷款机构的贷款决策，但有权决定是否为贷款机构提供担保。此外，SBA 对贷款对象和信贷资金的使用存在严格要求，详细列出不同贷款类型所要求的企业资质，并严格审查贷款企业资格，再决定是否为企业担保或提供贷款；SBA 对贷款担保资金的用途也进行限制，以确保贷款机构和贷款企业的双方利益。

· 小企业投资公司

SBA 不直接对创业企业进行投资，而是由 SBIC 为创业企业制订风险投资计划，提供长期资金支持，促进创业企业成长。1958 年，美国国会出台《小企业投资法》，通过政府向私人小企业投资公司提供资金支持，鼓励私人投资者向投资供求不均衡的创业项目提供股本资金和长期信贷资金，以满足中小企业的股权融资需求。个人、银行或其他金融机构与非金融机构都可以申请开办 SBIC。截至 2017 年，全美共有 313 个经批准的小企业投资公司，拥有 280 亿美元管理资金，在2017年一年中为1300个小企业公司提供了70亿美元的经济资助，帮助维持了13.5万个工作岗位[136]。

小企业投资公司项目的运作过程一般分为三步。首先，SBA负责审核申请成为SBIC的私立投资者并颁发资格许可。其次，在制定SBIC投资项目时，私人投资者被视为有限合伙人，提供与SBA相应的杠杆资金，一般而言，私人投资者和SBA的资金投入比为1∶2。最后，经批准的SBIC有权使用双方投入的资金，负责对小企业投资项目的评估，制定投资策略、监管及退出机制。

SBIC主要具有三种运行项目。第一种，标准SBIC基金，这是最普遍申请的SBIC项目。该项目规定SBIC必须为小企业提供资金，小企业指的是有形资本净值低于1950万美元，且连续两年税后收入低于650万美元的公司。标准SBIC最多提供两倍于私人资本的资金，投资上限为1.5亿美元。第二种，影响力投资基金，该项目承诺每年投入2亿美元，在获得收入回报的同时产生一定的社会、环境和经济影响。申请加入该项目的SBIC需承诺将全部资本的一半以上用于影响力投资，所有申请将受到加急处理。影响力投资项目的SBIC最多提供两倍于私人资本的资金，投资上限为1.5亿美元。第三种，早期项目，该项目将为高增长型初创企业提供10亿美元的早期资金支持。申请早期项目的SBIC将承诺将一半以上的资金用于处于早期创业的企业，投资企业可享受利率延期5年支付，最多提供单倍于私人资本的资金，投资上限为5000万美元[137]。

·金融知识学习与培训

为鼓励创业者创业和小企业发展，尤其是为青年创业者提供支持，一方面，SBA提供了免费在线创业课程和指导服务。通过"自主在线培训课程"[138]，厘清创业步骤，尤其是提供创业资金渠道的讲解和建议。另一方面，SBA通过遍布各地区的创业援助机构，如免费创业导师项目、小企业发展中心等，为青年创业者提供创业指导服务，为大学生提供免费创业导师。小企业管理局的SCORE导师项目是全美最大的免费创业导师和指导项目，具有50多年的历史。其使命在于通过提供导师和教育服务，促进小企业创业的活跃发展，旨在到2020年为总计100万创业者提供服务[139]。SCORE项目秉承"小企业、回报、志愿、体验、联系、多元和终身学习"的理念和价值观，吸纳退休的企业管理者或创业者免费提供创业和企业管理指导，分享成功经验，主要推行小企业创业项目、小企业成长项目和全美小企业大赛三个项目，为新一代创业者提供指导和资金奖励，为大学生提供创业培训指导。

小企业发展中心依托大学或科研机构等建立，为创业者和小企业公司提供长期的、专业的、一对一的免费技术咨询服务，低成本的培训及其他专业服务，集结了联邦、州和地方政府，以及社会私立机构的资源，是美国联邦政府最大的小企业扶持项目之一。小企业发展中心（SBDC）为创业企业提供商业计划发展、生产援助、财务包装和贷款资助、进出口业务、采购合同支持和市场研究服务等，在全美建立了63个主要网络分支，其中48个由大学主导、8个由社区学院主导、7个由州政府主导，共设有900个服务点[140]。

（2）美国财政部的创业融资计划

除了小企业管理局相关的创业资金支持项目外，美国财政部也提供了创业融资计划。2010年9月，美国国会通过了《小企业就业法案（2010）》，该法案强化了SBA的原有贷款计划，并推出两个新的融资项目，即各州小企业信贷计划和小企业贷款基金计划，通过财政拨款拓宽小企业的资金支持渠道。

·小企业信贷计划（SSBCI）

SSBCI是由美国财政部资助，各个州和合作机构进行管理，在社会贷款和投资机构的共同参与下推行的贷款项目。该计划旨在通过联邦政府的15亿美元的有限资金投入，激发社会资本参与，发挥杠杆效益，结合社会力量为小企业发展提供共150亿美元的资金支持[141]。SSBCI计划以国家贷款和投资的方式，着重为私人风险投资涉及较少的区域提供支持，弥补社会投资的不足。美国小企业信贷计划主要包括五个项目，分别是资金扶持方案、贷款担保方案、抵押支持方案、联合贷款方案及风险资本方案。

自SSBCI项目实行开始，从2011年到2017年年底，美国各州共支出约11.4亿美元的财政部拨款，促进了总额约96亿美元的新增贷款和风投资本资金[142]。其中，约有80%的资金用于支持全职员工数量不到10人的小微企业，将近50%的资金用于支持创办5年以内的初创企业，有42%的项目用于支持中低收入地区。

·小企业贷款基金计划（SBLF）

SBLF是一项主要针对独立银行和社区发展，总价值300亿美元的投资项目。该计划为大街银行、社区发展贷款基金和小企业提供支持。大街银行主要指的是社区银行，即小型商业银行，并非按地理界定，在SBLF项目中，社区银行指的是固定资产少于100亿美元的银行。SBLF项目帮助社区银行获得政府的一级资金债券资助，随着社区银行针对小企业的放贷额不断增长，社区银行需偿还政府的股息率将下降，反之则可能升高，以此增强社区银行向小企业贷款的动力，帮助小企业获得资金支持。

SBLF 项目自实施以来,取得了满意成效,极大地促进了社区银行对创业企业的贷款资助力度。截至 2016 年年底,已有 264 个机构成功完成总额达 36.3 亿美元的投资,获得小企业贷款基金资金并退出该项目;另有 4 家机构已赎回其小企业贷款基金担保额的 59%,约 2000 万美元,目前仍在参与该项目。

SBLF 自启动以来,已帮助小企业增加贷款额 187 亿美元,远超计划之初的设想。该项目的直接成果是,所有参与该项目的 23 家社区银行和 91% 的社区发展贷款基金都增加了其向小企业的贷款,91% 的参与机构向小企业贷款增幅超过 10%[143]。

· 成效评估

2016 年,美国财政部发布了全国 SSBCI 和 SBLF 两项财政计划的绩效评估报告。报告显示,自两项计划启动 5 年来,全国 SSBCI 和 SBLF 为美国经济创造了近 20 万就业岗位,有力地推动了美国整体投资和经济的增长。美国银行家协会首席经济学家詹姆斯切森表示,"财政部的小企业融资计划不仅促进了经济增长,企业信心也开始回升,提高企业的资金流动性将能改善其偿债能力并为创业小企业持续提供支持"[144]。

总的来说,这两项小企业融资计划的推出,通过杠杆原理,成功促进了联邦政府-州政府-私立机构三者的经济合作,为小企业资本获取渠道提供了灵活的选择,以满足不同企业的资金需求,且在区域上基本达到平衡,弥补了社会投资的区域集中化弊端。

(3) 税收减免政策

除了金融贷款和投资相关政策外,税收政策也是美国政府促进创业发展的重要手段,联邦政府及各州政府都制定了创业投资的税收激励政策,激发创业融资的社会参与,鼓励越来越多的人从事创业。

· 小企业替代性最低限额税(AMT)减免

美国的公司替代性最低限额税政策在 1986 年开始实施,是除一般所得税外的另一现行所得税,旨在确保得到某些免税、扣减或抵扣优惠的公司或个人至少缴纳最低金额的联邦政府税款。1997 年《纳税人救济法案》免除了小企业的替代性最低限额税,规定在前三个纳税年平均年收入在 500 万美元以下的小企业不需要缴纳 AMT,三年后每滚动计算的三年平均收入低于 750 万的也免除 AMT,一旦超过 750 万则必须恢复缴纳[145]。AMT 税费的减免为小企业创业减轻了资金负担。

· 鼓励小企业投资的税收政策

为鼓励社会投资机构对创业企业的投资，美国政府在 1987 年将资本利得税从 49% 降至 28%，当年美国的创业投资额增至 5.7 亿美元。1981 年，美国政府通过出台《经济复苏税收法》，进一步将资本利得税降至 20%，并减免美国研究和实验税收，带来了创投行业的第二次繁荣。此外，联邦政府还提供特殊的税收激励，鼓励对不发达地区的创业投资，促进其经济发展，如 2000 年推出的《新市场税收抵免方案》，规定投资者如果投资在促进低收入地区发展的社会发展基金，可以从所得税中获得税收抵免。针对特殊行业，美国政府也实行了税收减免政策，如《2008 年美国复兴与再投资法案》提出在部分再生能源领域，提供 30% 的税收抵免[146]。

从 2008 年开始，为应对金融危机、稳定就业，美国政府不断加大对小企业长期投资者的资本利得税优惠，如 2009 年再次修订《美国复苏与再投资法案》，将持有符合条件的小企业股票 5 年以上的资本利得税减征比例从 50% 提高到 75%，《2010 小企业就业法案》进一步将减征比例从 75% 提高到 100%，2013 年推行的《纳税人救济法案》将这一减征政策的时间持续到 2013 年年底[147]。对创业企业税款缴纳的减免是对大学生创业的间接性资金支持和创业激励。

· 州政府的税收激励

除了联邦政府，美国有超过 1/3 的州政府也出台了鼓励天使投资发展的税收激励政策，比联邦政府层面的税收激励政策更普遍、更有力地刺激了美国投资业的发展。部分州政府出台了针对小企业、科技企业、高增长型企业和大学生创业的项目予以风险投资、天使投资和种子基金等各类投资机构税收减免的优惠，鼓励社会机构进行创业投资。

· 税务知识咨询与培训

美国政府有关部门通过建立税务知识和指导的在线学习项目，帮助创业者了解税收政策和应尽的税务责任。美国国税局专门设立了小企业和创业税务中心，为创业者提供税务信息和相关知识、包括税费计算、报税流程、创业阶段的相关政策等，另外还设有在线学习模块帮助创业者了解企业各阶段的缴税政策，并设立了虚拟工作室，搭建小企业税务交流平台。

7.3.1.2 天使投资

天使投资是权益资本投资的一种形式，是资助创业者创业的早期权益资本的重要来源。在美国，传统意义上的"天使投资人"通常指"自然人"，美国小企业管理局（SBA）将天使投资人定义为以债权或股权的形式，将私人资产用于投资创业企业的投资者，接受投资的企业非朋友或亲戚所经营[148]。天使投资可以用个人名义进行，也能作为团体的一部分将个人资金进行投资。天使投资是创业者，尤其是大学生创业者重要的资金支持来源之一。在美国，除了来自家庭或朋友的自筹资金，创业的外部资金支持有90%来自天使投资，2017年天使投资资金总额约345亿美元，为初创企业提供了98000份项目资金支持[149]。天使投资不仅为创业者提供创业资金、经验指导和发展监管，还为创业者与顾客、其他投资者和收购者建立重要的联系网络，支持初创企业的创办和成长。

(1) 天使投资的分类

天使投资人一般是成功的创业家或退休的企业家，旨在为创业者提供资金、专业指导和交流网络，且为创业生态系统的构建做出贡献。根据天使投资人所具备的不同特点，天使投资人可分为不同类型。

根据《美国证券法》规定，美国证券交易委员会将家庭财产净值达到100万美元以上，或者连续两年的年收入超过20万美元（已婚者超过30万）并有充分理由可维持同等或以上的收入水平的个人，定义为"经认证的投资者"[150]。根据天使投资人是否达到美国证券交易委员会（SEC）的认证要求，可以分为经认证的投资者和非认证的投资者两种。据统计，截至2017年，美国共有1040万人有资格获得SEC认证[151]。

根据天使投资人对投资企业的关注态度，可分为积极投资人和消极投资人[152]。积极投资人不仅为创业公司提供资金，还投入时间精力进行指导和监管。而消极投资人仅仅投入资金。有研究显示，接受调研的天使投资人中，有35%的天使投资人在作出投资决定前，从来没有看过创业者的商业计划，有20%的天使投资人没有进行过尽职调查。

根据天使投资的产业领域，可以分为高科技投资人和低科技投资人。除了对高科技高增长型企业的投资，低科技产业也是天使投资人的重要关注领域，一些天使投资人将资金用于娱乐业（溜冰场等）、文化产业（艺术馆等）、餐饮业（麦当劳、星巴克等），这些非高科技产业也为天使投资人带来了乐观的经济回报。

(2) 美国天使投资的发展现状和特征

美国天使投资市场持续繁荣，突出了天使投资在推动创业、促进经济发展上的重要作用。2017年，美国天使投资的平均规模达到126.7万美元，较前几年保持平稳上升趋势，天使投资轮后持股比例稳定在20%~25%，2017年美国天使投资的种子轮项目的投前平均估值达到570万美元，较2016年增长49%，创造了历史最高点[153]。

第一，组织化发展。

一方面美国天使投资的发展，逐步从分散、个体的投资行为，转变为有组织、合作式的投资方式。天使投资的组织化促进了天使投资的发展，也扩大了天使投资的影响力。1986年，美国出现第一家天使投资团体——天使乐团[154]。到1996年，全美天使投资团体不到10家。天使投资团体在21世纪得到了快速发展，到2006年超过250家，至2017年突破了500家。这些天使投资团体提供给投资者交流与合作平台，有利于寻找更多创业项目，提高投资效率和成功率，并且吸纳更多人投身到天使投资行业。

另一方面，建立国家层面的天使投资协会，集结全美天使投资个人和团体，促进行业内交流的同时，实现与国家政策和市场需求有效对接。2004年，考夫曼基金会支持创建了美国天使投资协会（ACA）。作为政府资助的非营利组织，ACA是全球最大的天使投资专业发展组织，集结了13000多位经认证的天使投资人，以及240个天使投资团体和平台[155]。ACA是领导性的专业化协会，旨在通过知识分享、建立联系和权利保护三大途径，助推天使投资人和天使投资团体成功做出高质量的投资决定，其具体功能包括促进天使投资行业发展、制定行业标准、公共政策咨询，以及为成员提供投资资源与帮助等。

第二，区域化发展。

美国天使投资活动的地域性分布较为明显，加利福尼亚地区保持持续领先。2017年，美国天使投资总额达344亿美元，共完成了71000份项目资助，其中20.9%的项目集中于加利福尼亚州，占据投资总金额的17.9%。值得一提的是，新英格兰地区的天使投资项目发展迅速，2017年份额比例达到13.4%，几乎是2016年（7.2%）的两倍[156]。此外，五大湖地区、东南区域、得克萨斯州地区和纽约地区的风险投资活动较为活跃。就天使投资的资金流向而言，一般都倾向于对同一地区的创业项目进行投资。据统计，2017年约3/4的天使投资是用以资助同地区的创业项目。比较特殊的是，加利福尼亚地区、纽约地区和中大西洋地区的天使投资倾向于资助本区域外的创业企业，地区外投资项目比例约占40%。

美国天使投资在地域上的区域性发展，以及投资流向的区域内流动倾向，促进了加利福尼亚州、纽约州和新英格兰等地区的天使投资市场发展，与相关地区的研究型大学形成科研、人才合作的良性循环，为大学生创业提供人力和物力支持。

第三，产业集中化发展。

美国天使投资的行业分布呈现出相对集中的投资领域特征，以科技、商业和医疗领域为聚焦。纵观近几年的投资领域，软件行业和医疗行业是天使投资重点关注的行业，分别占2017年总投资项目的34.7%和14.9%，有将近一半的天使投资人选择了软件行业和医疗行业的创业进行资助。此外，商业服务、媒体、消费和娱乐、制药和生物技术、IT硬件和能源行业也是获得天使投资人较多关注的领域。可见，对于大学生创业而言，科技行业是天使投资人所青睐的行业，获得投资的可能性相对较大。

7.3.1.3 风险投资

风险投资（VC）也可称为创业投资。根据全美风险投资协会的定义，VC是由职业金融家投入到新兴的、迅速发展的、具有巨大竞争潜力的企业中的一种权益资本。VC的投资对象是初创企业。

美国风险投资协会2017年年度报告显示，截至2017年，美国共有798家风险投资公司，1224项风险投资基金，一年内新筹集资金288亿美元，拥有管理资金共有1645亿美元[157]。在经历了2008年的金融危机后，美国风险投资的活跃度至2017年已保持连续八年的增长态势，2017年投资总额688亿美元，但仍低于2000年的发展水平。2000年美国风险投资总金额超过了1000亿美元，几乎是2015年的两倍。

就美国风险投资的创业阶段来看，初创期和扩展期是风险投资进入最多的创业阶段，仅有2%投资用于资助种子时期的创业企业，有34%的资金投入了处于创业初期的企业。而就获得风险投资的企业类型来看，软件行业是吸引风险投资最大的行业，吸纳了40%的风险投资基金；随后是生物科技行业、客户产品和服务、媒体和娱乐及IT服务行业。美国风险投资机构的地理分布呈现高度集中化，2017年设立于加利福尼亚州的风险投资机构数量占了全国的58%，究其原因，可能与加州是创业企业数量最多、资金需求最大的州有关。2017年在加利福尼亚州共有1512家创业企业获得风险投资，占全国的45%，投资金额达398亿美元，占全国总金额的56%。风险投资聚集地依次还有纽约州、马萨诸塞州等。

在投资市场内，尤其是风险投资市场，个人交际网络对于资本交流、信息共享和建立合作关系具有重大作用，继而影响创业投资的获取。风险投资的高度地域集中化恰恰反映了城市背景中建立网络的重要性，地域上就近具有许多实际优势，包括环境背景相似、交通便利等。有研究以大都会统计区域为研究单位，对区域性创业投资环境进行探究发现，美国风险投资环境的 MSA 区域相对集中在东西部沿海地区。以历年区域融资金额排序，旧金山区域处于绝对领先地位，前五名的其他四个地区分别是圣何塞区域、纽约市区域、波士顿区域和洛杉矶区域，前五名中有三个都处于加利福尼亚州，这与区域内的高等教育机构、加速器、孵化器等构成的良好创业环境密切相关，在良好创业环境中形成创业市场和投资市场的良性循环。

总的来说，美国的风险投资市场呈现出增长活跃趋势，聚焦初创期和扩展期的创业企业，以软件、生物技术等科技行业为核心投资领域，且具有区域集中化倾向，为大学生提供创业企业落地后的持续资金支持。

7.3.1.4 基金会

美国的高校创业教育还得到了社会各界的广泛支持，自从1951年成立了第一个主要资助创业教育的基金会——科尔曼基金会以来，美国出现了许多支持创业的基金会，如卡夫曼基金会、国家独立企业联合会、新墨西哥企业发展中心等。这些基金会每年都会以商业计划大赛奖金、论文奖学金等多项奖金和捐赠教席的形式向高校提供大量的创业教育基金和创业扶持基金。

（1）科尔曼基金会

科尔曼基金会是一个私立、独立的基金筹集机构，由范利美糖果公司的创始人桃乐西·科尔曼和史特森·科尔曼于1951年创立，在1981年科尔曼夫妇去世后正式捐赠。基金会的主要项目集中于癌症护理、发育性残疾和创业教育三大领域，旨在通过提供实际的、具有持续财政支持的和结果导向的项目来促进三大领域的发展。2017年，科尔曼基金会的总资产达1.66亿美元，批准资助项目总金额达811.7万[158]。

在创业教育领域，科尔曼基金会为教育机构提供丰富的课堂外创业教育项目，以培养具有创新能力的创业人才。自1981年起，科尔曼基金会在高等教育机构建立了一系列创业捐赠教席，旨在促进创业教育学的专业发展，至今已资助建立了10个创业教席席位。此外，科尔曼基金会还提供种子基金和项目基金，以促进创业精神的培养和创业活动的开展，予以大学生创业实践和发展创业技能的机会。2003年，科尔曼基金会在德保罗大学建立了科尔曼创业中心，为商学院学生提供创业支持，提供创业咨询服务、创业教育项目等[159]。

科尔曼基金会于2016年新制订了更为详细和具体的"创业教育影响力计划"，通过基金资助的形式，从创业教育课程、创业活动、创业实践和支持网络四方面促进创业人才的培养，为未来的创业家提供丰富的实践经历和支持体系，实现创业成功。围绕"创业教育影响力计划"，科尔曼基金会推出了创业教师伙伴项目，也是目前基金会支持创业教育发展的核心项目。该项目包括①加强专业学术课程中对创业技能的培养，包括创业意识、机会识别、团队建设、财务管理、市场营销、技术利用、领导力等；②提高体验式的课外创业活动数量和质量，提供与企业家直接对话、创业导师、创业实习、孵化器和加速器、校友参与、锻炼应用技能等机会；③促进创业理念的跨学科学习，普及创业教育在各学科的融入并关注质量保障。创业教师伙伴项目的合作伙伴是高校创业教育领域的教师，提供一年的基金资助，加强全校性创业教育的实施，包括课程开发、课外活动组织等。伙伴项目的主要活动包括①召开年度会议，促进学术和经验交流；②设定"每月咖啡时间"，固定时间召开在线交流会议；③通过科尔曼伙伴官方网站，发展创业实践社区项目，开展创业教师的课程大纲交换活动并提供伙伴交流平台。在一年基金资助结束后，这些受资助者将继续与科尔曼创业项目保持联系，成为"Coffee Cup"项目的一员[160]，继续致力于创业教育研究和发展。

（2）卡夫曼基金会

卡夫曼基金会建立于20世纪60年代中期，创始人是创业家和慈善家尤因·卡夫曼，其使命是促进个体更高的教育成就和创业成功，最终达到经济独立[161]。卡夫曼基金会主要在创业教育领域开展研究并实施相关项目。一方面，卡夫曼基金会在堪萨斯城内设立教育项目，构建教育领域内的创业环境，促进创业经济时代的人才资源培养，如建立卡夫曼学校、卡夫曼奖学金、"为美国而教"项目和教师基金等。另一方面，卡夫曼基金会为美国创业者提供创业教育资源和创业支持，为政策制定者和研究者提供基于研究的知识和政策建议，如开设卡夫曼快班车创业课程、全球创业周等支持创业的活动项目。

卡夫曼基金会为鼓励支持社会创新和创业，设立了创业基金，包括堪萨斯城公民基金、教育基金、创业基金和其他组织基金，在学生创业者和创业研究者进行培训指导的同时提供资金支持。

①堪萨斯城公民基金。此基金在堪萨斯城内推广创新理念，开展社会创新项目，每个项目资助1万美元；为中小学生提供课外培训活动，强调社会问题和青年的社会责任。

②教育基金。教育基金惠及教育体系内各级各类受教育人群，为贫困学生设立教育基金，为教师设立培训项目，与大学合作建立有关创业教育的资源库等。

③创业基金。创业基金为创业学研究提供资金支持，主要形式：与高等教育

机构合作，提供与创业相关的研究基金，一般为 3.5 万美元，如芝加哥大学和杜克大学等；为从事创业方向的博士研究生提供科研经费，一般为 2 万美元。

④其他组织基金。例如，卡夫曼基金会为在支持创业方面取得优异成绩的非营利组织提供奖励基金。这些创业支持组织为创业者提供有影响力的创业服务，2017 年有 8 个组织接受卡夫曼基金会的资助，每两年提供 33 万~50 万美元的奖励基金。这 8 个创业支持组织服务于不同行业，包括高科技创业及低收入弱势创业群体。

此外，为促进创业人群的多元化发展，2016 年卡夫曼基金会为支持女性创业者和少数民族创业者的非营利机构提供了为期两年的奖励基金，斥资 430 万美元共资助了全美 113 个该领域组织，资助金额最低为 8.7 万美元，最高为 42 万美元[162]。

7.3.1.5 创新型融资途径

（1）众筹

众筹指的是以集体合作参与的形式投入资金、人脉等资源，一般通过互联网向创业企业提供支持。众筹形式的融资集聚了小投资者的力量，是众包和微型金融结合衍生出的产物。众筹融资坚持众包两个前提条件，即以公开的方式和面向众多的网络潜在受众，采用微型金融的通常做法，即小额无抵押出资，完成企业或个人外包融资任务。总的来说，众筹融资是指一群人通过互联网平台，为某一项目或创意提供小额资金支持的科技融资创新方式。

众筹融资起源于美国，近几年，股权众筹形式开始在美国活跃，全民股权众筹已成为现实。2013 年，美国正式批准了股权众筹形式，2015 年将股权众筹的投资者扩大到全民。2015 年 10 月，美国国会通过的《就业法案》第三章，首次允许普通投资者通过股权投资创业公司，创业企业可以在 1 年内通过互联网进行 100 万美元以内的小额股权众筹。就投资者的要求而言，原规定个人股权投资者必须达到净资产高于 100 万美元且年收入超过 20 万美元。该法案的实施，使得股权投资成为普通人可以行使的权利，意味着几乎每个人都可以成为创业公司的投资者。投资人的限定被放宽，但在投资金额上有所限定，即年收入或净资产低于 10 万的投资者只能进行 2000 美元以下或不超过自由资产的 5%的投资行为。针对年收入或净资产达到 10 万美元以上的投资者，可投资比例达到 10%[163]。股权众筹在美国自 2015 年批准，于 2016 年 5 月正式开始实施，截至 2017 年底，共有源自 156 个发行者的 163 个项目成功完成众筹，共募集资金 810 万美元，筹资中值达到 17.1 万美元，远超过预期目标中位数 5.3 万美元[164]。

众筹融资的发展，一方面，在一定程度上降低了创业者融资的门槛，为初创企业和小投资者提供了高效便利的融资途径，尤其是促进了大学生群体和传统行业的小型创业企业的发展。但另一方面，众筹融资的风险监管是亟须关注和出台规章制度的议题，以保障投资者和创业者双方的利益。

(2) 民间贷款

民间贷款，或译为"人人贷"，是指在互联网和大数据时代，借助网络平台和信用评估技术，不通过正式的金融机构，而是通过 P2P 中介平台，协助个人投资者和贷款者实现直接借贷活动[165]，一般比传统借贷形式更为高效和便宜。与众筹融资不同，P2P 借贷主要发生在个体与个体之间，而非集体投资。P2P 平台通过互联网，有效将投资者和创业者连接在一起，为双方提供沟通机会并创造价值收益。

P2P 平台的理念在于为不同的金融消费者提供个性化的服务供给模式，追求商业模式和产品服务的创新。Lending Club 是全球最大的 P2P 借贷平台，创建于 2007 年，在初期引入社交网络群组的理念，创新金融撮合方式，已帮助实现总金额达 200 亿美元的借贷项目，主要投资对象是消费金融和中小型创业企业。为控制借贷双方的风险，Lending Club 对贷款金额有所限制，为贷款个人提供 1000~35000 美元的小额贷款，为企业提供 1.5 万~30 万美元的贷款[166]。

对于创业者而言，P2P 平台为小企业的发展拓宽了融资渠道，但仍处于发展初期的探索阶段，随着大数据信息时代的到来，P2P 贷款为大学生创业者提供了创新的融资理念，也促进了投资知识的普及。

(3) 公益投资

公益投资指的是为缺少资金、能力和伙伴关系的社会组织和社会创业企业提供有影响力的、高参与性的和长期的支持，最终产生广泛的社会效益。公益投资将创业投资的理念运用到公益行业，不仅为社会组织和社会创业企业提供量身定制的资金扶持计划，包括基金、债权、股权等形式；还提供能力建设等服务支持，如管理技能、发展战略、金融方面的服务，以解决社会问题，引发更广的社会影响。

美国公益投资的发展，显示了对风险的开放和包容，以及对社会创新的支持。例如，SV2 是位于美国硅谷的一家活跃的、实行参与式资助的公益创投机构，建立了 200 余个合作伙伴，共同致力于支持有发展潜力的社会创新组织，涉及领域包括教育、健康、环境保护和国际发展等。SV2 不仅为组织项目提供长期的资金支持，而且关注投资组织的架构和运营发展，扩大服务的规模和影响力。此外，SV2还为硅谷的捐赠者提供了公益体验和公益教育，提升硅谷创业者的社会创业意识和包容性。

7.3.2 美国大学生创业资金支持的特点

美国的创业资金支持环境已形成由政府、投资者、基金会和各种中介机构组成的高效协作体系，促进大学生创业企业的落地和成长，创造更多就业机会，最终促进经济增长和社会发展。

7.3.2.1 区域集群良性循环

美国的社会资本，如风险投资和天使投资等，呈现出高度地域集中性，且大多以研究型大学为依托，促进了产业集群和区域创业经济的发展。例如，硅谷是创业投资和创业活动最为集中的地区，依托斯坦福大学和加州大学伯克利分校等顶尖研究型大学，聚集丰厚的资本并催生大批高科技产业集群，直接推动了加州地区经济的迅速、持续发展，也使硅谷成为美国乃至世界的创业中心。

创业企业产业集群是指在某一特定区域内，通常以一个主导产业为核心，大量联系密切的创业企业以及相关支持机构在物理空间上的集聚，并形成强劲、持续的竞争优势的现象。美国的创业资本市场也是以产业集群的形式出现，且依托研究型大学的科研和人才支持，吸引大量创业投资者的参与和支持，形成有效的创业支撑环境。创业产业集群现象不仅加剧了集群内企业的竞争，刺激创新的持续产生，还有利于集群内企业、大学和其他机构的合作，促进资源共享和交流。

集群化发展还提高了创业孵化的效率和成长的速度。创业者围绕大学这个知识和技术创新的发源地建立资本支持环境，将一个创意理念或创新技术完善为一份成熟的创业计划，再将其展现于投资者面前，经过快速全面的市场评估，相应的创业公司马上即可落地营业。基于大学的区域创业圈，为创业发展提供高效的创业理念、人才、技能和资本市场，予以大学生创业直接的驱动和支持。

7.3.2.2 政府引导资金流动

在学生创业资金的外部支持体系中，政府起了重要引导和协调作用。美国政府较少参与创业融资的直接资助，而是利用创业高风险、高回报的特点，设立创业投资引导基金项目，通过调节潜在投资者的收益比来引导社会投资；同时致力于改善创业融资的外部环境，出台保障政策。政府的引导作用既有力激发了社会参与创业投资的积极性，又保证了创业投资机构独立灵活的运行机制，实现政府与市场的有效结合。

一方面，政府通过制定法律和政策调控创业资本市场的发展，拓宽大学生创业的社会融资渠道，旨在通过加速创业和扶持创业企业的发展，促进经济增长、创造就业机会。以《小企业法》为核心的法规系统，给创业者以合法的资格和相关的政策支持，以政策法规手段推动创业。此外，政府通过出台贷款资助或税收减免政策，保障社会机构的利益，为其进行创业资助并获得回报铺平道路。经过几十年的探索发展，美国政府在支持创业和创业投资方面已形成成熟的模式，为全民创业和经济可持续发展创造了良好的融资环境。

另一方面，积极引导社会资本支持创业。由小企业管理局主导的小企业投资公司是美国创业企业的重要融资来源。例如，以技术开发为主的科技创业企业，在早期孵化阶段主要依托大学、研究机构或大企业的支持，在后续成长阶段则通过风险投资等社会融资途径寻找资金来源，小企业投资公司为创业企业和社会投资机构搭建桥梁，促进创业企业创新和发展。此外，美国政府通过以项目承包为核心的采购政策，解决创业企业的市场切入问题；通过提供各种贷款项目，解决创业启动资金和流动资金的短缺问题。美国的风险投资最初由政府主导，目前已经转变为由民间主导，政府逐步减少对创业企业融资的直接干预，充分发挥市场的作用。

7.3.2.3 多元多级融资渠道

美国政府、社会和高校协作，为大学生创业提供多元的资金渠道，面向创业过程的各个阶段。全方位的资金保障，有利于激发学生创业的动机；细化的阶段针对性资金和指导支持，也有助于加强创业项目的市场适应性和存活率。

针对创业的各个阶段，美国社会形成了针对性的资金项目。其一，天使投资对大学生的创业理念和创业计划进行评估和孵化，提供创业启动资金支持，帮助大学生迈出创办企业的第一步；其二，美国的科尔曼基金会和卡夫曼基金会，为高校创业教育提供资金支持，帮助建设创业课程、组织创业活动，培养大学生的创业知识和技能，为创业前期的创意理念形成和创业人才培养作出贡献；其三，风险投资针对初创期和扩张期的创业企业，予以持续、长期的资金支持，助力大学生创业企业的不断成长。

此外，创新型的融资途径，如众筹、民间借贷和公益投资等，为美国创业者提供更多元、更灵活的融资途径选择。切合创业行业、企业和创业者的实际情况，选择最高效、最便捷的融资途径，为创业融资市场增添活力的同时，也帮助营造创业文化，树立创业意识和动机，吸引更多人参与创业、支持创业。

7.4 美国大学生创业的文化环境

创业文化是创业者在失败和成功的过程中积累起来的经验文化，是高校创业教育的基础，也是大学生产生创业动机和行动的驱动力。创业文化环境建设有利于培养大学生创业意识、创业能力、创业知识和创业行为，促进高校创业教育的开展。同时，创业文化对于建设校园的创业制度、开展创业活动、制订创新策略和营造校园文化等方面也起到了重要的引领作用。创业文化凭借鼓励创新、激励创业、敢于冒险、包容失败和坚持不懈的特征，加以对团队合作精神和社会责任感的培养，帮助学生提高创业素质，促进创业成功。

对于大学生而言，创业文化有助于强化创业意愿、培养创业素质、促进创业行为。研究显示，文化环境能够帮助个体形成对职业生涯选择的感知[167]，创业文化可以激发大学生创业的兴趣和决定，让更多人了解创业、认同创业，继而产生学习创业知识、培养创业能力的动力。

对于高校而言，创业文化是支持创业教育、普及创业活动的重要推动力。校园创业文化的形成，可以通过价值观引导、物质引导、行为引导和制度引导四方面支持创业教育的开展，培养学生的创业意识，提高创业活动的参与度，加强学生主动学习创业知识和技能的动力，将创新探索、不畏失败打造成校园文化的一部分。

7.4.1 美国大学生创业文化的表现形式

7.4.1.1 美国全民创业文化

(1) 创业节日

创业节日的举办有利于营造面向全社会的创业文化氛围，一方面借此表彰杰出的创业者和创业项目，激发持续的创业动力；另一方面可以让更多人了解创业、支持创业，培养大众创业意识，聚集社会创业资源。就美国的创业节日和庆典而言，不仅有政府推动的国家创业日，也有具备国际影响力的全球创业周，还有针对特殊领域和人群的社会创业节和女性创业日等，形成了全面、包容的创业氛围。

第一，国家创业日。

从政府层面看，小企业管理局（SBA）和奥巴马政府是加强营造创业文化、积极举办国家创业日活动的主要推动者。2009年5月17—23日，美国政府首次开展全国小企业周活动，以弘扬创业精神，促进美国创业者和小企业的发展，从而创造就业、推动创新和促进生产力发展[168]。在活动期间，SBA为作出杰出贡献的小企业创业者、金融机构等颁发荣誉和奖项，表彰其为社会带来的积极改变。

奥巴马政府将创新作为国家战略，将创业视为经济复苏的主要动力，积极推动创业节日的举办，激发全民创业的热情。2010年11月，美国首次举办"国家创业日"活动，借此重申美国政府支持创业以推动国家经济发展的承诺。2012年，奥巴马宣布11月为"国家创业月"，11月16日为"国家创业日"[169]，支持者们倡议能够立法将每年11月的第三个星期二设为法定"国家创业日"。2016年11月，奥巴马政府再次举办"国家创业月"活动，强调政府对于创业的支持政策，包括提供贷款担保、降低贷款费用、简化申请程序、开放二级市场等。美国国家层面的创业节日活动强调了创业对国家、区域和个体发展的重要地位和作用，鼓励全民对创业精神的理解、认同和赞赏，培养人们的创业意识和支持创业的价值观。

第二，全球创业周。

全球创业周是世界范围内最大的创业者庆典活动，由美国、英国等发达国家共同发起，是美国重要的创业活动之一。自2008年起，在每年11月的一个星期都会通过当地、全国及全球活动，为数百万年轻人搭建创新网络，激发创业潜能。参与者包括创业者、学生、教育者、企业、非营利组织和政府机构等，积极发动社会各界力量，推动创业事业发展，培养下一代的创新力、想象力和创造力。至今为止，全球创业周活动已在157个国家开展，美国作为主要参与者，50个州超过2000个组织积极举办了4502项创业活动，共吸引了76.89万人参加[170]，影响范围甚广，在美国建立起浓厚的创业文化，让更多人了解创业、支持创业并开始创业。全球创业周活动为美国创业者和创业支持者搭建了国际交流合作的平台，表彰成功的创业者和创业生态环境建设典范，提高个人、城市和国家对创业的关注度和重视度，把握全球发展趋势并产生国际影响。

第三，国际社会创业节。

国际社会创业节是面向美国大学生群体的国际性创业活动，聚焦社会创业领域，打造创业文化的同时强调社会责任、社会贡献的价值取向。该活动旨在为世界各地的大学生提供社会创业的实践机会和技能训练，以指导和实践为导向，通过与非营利机构和企业的合作，为学生创业者提供从事和管理社会创业企业的加速器项目。国际社会创业节由俄罗斯圣彼得堡的国立信息技术、机械与光学大学和美国的加州大学洛杉矶分校联合组织，自2015年起已成功举办三届，共吸引了美国、中国、俄罗斯等国家和地区34个团队参与[171]。

国际社会创业节主要以比赛和培训的形式进行。全球范围内的参与院校开始组织推选参加国际社会创业节的比赛项目，最终于12月进行集中展示和评比。参选项目以社会问题为导向，以解决方法和经济回报为目的，通过团队合作策划出社会创业的商业计划和早期成果。此外，创业节主办方为参赛项目提供相关指导和培训服务，包括创业导师和讲座等。

第四，女性创业日。

女性创业日是受联合国资助，旨在关注、讨论并庆祝女性创业者的年度性活动。2014年11月19日，联合国在美国纽约举办了首届女性创业日活动，并受到全球144个国家的积极响应。据统计，美国的财富500强企业中，由女性创办的企业所占比例仅有4.2%[172]。该活动为全球的女性创业者搭建了沟通网络并提供支持，在各个领域设立女性创业先锋奖，鼓励女性创业。为了培养女性创业的意识，尤其是鼓励并支持受过高等教育的女大学生创业，许多院校相继推出了学生大使项目，例如，美国的百森学院、哈佛商学院等38所院校均已加入学生大使网络，为女大学生提供创业咨询和相应指导，培育大学的女性创业文化。此外，自2011年起，为搭建女性创业者的交流平台，纽约大学已连续举办了超过五届女性创业节活动，旨在分享、学习、支持和启发女性创业，帮助其解决困难并激发创业的持续动力。

（2）创业活动

美国全国性的创业活动以会议、庆典和平台等形式为创业者和创业支持者提供沟通协作的机会。创业周末和"一百万杯"活动是在美国影响范围较广、影响力较大，以助力创业者和创业企业成长为目标的创业活动，以便捷、高效的形式为创业者提供创业指导和支持，营造合作共赢的创业文化。

第一，创业周末。

创业周末活动是全球性的创业教育活动，旨在构建创业社区，帮助、训练和培育更多的未来领袖，点燃创业激情，绘制世界创业者生态系统蓝图。创业周末以短短54小时的时间，为创业者提供创业指导和专业支持，快速构建创业理念，研发可行的商业模式，并寻找创业伙伴和投资者。在短时间内帮助创业者成长，并为其连接合适的交际网络和创业资源。创业周末秉承"连接、探索、学习、启动"的理念，予以创业人才全面、高效的指导。

创业周末项目自 2007 年创办，至今已遍及 163 个国家，共举办了 2900 多次活动，帮助了 2.3 万个创业团队，吸引了 19.3 万名当地的活动参与者或校友成员[173]。创业周末活动一般有 60~120 人参加，除了被称为"周末战士"的创业者，也邀请创业讲座演讲者、导师、评委等，以三天的时间进行创业概念展示、团队组建、互相学习和团队工作，并最终进行成果展示和评选。此外，创业周末活动还与全球创业周项目达成合作伙伴关系，于 2011 年起启动"全球创业战斗"大赛，汇聚各国在创业周末活动中表现突出的创业项目和团队，进行全球交流和竞争。参赛队伍通过 Facebook 进行公开投票，最后 15 强进入评委环节，决出胜利队伍。2016 年大赛更名为"全球创业周末"[174]，用以庆祝和表彰创业团队，宣扬创业精神。

创业周末活动为参与者提供了前所未有的交流机会和平台，以短短一个周末的时间，集结当地创业资源，营造舒适的环境，产生创业火花和灵感，帮助创业者拓展交际、组建团队、学习经验，最终完成从创业理念到成立创业公司的进步。创业周末以有趣的形式，吸引更多人群参与创业活动，有效推进了创业教育、创业社交网络、创业知识和技能的普及和拓展。

第二，"一百万杯"活动。

"一百万杯"活动是由卡夫曼基金会主办，在全美范围内每周举办的免费创业教育、创业参与和创业对接活动，旨在通过一百万杯咖啡构建创业者网络，共同寻找创业问题的解决方案。"一百万杯"活动为创业者和对创业有兴趣的人提供了参与式、体验式的创业学习机会，自 2012 年在堪萨斯城举办了首次"一百万杯"活动，至 2016 年 10 月已推广到全美 35 个州的 100 个社区，每周活动的参加人数超过 2500 人[175]。活动的组织模式如下：

①创业早期项目展示。每周三早晨，由 1~2 个创业者向参与活动的同伴、导师、教育者和咨询师展示处于早期阶段的创业项目。

②创业技能培训。在活动现场，组织者还将准备卡夫曼创业者学校的"强有力的演讲"系列课程，进行演讲技能培训，提供公开呈现创业理念、产品或服务的技巧和方法。

③现场互动参与。每位参与展示的创业者用 6 分钟时间推介自己团队的创业项目，并在接下来的 20 分钟内与现场参与者进行问答互动。

④提出反馈意见。活动结束时，通过听众调研，为参与展示的创业项目提供

来自同伴、导师及组织者的反馈意见。

⑤创业大赛。通过每周各地区组织的活动，推选杰出创业项目参与全国性的创业比赛，获胜者将获得2.5万美元的现金奖励以及参与全年各类创业大会的经费支持。

通过卡夫曼基金会的"一百万杯"活动，为创业者提供了支持性、中立性的平台，促进创业项目之间公开、诚信的讨论和交流，共同探讨应对挑战的方法，建立了合作共赢、开放包容的创业文化。

7.4.1.2 美国校园创业文化

在大学校园中，创业文化是继科学文化和工程文化之后兴起的第三种文化[176]。美国高校通过观念、制度和活动等形式建设校园创业文化，鼓励知识创业的开展，培养学生创新精神。美国高校校园的创业文化可以从创业机构和课程的设置、创业大赛的开展和创业校友榜样三方面体现。

(1) 制度文化：机构和课程

美国高校通过建立创业中心、设置创业课程项目，为全校学生提供创业教育，形成点滴渗透的创业制度文化。自1947年哈佛商学院开办了第一门创业课程，美国高校的创业教育完成了从起步到成熟、从商学院聚焦模式拓展到全校性创业教育的发展。据不完全统计，截至2016年，美国共有178所高校设立了创业学本科主修专业，36所开设了创业学博士学位。根据全球创业中心联盟的成员统计，全美至今已有186个学校设置了创业中心[177]，为学生提供创业咨询、创业培训、创业论坛、商业计划书指导和创业孵化等服务。通过建立实施创业教育的专门机构，设立创业主修专业等课程制度和培养方案，有利于规模化、专业化培养创业人才，同时增强创业教育教师的专业素养，予以有效的创业指导，鼓励学生参与创业。

高校的创业教育项目为学生提供创业基础课程，培养创新意识，提供优秀的创业企业家或校友导师，并搭建平台聚集有创业意愿的学生，组建创业团队。通过制定系统化的创业制度，培养专业化的创业人才，从事创业教育研究，积极营造创业氛围，并借助创业中心的设立向全校学生辐射创业文化，强化创业意识，聚集创业资源，发挥群体带动作用。

(2) 行为文化：创业计划大赛

丰富多彩的创业活动也是美国高校创业教育的重要组成，有助于营造积极竞争、团队协作、探索创新的创业文化，其中具有代表性的是商业计划大赛，发挥了创业指导和目标激励的作用。创业计划大赛为学生提供了创业实践的机会，也为表现突出的团队提供资金支持，激发大学生创业意识和动力。1984年，美国百森学院和得克萨斯大学举办了首届大学生创业计划竞赛，鼓励大学生运用所学的知识在感兴趣的领域策划出具有市场前景的产品或服务，并以可行性的商业计划报告形式呈现，向投资者展示，取得融资并创办企业。此后，麻省理工学院、斯坦福大学等许多大学开始相继举办商业竞赛，并逐渐形成每年一次的制度，促进了大学生创业意识的培养并提供创业实践的机会。

美国大学创业计划大赛至今具有30余年的历史，致力于培养学生的创新精神和创业能力，为学生创业者提供了重要的启动资金和创业资源。美国创业计划大赛的发展主要呈现三大特点。

第一，创业大赛的数量快速增长，尤其是近十年。卡夫曼基金会在2006年统计了美国创业计划大赛数量约为353项，这个数字至2010年已经翻倍。据全球创业网络的创业比赛平台统计，美国等地区的创业大赛项目数量已达804个[178]，聚焦于互联网、生命科学、社会创业、能源等领域。

第二，参加创业大赛的创业项目显示出高存活率。起初参与大学生创业计划大赛的项目大多建立于某个创业概念，作为学生专业知识的拓展训练，以创业假设的形式出现，少有实践成功案例[179]。而今的创业计划大赛则成为大学生的创业孵化器，通过比赛为创业项目的落地提供资金奖励，并帮助对接投资机构，提供企业创办流程服务等。

第三，创业大赛平台项目的建立，方便学生寻找并参与合适的比赛项目。例如，创业计划大赛检索平台的产生，向创业者提供了美国50个州的260项创业计划大赛项目信息，并提供有关创业计划的指导资料，帮助学生和大赛组织进行对接。

以创业大赛为典型代表的美国大学生创业活动，有助于营造积极参与、竞争合作的创业文化，激发大学生创业意识和意愿，培养创业素质和能力，并为创业行为提供指导和支持。

(3) 榜样文化：创业校友

美国高校创业文化的形成还得益于成功创业家校友的榜样作用，创业榜样能够影响创业者的决策过程，提高大学生创业意愿。榜样指的是个体从他人身上识别的角色概念和倾向特征，并与自身的认知技能和行为模式进行心理匹配[180]。简言之，人们从榜样身上发现类似的特质、行为或目标，受其吸引并向其学习。校友创业成功案例有助于培养学生创业精神，营造乐于学习和分享的创业榜样文化。校友的创业经验能够为学生提供有迹可循的创业路径，邀请校友返校进行经验分享和创业指导，能够提升大学生创业的积极性和促进创业行动的有效开展。有研究显示，美国13~17岁的青少年中有87%表示具有创业兴趣，但对创业感兴趣不意味着会从事创业，其中47%的学生表示还需具备足够的创业知识，有20%认为要获得创业资金，另有10%表示需在生活中结识有成功创业经验的人，才会着手开展创业活动。因此，邀请校友与学生进行面对面的交流，不仅能为大学生提供创业知识指导，也能够成为他们在生活中的创业榜样，有效促进青年人的创业意愿和创业行动。

校友榜样文化的具体表现形式主要包括创业演讲、创业基金和创业导师等。

第一，开展创业演讲。成功企业家校友经常是美国大学毕业典礼或创业活动的特邀嘉宾之一，结合自身经验为在校学生传递创业精神、激发创业灵感、明确努力方向。例如，2013年斯坦福大学的毕业典礼邀请了苹果公司创始人乔布斯发表演讲，分享个人的领悟和收获。演讲的主要观点包括相信生活的点滴终会连接；寻找并忠于自己喜爱的事物，从不言弃；直面生命的终点是死亡的事实，予以自己听从内心的勇气；保持饥饿，保持愚钝的心态[181]。乔布斯的发言予以全校师生对学习生活和事业发展深层次的启发，传递了自信乐观、奋勇拼搏的创业精神。此外，哈佛大学也曾多次邀请创业家校友予以毕业典礼的演讲，如脸书的创始人扎克伯格、彭博新闻社创始人布隆伯格、微软创始人比尔·盖茨等，为下一代学子予以启迪，同时宣扬了学校的创业传统。

第二，设立创业基金。校友基金是大学生创业启动资金的来源之一，校友企业家对大学生创业遇到的难题具有切身体会，设立创业基金是传授成功经验、回馈母校的有效途径，也为校园创业文化增添了奉献和互助精神。例如，普林斯顿大学的成功创业家校友创办了校友创业基金以"普林斯顿的创业路径"为主旨，着重于普林斯顿大学重点学科，即人文学科的创业教育和学生创业项目提供支持，培养学生的创造力、创新力和创业实践能力[182]。成功创业家校友不仅为在校学生提供了资金支持，还创造了分享经验的机会，成为大学创业教育的重要组成部分。

第三，担当创业导师。为促进高校创业教育，校友是具备高获得性、高价值的创业导师资源之一。例如，百森学院设立的百森校友支持创业项目，邀请著名的企业家校友回到母校，帮助更多学生开启创业之旅[183]。该项目为处于创业各阶段的学生提供针对性的免费咨询和指导服务，进行战略发展和评估反馈。再如康奈尔大学的创业者网络，为学生和校友搭建沟通桥梁，定期举办碰面活动，针对各类难题予以创业指导[184]。成功校友担任创业导师，为学生提供了与创业榜样面对面接触的机会，深入了解和学习创业经验，获得切实有效的帮助和支持。

7.4.2 美国大学生创业文化的特征

美国文化传统崇尚个性、个人自由和独立，鼓励通过个人奋斗获得经济上的成功，塑造了美国人民敢于挑战、勇于冒险的创业精神，因此整个社会重视和支持创业、宽容失败。创业精神深深扎根于美国文化中，独立、创造力、自信心、独创性、顽强固执、长时间投入和努力，以及创造财富的承诺，都是美国成功创业者的重要特质，他们从失败中总结经验，最终收获成功。而美国大学是培育人才、求知创新的社会组织，美国高校创业文化也受社会创业文化影响，为美国高校创业教育提供有力支撑。

荷兰学者霍夫斯泰德的文化维度理论是用以衡量并对比不同国家的文化差异的框架。他最初在20世纪60年代对IBM公司在40个国家的员工进行文化调研，加上20世纪80年代通过世界价值观调查不断扩大调研范围，在1980年首次提出四大文化维度，分别是权力距离、个人主义、男性主义和不确定性规避。在1991年的再次调研中增加了第五个维度——短期和长期导向；又在2010年再次修改增加第六个维度——自我放纵和约束。调研的国家和地区数量也增加到了93个。根据学者霍夫斯泰德的研究，从美国在文化维度评估下的表现分析美国高校创业文化的特征，其主要表现为独立自主、自由平等、竞争进取、宽容失败和实用主义[185]。

7.4.2.1 独立自主：主动追求创业机会

在霍夫斯泰德的文化维度评价中，美国表现出显著的个人主义价值观，在个人主义价值观的影响下，个人的意愿、选择和奋斗应得到尊重，个人应不受传统束缚，敢于开拓创新。加上美国的"放纵"文化维度倾向，赋予创业者敢于挑战、不畏世俗观念的勇气。独立自主的精神和自由意愿是激发创业行动的驱动力，美国高校学生敢于追求自我的创业选择。美国许多成功创业家，如比尔·盖茨、扎克伯格等，曾在大学学业和创业之间勇敢地选择了后者，并对自己的选择有着坚决的信念和无畏失败的勇气。苹果公司创始人乔布斯在2005年斯坦福大学毕业典礼上劝告学生，"不要轻易被他人的声音影响，成功最重要的事是具有追随自我内心的勇气"[186]。这些主动追求创业的成功案例，在美国个人主义文化下得到了包容和理解，也向美国学生展现了勇敢拼搏的创业热情，树立创业榜样。

美国高校还予以教师创业的机会和权利，鼓励教师主动参与教学、科研外的创业活动，一方面，建立灵活的教师创业休假制度，准许教师保留职位，申请休假从事创业，将科研成果转化生产，催生大量衍生公司；另一方面，建立校外"五分之一"原则，可在一周内任意一天从事咨询服务或参加企业活动。高校尊重教师的创业选择，带动学生的创业积极性，结合理论与实践，同时也助力高校与企业的合作，推动创业教育的开展。

7.4.2.2 自由平等：打造公平的创业和教育环境

美国文化崇尚人人自由而平等，权力距离较小，这可以从社会和政治权利上找到明显依据。正如美国《独立宣言》所言，"所有人生来平等，上帝赋予人们不可剥夺的生命权、自由权和追求幸福的权利"。在美国高校中，自由平等的文化首先体现于以学生为中心的人才培养模式，促进学生的个性发展和创造力提升。例如，斯坦福大学教授奥克森伯格对斯坦福大学的教育评价，"我们有意识地鼓励学生培养创新精神，不为潮流所左右，教师们经常告诫学生要独立思考，敢于向教授提出质疑，并积极赞赏富有挑战精神且积极提问的学生"[187]。此外，美国高校的创业教育从商学院聚焦模式逐步发展为全校模式，为更多学生提供接受创业教育的机会。根据全球创业中心联盟的成员数统计，全美至今已有186个学校设置了创业中心，为全校学生提供创业咨询、创业培训、创业论坛、商业计划书指导和创业孵化等服务。

此外，美国政府和社会予以大学生创业者公平的市场环境，通过小企业管理局的设立，积极出台有关初创企业发展的融资、咨询和技术服务等支持政策，以确保其获得与大企业同样的发展空间，创造平等的竞争机会，激发大学生创业动机。

7.4.2.3 竞争进取：创业竞赛激发热情

高度的个人主义加上较强的男性主义，形成典型的美国行为模式。无论是在学习、工作还是休闲场合，人们秉承追求"努力做到最好"和"胜利者获得一切"的竞争态度。成功和竞争驱动使美国人持有"积极进取"的处世哲学，相信任何事都存在更好的解决方法。这种心态大幅促进了美国人的创业积极性和对创新的不懈追求，不畏惧失败，愿意通过反复尝试取得成功。而社会则应为个体发展创造平等竞争的机会。创造平等的机会并不意味着保证收入平等，而是在机会面前人们通过竞争获得收益[188]。对于创业企业而言，政府和社会出台有关小企业发展的支持政策，以确保其和大企业同样的发展空间，创造平等的竞争机会和市场环境，激励大学生创业的动机。

在美国高校，这种竞争进取的文化氛围体现在各类创业大赛的火热开展中。创业大赛成为美国高校创业教育的重要组成，营造积极竞争、团队协作、探索创新的创业文化，发挥创业指导和目标激励作用。美国高校的创业大赛活动不仅为学生提供了创业实践机会以及经济、法律、财务、管理、市场等指导和咨询服务，而且以良性竞争的模式培养学生创业意识和动力，为高校创业环境建设提供行为文化支持。

7.4.2.4 宽容失败：勇于承担创业风险

风险承担是创业者的重要特质。美国文化表现出相对较弱的不确定性规避，对于创新理念和产品具有一定的接受能力，乐于尝试新鲜或异类的事物，如科技产品、商业模式等；愿意接受和理解不同的意见和想法，并予以包容。这种对未知的坦然接受心态和对创新的探索挑战精神，正是美国创业精神的体现，促进放弃稳定工作保障，承担自我雇佣风险的创业行为。

美国短期导向的价值取向也有助于形成宽容失败的文化氛围，创业者只要能够抓住机遇获得成功，无论过去失败几次，都能得到社会的认可。在《创业晴雨表》调查中，美国创业者显示出对待失败的积极态度，43%的美国创业者将失败视为学习的机会，只有7%的受访者将其视为事业失败[189]。美国高校也倡导宽容失败的文化氛围。斯坦福大学计算机科学系米勒教授将斯坦福的创业文化总结为，"我们教育学生，失败是正常的，我们宽容失败，鼓励学生敢于尝试，保持开放的心态"[190]。在硅谷，没有人以失败的次数判断创业者的能力，风险投资者也不会因为曾经的失败而拒绝投资，他们着眼于当下的成就和财富创造，以"现在正在做什么"来衡量创业者，而非"过去做过什么"[191]。有研究显示，曾经失败多次的创业者比初次创业者更容易取得成功。这种从失败中学习、宽容失败的文化，为下一代创业者塑造了敢于尝试、承担风险的创业精神，成为大学生创业行为的重要驱动和保障。

7.4.2.5 实用主义：多方参与支持创业

美国文化显示出短期目标导向，体现了实用主义思维和行动模式。美国的文化较为讲究实际，相比长远的利益，其更着重考虑眼前的利益，以及那些切实存在并能以金钱估价的东西。19世纪末，实用主义在美国成为重要的哲学流派，体现了积极奋斗、注重实效的精神。在实用主义的影响下，美国高等教育与社会建立密切联系，实现大学社会服务功能的拓展。大学与社会的联系是大学创业教育产生和发展的重要影响因素，为高校培育适应社会需求的创业人才提供外部驱动，也为社会协作参与高校创业教育打下基础。美国高校与所在区域的社会组织机构建立合作，整合共享创业资源，形成集群式的创业协同体，如硅谷、128号公路、研究三角园区等。

美国高校创业文化的形成还得益于成功创业家校友的榜样作用。创业校友是高校可获取的最直接、最有效的创业教育资源。校友的创业经验能够为学生提供值得参考的创业路径；邀请校友返校进行经验分享和创业指导，设立校友基金，能够提升大学生创业的积极性并促进创业活动的有效开展。

7.5 美国大学生创业支撑环境的启发与借鉴

美国创业型人才的培养和创业经济的蓬勃发展，离不开政府、高校和社会的协作支持，不仅具备成熟的高校创业教育组织模式和课程体系，也形成了助推大学生创业的外部支撑体系，为我国高校创业教育发展提供了经验借鉴。

7.5.1 政府发挥协调作用，促进各类资本流动

在科技发展和全球化背景下，为应对知识经济的挑战，美国政府将创业视为推动经济发展的重要引擎，从国家创新战略和小企业发展政策两个维度出台有关大学生创业的支持政策。联邦政府通过出台知识产权保护和技术转移法案，为知识创业提供制度保障；设立专门管理机构，从资金、渠道、咨询和教育等方面为创业提供全方面支持。州、地方政府则在联邦政府的战略领导下，出台税收减免等专项政策，并建立创业服务机构和合作平台，打造区域创业环境。

在促进大学生创业的外部支撑体系中，政府发挥了引领、协调的功能，包括人力资源、知识技术和金融资本的调动和整合。其一，设立科研基金并加强技术转移，支持大学等科研机构的技术创新和市场化，强化大学的社会服务功能和互动意愿，并输出具备创新力的高水平人才，为产业发展和经济进步提供创新动力。其二，设立调动社会资金的金融政策，鼓励金融机构、投资机构和社会群体

对大学创业者提供持续的资金支持。其三，建立高校与社会的联系网络，通过设置小企业发展中心等专门机构，形成资源对接平台，为大学生提供企业家导师、金融咨询和技术指导等服务。

政府创业支持政策的出台，以促进创业型经济发展为契机，加强了高校和社会的合作动机。高校为培养切合市场需求的创业人才，寻求社会的实践指导和资金支持；社会为增强产业竞争力，寻求高校的创新智库和专业人才资源。政府为两者的合作牵线搭桥，出台保障和激励政策，形成了可持续的创业发展协作机制。

7.5.2 社会完善融资渠道，形成区域创新合力

社会参与是推动美国大学生创业可持续发展的发动机，是高校创业教育的有力支撑。联邦和州、地方政府的法律制定和政策调控，促进美国社会资本市场的全面多元发展，调动金融机构、投资机构、非营利组织和个人群体等多方资源，为大学生创业的各个阶段提供支持，表现出区域性的创业集群现象。大学生创业投资的高回报率和政府优惠政策，是美国社会资本积极参与大学生创业资金支持的重要动力。

美国大学生创业项目能够吸引社会资本的投资的原因有三：其一，大学生具备专业的知识技术和创新精神，为创业的持续发展提供了知识资本和人力资本保障；其二，大学生创业企业大多是处于种子期或初创期的小型企业，以所需投资成本相对较小，后期发展空间较大，获得回报的潜力较强；其三，政府出台税收减免等优惠政策，加上创业环境的不断改善，促进社会资本关注大学生创业群体，主动靠近，寻求合作。美国创业资本市场呈现出区域集群特点，以研究型高校的创新型知识和人才为依托，建设具备创业活力的区域协作环境，吸引了各类社会资本的加入和合作。集群化发展有助于提高大学生创业的孵化和成长速度，快速对接融资市场，并为大学生搭建了与企业家、投资者和消费者的沟通平台，提供创业指导、市场定位和合作伙伴等有利条件。

7.5.3 服务机构专业发展，搭建资源沟通桥梁

专业化的创业服务机构为美国大学生创业孵化和加速成长提供了针对性的支持，是连接高校内外部创业资源的桥梁。针对不同阶段和领域的创业项目，美国政府、社会和高校联合打造了互相衔接、各有侧重的专业化社会服务体系，不仅为大学生创业提供了专门的基础设施和物理空间，还提供了政策咨询、专家导

师、融资渠道和交流合作的服务平台，降低创业成本和风险，实现创业人才和企业的双重孵化。

在传统孵化器的基础上，美国出现了加速器、科技孵化器、虚拟孵化器等专业化、细分化、网络化的服务模型，其主导机构包括社会私立机构、大学、政府和非营利组织等，为创业者提供创业资本、管理技能、设备共享和专家指导网络等支持服务。创业者通过入驻创业孵化机构，最终获得产品的商业化和市场化发展，收获经济收益以及可持续发展的公司，同时创造了就业岗位，促进经济发展、产业竞争和社会创新，加强区域和国际联系。

创业孵化服务机构的设置，主要从三方面促进了高校创业教育的开展：其一，拉近大学和产业界的距离，切合两者需求进行资源对接；其二，为大学生搭建与成功创业家和投资人的沟通平台，提高创业资金、导师和咨询服务的可获得性，加强高校创业教育的实践性和有效性；其三，为大学生创业者提供交流创意、结识伙伴、解决问题的场地和资源，培养大学生的创业意识、合作精神和探索精神。

7.5.4 建设创业友好文化，推动创业持续发展

创业文化是高校创业教育外部支撑体系中的环境保障和内在动力。在移民文化和清教文化的历史背景下，创业文化是扎根于美国社会的基因。高校创业文化建设与国家和区域文化息息相关，为创业意识的培养、创业知识和技能的学习以及创业活动的开展提供保障和支持。

美国高校创业文化表现出自由平等、独立自主、竞争进取、宽容失败和实用主义特点，建立了公平竞争的创业和教育环境，激发学生主动追求创业机会的动力和热情，形成不畏失败、勇往直前的开拓精神，并打造多方参与的支持网络。高校创业文化的建设从制度文化、行为文化和榜样文化三方面得以体现，例如，建立全面的创业教育课程体制，开展创业大赛等活动，邀请成功校友企业家分享经验并提供指导等，为学生提供近在身边的创业资源和环境。

美国高校创业文化的形成还受到全民创业和区域创业文化的影响，包括政府主导的创业节庆、开放包容的创业氛围和全民参与的创业活动等。高校与政府、社会机构建立合作，共享创业资源，形成区域创业文化体系，有利于集结创业教育资源，加速创业人才和企业的发展进而提升区域竞争力。

8

我国高校"众创空间"支撑环境现状及建设中存在的问题

8.1 我国高校"众创空间"支撑环境现状

我国高校创业教育在政府大力的支持和推动下,从早期的竞赛化向人才培养的教育功能转变,从零散化和偶然性向制度化与战略化转变,从面向商学院精英学生向全校学生的分层分类体系转变[192]。我国高校"众创空间"支撑环境关键要素主要包括四大方面:出台创业教育政策,明确战略发展目标;打造创业实践平台,集聚资源提供服务;拓宽社会多元渠道,提供创业资金支持;促进各方联动合作,形成协同育人机制。

8.1.1 出台创业教育政策,明确战略发展目标

创业教育政策的出台是推动我国创业教育发展的强大动力。自1998年教育部在《面向21世纪教育振兴行动计划》中首次提出"创业教育"概念,我国创业教育经历了高校自由探索、加强创业优惠政策和全面改进创业环境三个阶段[193]。2015年国务院办公厅出台的《关于深化高等学校创新创业教育改革的实施意见》,明确了我国创业教育的总体目标,"2015年起全面深化高校创新创业教育改革。2017年取得重要进展,形成科学先进、广泛认同、具有中国特色的创新创业教育理念,形成一批可复制可推广的制度成果,普及创新创业教育,实现新一轮大学生创业引领计划预期目标。到2020年建立健全课堂教学、自主学习、结合实践、指导帮扶、文化引领融为一体的高校创新创业教育体系,人才培养质量显著提升,学生的创新精神、创业意识和创新创业能力明显增强,投身创

业实践的学生显著增加"。截至2016年,据不完全统计,我国中央各部委出台的与创新创业教育相关的政策、法律、法规或实施意见共169份,且从2009年开始快速增长,体现了政府对高校创业教育重视程度的不断增加。

8.1.2 打造创业实践平台,集聚资源提供服务

大学生创业实习或孵化基地是高等学校开展创新创业教育、促进学生自主创业的重要实践平台,主要任务是整合各方优势资源,开展创业指导和培训,接纳大学生实习实训,提供创业项目孵化的软硬件支持。各地充分利用各种资源建设大学科技园、大学生创业园、创业孵化基地和小微企业创业基地,以作为创业教育实践平台;各地区、各高校科技创新资源向全体学生开放,纳入各类研究基地、重点实验室、科技园评估标准;完善国家、地方、高校三级创新创业实训教学体系,深入实施大学生创新创业训练计划,扩大覆盖面。

根据教育部统计,2015年我国高校设立的创业基地数量比前一年增加18%,场地面积增加近20%[194]。科技企业孵化器发展规模也在近十年迅速增长,至2015年已接近3000家、"众创空间"2300多家,呈现区域分布特色,主要集中于东南部沿海区域。另外,创新型孵化器崭露头角,形成多元发展模式,如加速器、联合办公空间、平台型企业孵化器、创业咖啡、创业媒体、创业社区等孵化形态,共同构成市场化、专业化、集成化、网络化的"众创空间"。

8.1.3 拓宽社会多元渠道,提供创业资金支持

各地区有关部门通过整合发展财政和社会资金,支持高校学生创新创业活动。各高校通过优化经费支出结构,多渠道统筹安排资金,支持创新创业教育教学,资助学生创新创业项目。中国教育发展基金会设立大学生创新创业教育奖励基金,以奖励对创新创业教育作出贡献的单位。此外,鼓励社会组织、公益团体、企事业单位和个人设立大学生创业风险基金,以多种形式向自主创业大学生提供资金支持,提高扶持资金使用效益。

在创业贷款方面,国家各级政府不断出台优惠政策,放宽大学生创业注册资金要求,提供小额贷款优惠政策,并减免创业相关税款的缴纳。在创业基金方面,由政府、高校和企业联合提供全国大学生创业基金,以股权和债券的形式进行资助,并提供创业服务和后期跟踪扶持。在社会投资方面,天使投资和风险投资规模均达到历史顶峰,以互联网创业为典型代表,逐渐向创业早期靠拢,主动

接触创业者。此外，众筹等创新融资渠道得以萌芽和发展，拓宽大学生创业资金来源。

8.1.4 促进各方联动合作，形成协同育人机制

鼓励高校整合校外资源，与地方政府、社会机构、企业等建立合作伙伴关系，联合开发创业培训项目。社会各行业协会针对区域需求、行业发展，发布创业项目指南，引导大学生识别创业机会、捕捉创业商机；学校通过加强校企合作，利用丰富的校友资源，鼓励、带领学生创新创业。培养大学生成为万众创新的中流砥柱，需要政府层面、社会层面以及学校层面多方举措、多管齐下、形成合力。

企业参与高校创业教育，不仅能提供大学生创业的资金支持，还能提供创业导师、实训机会等，为大学生打造实践平台，提供市场行业动态，促进创业项目孵化。一方面，教育部与多家企业形成合作伙伴关系，为高校提供与企业合作的机会。另一方面，企业与高校形成中长期合作计划，以创办创业学院等形式，持续提供资金、导师、平台等支持。此外，为加大创业教育的校企合作效率和效力，2015年出现了促进高校与企业合作的平台化项目，成为两者间沟通的桥梁。

8.2 我国高校"众创空间"支撑环境建设中存在的问题

通过对国内外学者创业环境的研究结果分析不难发现，由于不同学者的研究习惯不同和国内外差异因素的存在，不同学者在对创业环境的构成要素进行分类分析时，存在很多细节上的差异。但从整体上来讲，构成创业环境关键要素有四部分，分别是物质资源平台建设、公共政策保障制度、创业教育提供的智力资源，以及创业文化观念和氛围。下文结合我国高校"众创空间"发展的现实环境，分析其支撑环境存在的问题。

8.2.1 资源供给不丰富

创业资源是指创业主体在创业初期所能利用和投入的各种资源的总和，包括有形资源和无形资源。依据资源基础理论，资源是一个企业生存与发展的重要基础，同时也是将创业机会转化成创业实践的过程中所必需的要素。在创业初期，

拥有一定资源是创业的前提条件，创业者所能掌握的创业资源是构建自身竞争优势和获取更多资源的能力。创业的过程就是不断投入资源，产出为市场所接受的产品和服务的过程，所以创业主体需要确定、筹集和配置资源。与全球相比，中国的总体创业环境还低于世界平均水平，但创业环境中的某些要素也达到了一定水平，如基础设施和进入壁垒都有利于创业。新建企业可以在很短时间内得到相应的基础设施服务，且能够支付相应的费用。但与国际先进水平相比，我国依然较为落后，因此，进一步加强我国有形基础设施的建设对于提升创业环境仍旧十分重要。

在创业活动金融支持方面，我国在总量上排名第二，但主要来源是私人资本，包括创业者自有资金、朋友投资、私人股权投资等，几乎没有创业资本。资金短缺是制约大学生创业的一大因素。2015 年，人社部劳动科学研究所在安徽、江西、山东等 7 个省的 20 个市进行 4500 份问卷调研、深度访谈和实地考察，发布《中国青年创业现状报告》，研究发现创业资金问题是 18~35 岁青年创业者的普遍性短板，64.2% 的受访者认为缺乏足够的资金是创业过程中的主要困难。根据《2015 年中国大学生就业报告》显示，2014 届本科毕业生自主创业的资金主要依靠父母、亲友投资或借贷和个人积蓄（本科 80%，高职高专 78%），而来自政府资助（本科、高职高专均为 2%）、商业性风险投资（本科 2%，高职高专 1%）的比例均较低。大学生创业者所选择的融资渠道主要为亲友等熟人筹资，然而家庭出资在融资规模上有很大的局限性，且风险较大。

创业活动的成功开展需要强大的资金支持。因此，从某种程度上来说，资金的实力决定了企业的发展。要想不断优化融资环境，政府就必须制定相关的政策法规对融资市场进行约束和规范，并努力为创业者提供一个良好的融资环境。具体而言，融资环境主要包括风险投资的发展情况、投资主体的多元化程度、担保体系的建设情况以及金融机构对大学生创业提供的政策四个方面。

由于缺乏融资经验和相关指导，大学生对于创业融资认识较为片面，难以正确预期和定位各融资渠道的标准和风险，导致其尝试各类融资渠道的意愿薄弱。主要原因在于大学生对创业融资的知识了解少，缺乏实践经验和社交技能，信息资源、人力资源和财务资源相对缺乏，因此缺乏对于创业融资的意识。社会融资又受到条件、手续及成本等诸多限制。银行借贷的担保条件较为苛刻，对于创业起步的大学生而言难以达到其要求；天使投资和风险投资的门槛较高，对于项目行业领域和收益回报要求较大，而大学生创业的收益通常偏低，导致青年创业者不愿意寻找这些融资渠道。

当前，制约我国高校"众创空间"快速发展的重要因素是创业资源供给不足。其中，资金不足是创业资源供给不足的最直接因素。融资难等问题始终困扰着大学重创业者。因为企业融资需要资产担保，而刚刚创建不久的企业因为资产少、缺少人脉的状况，致使担保极难，造成了融资困难的结果。而各地的小企业贷款担保公司和银行推出的小额贷款业务，很难满足大学生的融资需求，而且申请过程极为烦琐。因此说，融资难是制约我国高校"众创空间"生存和发展的根本问题。

8.2.2 缺乏公共保障

"众创空间"支撑环境的公共保障因素是指由政府参与出台的国家一系列政策和法规来支持"众创空间"发展实践。这一环境构成要素既是影响"众创空间"生存和发展的决定性因素和前提性条件，也是规范"众创空间"经营活动的重要行为准则。随着我国市场经济的高速发展，如要实现高校"众创空间"的长远平稳的发展，政府就必须发挥宏观调控的职能，通过制定和出台相应的法律法规和政策来为创业者，尤其是大学生创业者营造良好的创业环境，以此来鼓励更多的大学生从事创业活动，形成良好的创业文化风气。具体而言，政府对创业环境产生影响的因素主要有以下三点：一是行政办公效率的高低；二是国家能否提供大学生创业的优惠或奖励政策；三是创业政策的完善程度。对大学生来说，创业政策是否完善对大学生的创业前景有着很大的影响，完善的政策环境可以给高校"众创空间"营造一个良好的发展环境。

我国现行的企业注册登记与审批制度，不利于开展创业活动。从世界范围来看，很多国家在企业准入制度上实行的是非登记制度。欧洲作为最早实施非登记制度的地区，其非登记制度下的企业占到企业总数的30%。在我国，很多创业项目的准入门槛高，行政审批手续繁杂，令创业者望而却步。尽管有许多针对大学生创业的扶持政策，但复杂的申请流程严重地制约了大学生的创业意愿。

人才环境是高校"众创空间"活动开展和进行的必备条件，高校"众创空间"可以在依托于科研院校的基础上，积极培养科研人才，并在此基础上逐步建立自己的科研与企业领导团队，这样才能逐渐形成自己特有的优势，促进企业的长远发展。人才环境是高校"众创空间"发展的必要条件，它主要由人才市场的完善程度、人才的流动效率、人才的激励措施和专业技术人才的规模四方面组成。因此，高校"众创空间"发展的前提是对当地的人才环境进行全面的分析，并依托于当地的科研院校为自己的企业培养适合的科研人才，从而建立自己独特的竞争优势，促进企业的长远发展。

高校"众创空间"需要政府政策法规的大力支持。但是当前我国针对高校"众创空间"发展的政策法规尚处于空白阶段。当前已经出台的相关政策法规都是针对已毕业大学生的创业活动。例如，在《教育法》和《高等教育法》中都没有对在校大学生创业的相关问题给出明确的规定；而《企业法》中规定的企业注册登记程序和限制太多，不利于在校大学生创业者把握稍纵即逝的商机；《公司法》仍然无法适应知识经济快速发展的现状，使在校大学生缺乏足够的动力以自己的知识成果入股进行创业。与此同时，我国各高校对高校"众创空间"也缺乏政策上的鼓励和支持。尽管我国制定了一系列政策鼓励高校"众创空间"，但由于法律本身过于笼统模糊，致使很多政策不具备可行性。

高校"众创空间"作为新生事物，与传统观念有着一定程度的冲突。目前，有很多高校将不鼓励、不允许大学生经商；还有部分高校，其对创业教育的重视取决于学校决策者个人的支持，这就导致一些决策者离任就会出现"人走茶凉"的现象。相关法律的缺失是造成这些现象的原因，所以，促进大学生创业教育发展的必要因素是建立和完善鼓励大学生创新与创业的政策和法律。

8.2.3 智力支持不完备

尽管我国高校的创业教育已经全面展开，但在教育质量和水平方面，与国际平均水平相比仍然落后，尤其是在高校创业教育实践和商业管理教育两个方面，严重地制约了我国创业环境的改善。我国高校创业教育的落后主要表现在课程设置不合理，教学内容与市场需求脱节，人才培养模式过于单一，以及师资队伍水平相对落后等方面。

一是缺乏科技创新与创业法律教育。我国高校在创业教育的课程设置上偏向于企管、财会、金融和市场营销等方面的培训，对与创业相关的法律培训较少；从已开设的课程内容看，法律类课程很少，法律教育没有得到应有的重视。二是大学生创业者法律素养和法律意识淡薄，在遇到相关问题时，不能有效解决，反而容易触犯法律；创业者缺乏相关的法律知识，不懂得如何利用法律知识去抵御化解各类风险。三是要进行正确的价值观教育，科技创新和创业都必须建立在正确的价值观基础之上，高校应教育学生要有善待自然的伦理道德观念和以人为本的伦理情怀，不能只考虑技术的功能，在技术化的进程中迷失。大学生创业者不能仅从专业思考问题,要对什么是人类的幸福有深刻认识,更不能仅从赢利角度去权衡创业的目的,要负起社会的责任[195]。

创业教育是一种全新的教育理念,它比传统教育更加注重学生的创业意识、创业精神和创业能力的培养。我国的创业教育起步比较晚,至今仍处于探索阶段。造成我国创业教育发展过缓的原因主要有以下几点:第一,教育观念落后;在我国很多高校都将创业教育视为学生就业指导中的一项内容,而没有把创业教育当作教学内容单独拿出来,没有延伸到人才培养的整个过程中,并且由于高校只重视对学术型人才的培养,所以没有培养出符合市场需求的创业型人才;第二,教学课程内容不足,现阶段我国高校的创业教育课程设置和教学内容难以满足日趋变化的市场需求,也无法培养大学生的创业精神与创业素质;第三,师资队伍薄弱,高校师资队伍是开展创业教育的主力,所以高校师资队伍的水平决定了是否能胜任大学生创业教育的基本任务,但现阶段我国高校教师绝大部分没有创业经验,很难胜任创业教育的基本任务。

因此,如果想培养合格的大学生创业者,首先,高校应当积极开展创业教育,并探索有效的实施途径;其次,对人才培养的方式进行改进,逐步完善创业教育的课程设置,丰富创业教育的教学内容,增加实验课程和课外实习、实践,使学生能在实践中提高自身的创新能力和创业能力;最后,各高校应联合起来全力打造一支具有丰富创业知识和经验的教师队伍,为提高创业教育的水平打下坚固的基础。

8.2.4 文化建设薄弱

社会文化环境的影响具有潜移默化性,其影响力也较大。构成这一环境的要素主要包括该地区的文化水平观念、文化传统、价值观念、生活方式、风俗习惯、教育程度及人口结构等,由于这些构成要素是这一地区人们长久生活所形成的文化特性,因此很难改变。社会文化环境虽然不像市场环境有着明显的影响力,但它影响着人们的欲望和行为,从而在很大程度上影响和控制了人们的消费习惯和消费水平。创业者在创建企业之前必须对当地的社会文化环境进行深入分析,这样才能确保未来企业的产品可以很好地适应当地人的生活和消费习惯,提高创业的成功率。

比较而言,我国的文化和社会规范对鼓励个人创业具有积极作用,但在个人责任与集体责任的关系处理上低于全球创业观察(Global Entrepreneurship

Monitor，GEM）均值，所以我们应提倡个人的责任心和团队精神。在亚洲 GEM 参与国家和地区中，中国位于第五位，仅高于日本和印度。总体上，中国属于创业环境差，但创业活动较活跃的地方。在社会文化环境方面，主要表现为科技环境和人才环境。只有在高校"众创空间"环境里进行创业，才能为新创企业提供先进的技术和知识支持，才能及时把握科技市场的新动向。具体来说，高校的科技研发环境对高校"众创空间"的发展有着直接的影响。此外，科研机构技术扩散和转移的速率也在很大程度上决定了科技成果转化的效率和速度。

总体上，我国大学生创业文化氛围的营造还存在许多薄弱环节。一方面，中国教育观念还是以分数论英雄，对创新活动的支持力度较弱。另一方面，在大学生创业的过程中，过于功利的观念可能对人的创造性产生不好的影响。

9

构建我国高校"众创空间"支撑环境的对策分析

9.1 构建我国高校"众创空间"支撑环境的指导原则

9.1.1 环境的构建要立足于我国情境

9.1.1.1 GEM 研究报告对我国创业支撑环境的分析

GEM 的研究报告从九个方面总结了创业环境条件：政府政策、政府项目支持、金融支持、教育与培训、商业和专业基础设施、研究开发转移效率、有形基础设施、进入壁垒、文化和社会规范。从研究报告看，在 69 个 GEM 参与国家和地区中，中国的创业环境属中下水平，在九个创业环境条件方面，中国的评分多数在平均水平以下。政府把减少创业障碍，促进创业活动，推动经济增长作为制定创业政策的基本目标。其中，提供优质的创业环境和保护创业者的利益是关键，改善创业环境也应作为激发创业活动的基础。

报告认为，我国政府的创业政策应从四个方面给予重点关注。

第一，加强政府对创业企业提供完善的金融支持。政府应该作为推动创业投资业发展的积极力量，并以此来满足创业企业的资金需要。同时，政府应鼓励创业企业权益投资的行为，特别是对私人权益资本的投资；应对创业企业的债务资本供给、发展贷款担保机制给予鼓励发展，特别是制定必要的鼓励银行为创业企业服务的政策；提供创业企业进入资本市场的渠道。

第二，为了使创业者可公平地获得政府政策和项目支持，应增加为创业企业提供服务、帮助和支持的政府组织。此外，在这样的政府组织中可增强为创业提供金融和非金融服务的联系功能。

9 构建我国高校"众创空间"支撑环境的对策分析

第三,鼓励新技术的转移和转化,提高企业承受力。在知识产权的保护上也应从两方面进行:一方面,通过教育形成对知识产权的尊重;另一方面,进一步加强知识产权保护的法制体系的建设和实施。

第四,应该大力发展高校中的创业教育。除了在高校中加强创业教育外,创业精神的培养也是一项基本要求。同时,在初等和中等教育中增加创业教育的内容,举办面向社会的创业活动。

9.1.1.2 创业支撑环境的建构要符合我国创业发展的趋势

第一,进入平民创业时期,兴起群体创业潮。

党的十六大报告已经明确提出,"海内外各类投资者在我国建设中的创业活动都应该受到鼓励。一切合法的劳动收入和合法的非劳动收入,都应该得到保护"。"要形成与社会主义初级阶段基本经济制度相适应的思想观念和创业机制,营造鼓励人们干事业、支持人们干成事业的社会气氛,放手让一切劳动、知识、技术、管理和资本的活力竞相迸发,让一切创造社会财富的源泉充分涌流,以造福于人民"。这一方向性的指引再一次激发了人们的创业冲动和创业热情,使我国逐渐成为全球创业活动最为活跃的地区之一。党的十九大报告更是提出,"激发和保护企业家精神,鼓励更多社会主体投身创新创业"。

平民化趋势是群体性创业活动最明显的特征,这种平民化趋势在电子商务发展的推动下得到了快速发展。在加入WTO后,中国市场的竞争日趋国际化,经济环境发生改变,法律更加健全,政府的管理也更加制度化和公开化,竞争环境更宽松、公平,这些都降低了创业的门槛,非常适合平民创业者进入。这种与我国社会主义初级阶段的经济特征和多数创业者起步阶段的经济状况相适应的平民化的创业主体格局,具有门槛低、起步点低的特点,非常适宜大量普通人开展创业活动。这些平民创建的企业大多能坚持平民化的视角与营销模式,与百姓的生活更加贴近。由于市场定位合理,这些具有平民视角的企业获得了大量的客户资源和市场空间,发展迅速,显示了这一定位和模式的优势和生命力。

第二,创业教育的蓬勃发展。

创业能力是一种生存能力,创业教育就是为了提高受教育者的这种生存能力。在创业教育思想提出后,联合国教科文组织、国际劳工组织、世界银行和国际教育局都提供了大力的支持和进行了积极倡导。联合国教科文组织更是指出:"创业教育,从广义上来说是指培养具有开创性的个人。"实施就业创业教育,培养全体受教育者的就业意识、创业精神和社会责任感是基础教育阶段的主要着

163

眼点，努力提供教育培训，使受教育者终身受益，只有这样，教育才能真正担起它应该承担的责任。

我国是联合国教科文组织"创业教育"课题的成员国之一，早在1991年就开展了基础教育阶段创业教育的研究和试点，但是未能推广和坚持，没能成为全国教育改革的主流。在20世纪90年代末，我国开始了成体系的创业教育，到2003年3月教育部高教司在北京航空航天大学召开了创业教育试点学校工作会议，总结了清华大学、中国人民大学、北京航空航天大学、上海交通大学、武汉大学、南京经济学院、西安交通大学、西北工业大学、黑龙江大学九所大学创业教育试点的经验。这一活动使创业教育工作的深入开展得到了推动。

第三，创业培训水平逐年提高。

一个国家创业成熟度高低的重要标志是创业培训的水平，高水平的创业培训也是一个国家创业能力强的原因。因此，我国应当努力提高创业培训水平，以提高创业成功率。对中小企业实施创业辅导是比较通行的做法，调查显示，美国小企业管理局（SBA）在创立之初资助和辅导了70%左右的美国企业。在我国台湾地区，大多数中小企业，特别是资讯科技企业都得到了创业综合辅导计划的资助和辅导。而在我国香港，在设有创业辅导的公共服务平台之外，政府相关部门还设有中小企业服务机构，他们辅导和援助了七成以上的中小企业。

创业培训作为提升创业能力的一种培训，主要针对具有创业意向和创业条件的人员进行。当前，在全民创业的热潮中，我国主要从四个层次在进行创业培训。

第一，针对不同人员开展不同层面的培训。组织开展以创业基础知识为主要内容的理论知识和实际操作技能的培训，主要针对具有创业条件的或是准备创业的人员。对非正规就业劳动组织负责人、新办劳动就业服务企业负责人和小型私营企业主等，开展提升业务能力的培训，另外对开办的企业进行诊断和跟踪指导的服务；对已下岗再就业的人员进行创业培训，目标是使下岗人员增长技能，坚定信心，走自主创业之路。有的地方政府通过给予小额创业贷款对经过创业培训的人员进行扶植，使他们尽快走上致富之路。

第二，引入国际化培训课件。在群体性的创业大潮中，出现了以"马兰花"为"SIYB中国项目"的注册标识，这是劳动和社会保障部与国际劳工组织共同打造的，要塑造SIYB创业培训项目在我国的整体形象。目前，已经有14个试点城市展开"创办和改善你的企业"（SIYB）项目。在参加培训的近8000人中，有4000多名学员在培训结束后成功创办企业。

从调查数据来看，我国参加创业培训的人员结构正在发生变化。以上海为例，近两年参加培训的人员中，35岁以下的青年人超过50%，这一比例还在攀升。这说明创业培训正在转变为一种提升综合素质的培训，它向所有梦想事业成功的人都打开了大门。在可预见的未来几年，创业的主力将是年轻人。

第三，帮助创业者保持良好的心态。创业成功的保障是良好的心态，这也是创业能力的一种内在体现。用心理学的方法对创业能力进行评测，是研究和评测创业者的心理承受能力和心理适应能力的方法。在群体性创业培训中，请心理医生帮助创业者寻找"心理成功的支撑点"，研究"是什么妨碍你进行有效的决策"等问题，纠正"归因偏差"，以便进行精神疏导和心理降压，为创业能力构筑心理防线，全面提升创业能力。

第四，扩展创业孵化器。创业孵化器由美国的乔曼库索于1959年首次提出，是一种新型的创业经济组织。创业孵化器的功能主要是降低创业企业的创业成本，规避创业风险，提高创业成功率，创造出适于中小企业生存和成长的发展空间，发挥作用的主要途径是通过系统的培训和咨询，政策、融资、法律和市场推广等方面的系统支持，提供低成本的研发、生产、经营的用地，以及通信、网络办公等共享设施。创业孵化器的作用主要体现在推动高新技术产业的发展，孵化和培育中小科技型企业，以及振兴区域经济，培养新的经济增长点等方面。

9.1.1.3　创业支撑环境建构要符合我国大学毕业生自主创业特征

在我国，大学生就业改革正在逐步深入，大学毕业生人数正在快速增长，随之，我国大学毕业生就业问题已经变得更加严峻。为了缓解大学生的就业压力，近年来，国务院相关部门先后制定出台了一系列法律法规和政策措施，鼓励大学生自主创业，并逐渐完善大学生创业所需要的各项服务措施。在2007年8月30日第十届全国人民代表大会常务委员会第二十九次会议通过的《中华人民共和国就业促进法》中，对保障自主创业的条款已有了明确规定。2009年1月19日国务院办公厅下发《关于加强普通高等学校毕业生就业工作的通知》并提出，"鼓励和支持高校毕业生自主创业。鼓励高校积极开展创业教育和实践活动"。在2009年3月17日，教育部发布的《国家促进普通高校毕业生就业政策公告》中，明确规定了多项支持大学生自主创业的优惠和保障政策。政府出台的这些政策，积极鼓励了大学生自主创业活动。

以下将从学历构成、院校类型构成两个方面分析我国大学毕业生自主创业的特征。

(1) 学历构成

在大学毕业生自主创业群体中，本科和专科毕业生是大学生创业的主力军，二者所占比例超过95%。博士毕业生所占比例最低，仅为0.2%。但是，相较于本科毕业生在总体毕业生中所占的比例不足一半（42.7%），本科毕业生是自主创业的绝对主力（图12）。

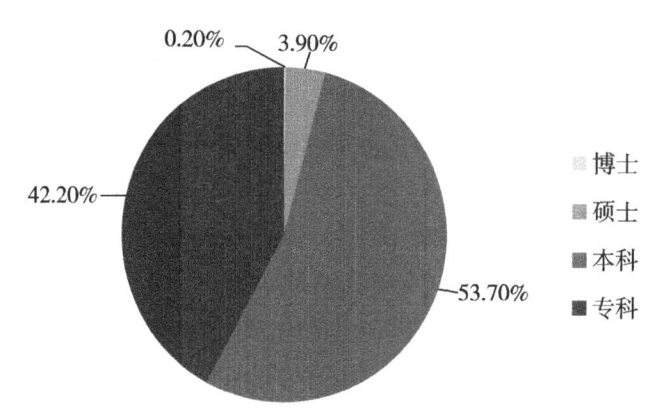

图12　2017年自主创业毕业生学历构成

资料来源：全国高校毕业生就业状况（2017）白皮书。

上述统计数据说明，在我国大学生群体中，拥有较高专业知识和技能水平的硕士和博士，因为拥有较好的就业前景，其创业愿望并不强烈。相比之下，本科生和专科生由于就业前景不如前者，所以更多会采用自我雇佣的方式开展创业活动。

(2) 院校类型构成

如图13所示，从院校类型分布来看，自主创业的毕业生主要集中在一般本科院校和高职高专院校，其比例分别为48.5%和30.9%；而其他类型院校毕业生选择自主创业的比例均在10%以下。该统计数据显示，我国的一流大学毕业生的创业欲望较低，而相比之下，一般本科和专科学生的创业思路比较活跃，更加倾向于自主创业。

9 构建我国高校"众创空间"支撑环境的对策分析

图13 自主创业院校类型构成

资料来源：全国高校毕业生就业状况（2017）白皮书。

9.1.2 环境的构建要满足高校"众创空间"的实践需要

虽然大学生创业实践活动取得了很大发展，但很多不足之处仍在具体的实践活动中体现出来，主要体现在以下几方面问题。

第一，缺乏理论指导。至今学术界对于创业实践仍没有形成统一的定义。原因在于我国学者对创业实践的研究时间较短，因此创业实践的模式、建构等大多是借鉴国外创业学者的理论，这十分不符合我国的实际国情。创业实践大多被置于创业教育的整体环境中进行研究，未能形成独立完善的研究体系。

第二，目标定位不明确。目前，创业教育的定位只限于创业技能等实际操作层面，而不是当作一个专业，导致学科建设被边缘化。实践课程所占比重偏低，实践教学附属于就业指导课，没有形成独立的教学体系。

第三，实践载体匮乏。创业教育大多采用创业报告的形式，邀请专业老师开展创业讲座，邀请创业者分享经验。"创业计划大赛""本科生科技创新计划"及各种各样的课外科技活动等是在教学实践方面较多采取的方式，而能够参与其中的仅是少数师生。

第四，活动支持不到位。我国高校对创业实践的投入的重视程度不足，虽然有的学校设立了创新基金，却远远不能满足需求，大部分创业计划和实践活动因此而不能得到实施，学生也就只能成为实践的理论者。大学生创业实践是我国开展大学生创业实践的重要推动力量。作为一项全新的教育方式，创业实践已随着知识经济的发展开始逐渐成为世界各国高等教育的模式之一。借鉴国外大学生创业实践经验十分有助于在符合我国国情的道路上，改进我国大学生创业实践教育的方式。

9.1.2.1　创业支撑环境建构需要有选择地吸取国际经验

创业实践活动作为一种激发学生潜能的教学活动方式，最能体现创业教育特点和性质。在美国、英国等国家，不仅高校高度重视大学生的创业实践活动，而且整个社会都广泛支持和认同。创业实践活动的形式是多样的，这对我国创业实践的开展有着良好的启示作用。

第一，加强实践环节，培养大学生创新能力。美国的大学生创业活动因为起步早，发展快，效果显著，创新能力、科学技术转化为生产力和社会效益是其突出特点。历经60多年的发展，美国创业教育的发展从无到有，从少到多，从单一到多样，逐渐植根于整个教育体系之中。"创业计划"竞赛、"合作计划"项目、暑期实习打工是美国大学生创业实践活动的三种主要方式。其中，"创业计划"竞赛注重培养创业者的创新力及对市场和项目的可行性分析计划能力，使其有能力向风险投资家游说以取得创投公司的投资。"合作计划"项目是搭建高校与社会资源对接的平台，大学生可以在平台中的见习活动获取提升创业能力的工作，学生可将理论知识在工作实践中加以检验和应用是其最大的优点。暑期实习打工这种方式是大学生以"学徒式"的方式参与商业活动，使人生观和性格能够得到塑造，是大学生创业实践活动的一种有效形式。

第二，把握创业实践环节的逻辑关联，促进大学生全面发展。英国创业教育通过采用多种方式挖掘学生创业主体的作用，使其能够较为准确地把握实践教育的本质要求。英国的创业教育的主要特点体现在以下三个方面。

其一，重视基础知识的教育作用。英国的创业教育课程体系比较完善，在人才培养模式、师资、教学、评价等方面的不断改进，创业教育延伸到各层次的主流教学中，使理论研究由课堂逐渐延伸至课外。

其二，注重实践活动作用。英国的创业教育鼓励大学生发挥主体作用，为大学生从事创业实践活动搭建平台。

其三，重视实践环境的建设。优质的创业实践环境能够促进创业主体的自我生成，构建不同层次的实践环境促成大学生创业主体的形成，如大学生创业项目、高等教育创业计划、"创业远见"计划等。

第三，明确育人目标，鼓励个性化发展。日本把提高学生的综合素质作为创业教育的主要目标。20世纪90年代，日本对"二战"后形成的"通识教育"进行了反思，认为教育方式的机械化导致不够尊重学生的个性，因而提出了教育改革的目标：培养学生的创新力、社会适应力，鼓励学生的个性发展。21世纪初，实践教育已经占有重要地位。创业实践也成为其中的重要内容之一，其中包括企业采访、案例分析、实地调研等，针对本科生和高中生的不同，安排不同的学习内容，通过激励机制促进业精于专，以达到"每一个学生都能以服务社会为己任"的效果。

第四，创业实践促进经济环境的转变和人的发展进程。由于金融危机的影响，美国为了解决社会就业问题，把培养具有创新能力的创业人才作为创业教育的目标，经过多年的发展，不仅帮助美国成功实现了经济转型，而且解决了90%以上的就业问题。创业教育已经成为大学教育的重要课程，目前，在美国约有1800所大学开设了相关课程，在鼓励创业的众多政策出台后，形成了100多个创业中心。"近年来，欧盟国家促进中小企业发展的措施主要集中在三个层面：一是继续营造有利于促进中小企业发展的大环境；二是营造与促进中小企业发展有直接联系的小环境；三是创造条件，提供帮助，重视提高企业自身能力建设"。目前，越来越多的大学生加入了创业活动，促成了许多新企业的诞生，为经济的增长做出了贡献。高校的重视也促进了课堂教学与社会实践的结合，引起了全社会对营造创业氛围的重视和全球高等教育的发展。近年来，我国的创业教育在吸收和借鉴国外创业教育的经验后，已经取得了初步的发展，但仍需探索一种适合我国国情的教育模式。

9.1.2.2 创业支撑环境建构要为我国大学生创业实践服务

我国的大学生创业实践尽管已呈现出蓬勃趋势，但与发达国家相比还有一定差距，距离培养创业型人才的目标还有一定路程，主要集中在以下两个方面。

(1) 创业实践活动存在"两不到位"的现象

一是载体建设不到位。高校在创业教育中的科研扶持力度和投入力度都远低于常规教育，尤其在创业实践方面。针对创业知识和能力的传授更是一头冷一头热，创业实践大都是通过第二课堂、示范园地、创业孵化基地、在线模拟游戏等方式进行，脱离了社会发展的大环境。二是平台建设不到位。高校创业教育理论、制度与实践不能形成有效的统一，导致创业教育成为综合素质教育的附属物；创业实践的针对性过强，获得资助的门槛过高，使人望而却步；产学研的结合、校企合作不到位；实习、见习机会不能满足需求，使实践机会止步于自谋出路。

(2) 创业支撑环境方面存在"两待加强"

一是政府和社会对大学生的创业扶持有待加强。国家没有出台能过多地体现偏向大学生创业支持方面的相关政策，使学生对于创业政策的认知不够。调查显示，仅有27%的学生知晓政府、学校的各项政策支持，这表明宣传普及工作迫在眉睫。在创业启动方面，学生更是两眼一抹黑，仅有26%的学生了解如何获得创业所需资金，21%的学生了解创办公司的注册流程。社会团体也未能真正发挥作用，不能为大学生提供相应的技术、资金或团队支持。二是大学生创业的文化建设有待加强。引导和鼓励人们追求创新、崇尚创造、激励奋斗是创业文化的核心，而现实的文化建设在高校、社会层面还有待加强，这使我国大学生创业活动的创新性不足，没能发挥出对经济发展应有的促进作用。

9.1.3 创业支撑环境的构建要与创业者相适应

9.1.3.1 有针对性地解决中国大学生创业主体方面的问题

促进创新驱动发展战略的实施和建设创新型国家，需要处于时代前列的高等受教育者积极参与。调查显示，希望自主创业，并将"创业意愿转化为实际行动"的大学生已占有相当的比例，这表明大学生有着强烈的意愿，希望通过创业实现个人价值，并为国家、社会做出贡献。但大学生创业主体仍存在"三项缺乏"。

第一，缺乏创业精神。大学生对创业的理解不到位，没有合理的创业规划，认为打工、勤工俭学等大学期间的自助行为就是创业，对"创业"的理解不深刻，更没有合理的创业理想和持之以恒的计划。

第二，缺乏创业知识。国内的创业教育并未成熟，接受创业教育的学生不多，将专业技术市场化的认识还存在继续强化的空间。创业教育改革的滞后制约了学生的积极性，传统知识的学习压力使学生疲于应付学业，而缺乏积极性。

第三，缺乏创业能力。调查发现，52%的大学生缺乏创业的基本技能，59%的学生希望通过"活动加训练"的方式获得创业能力，54%的学生希望能够通过"亲身实践"锻炼创业能力。在创业实践活动中，有相当数量的学生在起步阶段希望通过打工或选择合伙人等方式逐步获取创业能力，而大多数学生由于缺乏基本的创业能力和创业知识，放弃了开展创业活动的意向。

9.1.3.2 建构创业主体需要的创业网络

创业网络是指创业者所占有的有助于创业的社会关系，包括个体网络和组织关系网络。对创业网络的研究集中在对新企业成功的影响上，创业者通过个人网络获取资源和信息，而这些资源和信息不是能够在市场上获得的。网络关系的强弱决定着获得支持的多少，可见创业者网络关系的多样性对创业而言是非常重要的，不同类型的网络会对新企业的发展产生不同的影响。创业网络是创业者在创业活动中所嵌入的社会网络。在企业创建和发展过程中，创业者通过所拥有的网络关系，获取关键资源及各种信息，这在很大程度上促进了新企业的成长，并为企业带来效益。

创业网络分为正式网络与非正式网络两种。正式网络指存在于市场中各个与创业有关的组织之间的一种网络关系，如银行、行业协会、供应商和竞争对手等之间的关系。非正式网络指创业者的个人网络，不依赖于组织，如创业者的朋友、亲戚、同事等。非正式网络是大学生创业者创业网络的主要形式。大学生在创业之初主要依靠亲戚、朋友的资助而获得初始资金、人力、信息等资源，而随着企业的发展，大学生创业者也在不断构建和完善创业网络，正式网络才开始逐渐成为其中的重要部分。创业网络的建构和完善能够为创业者获得更多政策上的支持，获得市场中其他组织，如供应商、行业协会、银行等组织机构所提供的资源。创业网络是一个开放的系统，对于创业过程中的困难与风险，创业者需要借助创业网络来克服。

与此同时，创业过程中如何做出正确的决策，对创业活动能否继续进行是非常重要的。对创业者而言，获取资源同样是有风险的，企业发展所需的关键资源有时并不仅是金融资本，还有一些可能是隐性的，不是市场上流通的，对于这些隐性关键资源的获取，需要付出的成本难以量化。因此，创业的成功需要能够勇敢地面对获取资源的困难，并敢于承担风险的创业者，只有他们才会更有效地获取所需的资源。大学生在创业初期，拥有很高的自信度，更愿意去承担风险和挑战。为了维持和发展企业，创业者需要不断地获取资源，一般而言，创业者会倾向于采用风险较小、较稳定的方式，但是大学生更敢于去采用风险较大的方式获取所需的资源，这正是源于大学生拥有较高的自信度。

9.1.3.3 创业支撑环境的建构要降低创业者的风险承担性

风险承担性是创业者愿意把资源投入到有很高不确定性的项目、活动或解决方案，是一个人对待风险的态度和意愿，需要通过风险性行为表现出来。风险导向型创业者在明白所面临的风险之后才会将自身的行为与适当的风险承担结合起来；风险承担型创业者在清楚所处环境的状况后才会投入资源，利用市场的变化寻求价值的最大化。大学生创业者是充满活力的，具有年龄上的优势，敢打敢拼，具有很强的成就动机，在创业过程中会主动获取所需资源，提高获取能力和效率。

Borland 通过调查发现，大多数创业学生是相信内控点的，具有创业倾向的学生更具有明显的内控型人格。可见，从事创业的大学生往往具有内控型特质。内控型创业者将创业成功与否归因于努力程度和能力，这样的归因使他们有更强的动力去获取更多的资源，愿意付出更多的努力。在面临资源短缺时，大学生创业者更能坚持最初的想法，更为合理地配置已有资源，同时更为积极地寻找和开发新资源，保证企业的生存和发展。内控型创业者坚信通过努力可以改变事情的结果，大学生创业者会不断提高获取资源的能力和效率，改善资源获取的结果。良好的融投资环境和优惠的政策会降低大学生创业的风险，激励更多的大学生去创业。因此创业环境的建构需要从此入手，解决高校"众创空间"发展的困难和发展瓶颈。

9.1.3.4 创业支撑环境的建构要为创业者提供更多的初始资源

Ptrick Firkin 指出，企业家创业前拥有的各种资本的总和可称为创业资源禀赋，可以区分为经济资本、人力资本和社会资本，为创业提供价值。他认为，初始资源可以从行业经验、受教育程度、创业经历、社会网络和专业网络联系五个方面进行研究。不同的创业者所拥有的初始资源是不同的。大学生创业者所缺乏的是创业经历、社会网络和初始资金，却拥有较高的受教育程度。大学生接受了高等教育，拥有较高的受教育程度，所学习的丰富理论知识能够为将来的创业实践提供深厚的理论基础，而创业成本会随着受教育的程度增高而相应减少。受过良好教育的大学生，在获取所需创业资源的过程中，有着更加清晰的分析和辨认能力，因此他们的创业成本会有所降低。

但是，由于大学生缺乏实践经验和经历，而具备一定的从业经验能够提高创业的成功率，因为从业经验对创业过程中的决策产生直接影响。有相关行业创业经验的创业者能够很明确地知道自己所需的资源，这有助于更好地运营自己的企业，降低成本，而这正是大学生创业最欠缺的东西。

9.2 构建我国高校"众创空间"支撑环境

9.2.1 形成我国高校"众创空间"的激励文化

第一，营造良好的创业文化氛围。不单是学校，政府、社会和家庭都有责任与学校共同营造良好的创业文化氛围。社会应该重视宣传创业教育，弘扬创业精神，倡导创业理念，同时也应该宣传政府的创业优惠政策。此外，高校应该在校园里营造创业文化氛围，可以通过成立相关的学生组织，如创业者协会、企业家协会等。同时，为了激发大学生的创业热情，学校、政府、社会、家庭应该鼓励大学生在课余时间去尝试建立一些投资少、风险小的创业实体。

第二，形成激励创新的文化环境。要形成尊重探索"可能性"的创新文化，珍视个性的创造价值，激励每个人的创新价值；也倡导协同创新的实践与诚信合作的创新价值观，重视团体创造力的整合。以深切的人文关怀为创新动力是创新文化伦理精神的本质体现，有助于促进科技文化与人文文化的交融，推进科技创新的健康发展，实现和谐社会的发展目标。

9.2.2 开拓我国高校"众创空间"的资源供给

创业资源是指创业过程中所需要的特定资产，是企业创立与运营的必要条件，包括创业资本、创业机会、创业人才、创业管理和创业技术。创业者争取并获得创业资源的最终目的是通过对这些资源的合理配置，实现创业的成功，并提高创业的绩效。

市场环境在组成创业环境体系的诸多要素中处于主导性地位，其主要包括当前的市场结构、市场的发育程度和人们的经济与生活水平等方面。这些经济要素不仅对创业者创业思想的构成、企业规模的大小，以及对企业未来发展空间的构想产生影响，还对创业者投资风险的大小和对投资机会的把握程度有着重要的影响。经济环境的影响变化性更强，对创业者的影响也更为直接和重大，对创业者创业想法的构成和创业思维的引导性也更强。

具体而言，提供丰富的资源信息是影响高校"众创空间"成功的关键之一。市场是创业者的风向标，构成市场环境的影响因素有市场的规模大小、竞争度和集中度等。高校发展"众创空间"的前提是拥有一定的市场需求与容量，再结合创业者对当地高新技术产品可替代性和高知识的密集程度的分析，制订相应的创业方案。就大学生来说，因为缺乏创业经验，所以能否准确把握对科技市场需求的前瞻性预测，是高校"众创空间"成功与否和企业未来发展态势好坏的关键环节。

9.2.3 提供我国高校"众创空间"的公共保障

建立全国创业信息交流平台，完善创业法律体系，同时建立专口的政府服务机构，为大学生提供创业的援助和咨询。具体来说，有以下两方面内容。

9.2.3.1 完善科技创新与创业的法律法规

教育法方面，没有明确规定对大学生科技创新创业的相关具体细节问题；民法方面，应适当放开对于未成年人及其企业的政策，营造一个有利于少年奇才的诞生和成长的宽松环境；企业法方面，针对很多大学生创业企业规模小、转型快的现状，简化企业注册登记的程序，放宽大学生创业企业的经营范围。

9.2.3.2 提供全方位的创业政策的支持

为了给大学生创业提供坚实的制度保障，提高大学生创业的积极性，应该建立积极的政府政策导向。而建立完善的政府创业政策支持应该从以下四方面入手，分别是创业政策扶持机制、创业培训指导机制、创业资助资金机制和创业服务咨询机制。

第一，建立创业政策扶持机制。建立大学生创业政策扶持机制，主要从以下四个方面进行：其一，建设大学生创业园，大学生创业园的功能是为大学生提供创业所需的场地、技术研发、科技孵化、融资、参展、培训等配套服务；其二，免除或减免大学生创业过程中的政府税费，如工商注册费用、营业税和所得税等；其三，制定引导和鼓励大学生创业的制度；其四，制定一定的政府采购政策，向大学生创业企业倾斜，这样可以通过政府采购为大学生企业开拓市场，提高创业成功率。

第二，建立创业培训指导机制。建立大学生创业培训指导机制可从以下三方面入手：其一，建立创业导师制，创业导师的作用是可以指导大学生创业者少走弯路，提高其创业成功率；其二，创新帮扶方式，可以尝试"孵化企业+创业指导+投融资支持"的方式，帮助大学生创新商业模式；其三，提供市场营销和企业管理方面的培训，提高大学生的营销和管理水平，各层级的政府和组织可以提供此类讲座和培训。

第三，建立创业资金资助机制。建立大学生创业资金资助机制，应当集中在以下两方面：一是政府在资金方面应加大对大学生创业的扶持，以政府财政拨款的方式建立大学生创业专项基金，并为大学生创业提供小额信贷；二是拓宽融资渠道，政府应综合分析与评估大学生企业申报项目中的可行性、经济效益、科技含量、市场前景和社会效益等情况，培育有市场前景和开拓能力的项目，帮助引入风险投资和银行的金融支持，提供良好的创业平台。

第四，建立创业服务咨询机制。建立大学生创业服务咨询机制可从以下三方面入手：一是发挥创业论坛、创业沙龙、创业大赛、创业导师接待日、创业诊断等帮扶方式的作用，形成多种形式的人才招聘方式和活动，积极发挥创业俱乐部、创业企业协会等组织的作用；二是强化创业咨询服务，建立专门的中介机构和咨询公司，为大学生的创业点子、创业方案、筹措创业资金等方面提供评估；三是建设创业信息平台，集基础条件、成果转化、专业服务、管理决策等多项功能于一体，对大学生创业项目进行完善，培育效益高、示范性强的创业组织，树立典型、示范推广，强化引领作用。

9.2.4 保证我国高校"众创空间"的智力支持

高校要制订和完善科技有关创新与创业法律的教育方案。在师资建设上，高质量的科技创业法律指导教师队伍是重要因素。加强师资队伍的建设，使从事创业教育的教师能够懂市场、懂法律、善教学，形成能胜任科技创业教育的师资队伍；在教育内容上，不仅要注重学生创业的实际需求，也要重视市场法律教育的创新性和实用性，同时要依据实际情况，建立和完善独具特色的科技创业教育课程体系；在教育方式上，除课堂教学外，还要建设"众创空间"实践基地，加强校企合作，为"众创空间"提供实践场所；在考核方法上，综合考评创业课程，课程内容应包括学生的创业实践活动，并分配相应的学分。

细化大学生创业的培训体系可从以下三个方面着手。

第一，设定目标体系。创业教育的目标主要体现在五个方面：一是强化学生的创业意识，二是培养创业精神，三是丰富创业知识，四是健全创业心理，五是提升创业能力。

第二，完善内容体系。高校的创业教育内容主要包括创业精神、创业技能、创业人格。创业教育的目的是希望将创业精神内化为素质，使学生有创业的欲望；创业人格教育是创业者在具备相关知识和能力以外，拥有良好的创业心理，将创业欲望转变为创业行为；创业技能教育是使学生能够敏锐地捕捉创业项目，依据市场变化获取资源和进行运营，促进学生创业的成功。

第三，优化方法体系。从不同的角度，运用不同的方法培养学生全面的创业素质。首先，要有效地提高学生的知识结构等方面的素质，创业课程教育是有效手段。其次，把学生视为高等教育改革的主要和负责的参与者。创业高校决策者和管理者应该为学生提供参与校园管理的机会。学生在大学里参与各种管理，可以锻炼其创业能力中的核心能力和社会能力，可以为其真正地创业打下良好的基础。

9.3 建立我国高校"众创空间"支撑环境的协同机制

9.3.1 实现创业教育发展与创业文化建设的协同

中国高校的创业教育发展迅速，至今为止，大多数高校都开设了与创业教育相关的课程，但创业文化的建设则远远滞后于创业课程的设置。创业氛围的塑造、创业文化的形成有利于创造良好的全民创业氛围和创业环境。把创业变成老百姓的自觉行动，尤其是青年人的自觉行动，才能使创业就业持之以恒。首先，注重从创业实践中提炼创业文化，建立起创业的标识文化，塑造创业的行为文化；其次，对创业典型要加强宣传，充分利用一切媒体，对创业活动和创业优秀人物加大宣传，尤其是初创企业的成功人士；最后，在全社会掀起全民创业高潮，营造全社会参与的创业文化氛围。

创新创业文化的渗透、创新创业理念的形成有利于全民创业，建设创新型社会和创新型国家。文化的影响力长远而持久，我国正在形成创新创业文化，因此各级政府的高度重视、积极推动、大力宣传尤为重要。美国在20世纪四五十年代，就在大学校园里宣传和推广大学毕业生自主创业活动，已逐步形成创业氛围，形成了独特的大学毕业生创业文化，这种文化逐渐延伸到全社会。美国全社会创业激情很高，创业率和创业成功率始终处在全球首位，近三成大学毕业生自主创业，大学生创业率是我国的近15倍。

个人创业离不开一定的环境。因此，改善我国的创业环境，为老百姓提供良好的创业机会，可帮助那些不能充分发挥个人能力或具有创新创业精神的人们，进行自主创业，开始人生的新征程，实现人生的新跨越。改革开放40多年来，我国政府在观念上改变了对民营企业的认识，在实际行动上创造了良好条件支持个人创业活动。如今，政府不仅改善了法律环境，提高了创业者的社会地位，而且正在不断完善社会化服务体系，为创业者提供切实的服务与帮助。我国的平民化创业时代正随着政策环境的日益宽松，市场准入门槛的降低，鼓励全民创业的政策不断出台而越来越近。

9.3.2 建立资源和政策协同体制

一个企业主要包括市场、资金、人才和时间这四方面的创业资源。对这些资源的获得、分配和组织则得益于企业的管理。具体来说主要分为两方面内容。

9.3.2.1 资金管理的资源与政策协同

企业创业在企业内部发生时，旧业务的收入一般是新业务的主要资金支撑，新业务的资金才得以保障。在这种资金获取办法下，新业务本身不但没有收益，反而需要投入大量的资金而导致"新业务招损"，这对旧业务员工的积极性是有打击的，不利于企业的发展，特别是有碍于企业从专业化向多元化转变。要解决这个问题，可以采用种子资助资金的方法、内部风险投资方法或其他有偿使用资金的办法。

（1）减免费用

在国家政策范围内，工商管理部门可规定在一定期限内免收登记费、会员费等费用，只收取变更登记、补照费、注册登记、各种证书费和管理费。在规定大学毕业生申办创新技术企业的最低注册资本额为10万元的基础上，针对部分大学生创业者存在资金困难的问题，允许其资金分期到位。

（2）金融贷款

第一，施行优先贷款支持大学生创业，加大对大学生创业者的贷款支持力度。高校毕业生的创业需要贷款，但缺少抵押物，针对这一现实，创业者可成为借款主体，抵押物则可以由其家庭或直系亲属的稳定收入或有效资产提供相应的联合担保。在风险可控的基础上，对于资信良好、还款有保障的初创企业，适当发放信用贷款。

第二，简化大学生创业贷款手续。简化大学生创业贷款手续方面，可以确定合理的授信贷款额度，使其在一定期限内周转使用。笔者通过调查发现，许多大银行并没有为大学生创业者开放自主创业贷款这项业务。此类贷款的风险较高是造成这一现象的主要原因。对银行而言，资金的安全性是其首先要充分考虑的因素，而大学生自主创业的风险较高，这也是大学生创业贷款受阻的主要原因。

9.3.2.2 人才管理的政策与资源协同

人才的支持和分配是创业企业要面对的问题。少数几个人可以运作和管理一个处在种子阶段的创业项目，但当创业项目逐步发展到孵育发展阶段时，就需要增加人员，并规划管理企业的人力资源。因此，一个新、旧项目争夺人才的问题在这里会存在。为了不使人才问题影响新、旧项目的发展，企业需要培养新的人才，稀释人才密度，给人才加压力。政府部门可通过创业引导，政策支持，让更多的人才愿意创业，乐于创业。

第一，减免大学生服务费用。在政府权限范围内，要求各级组织和社会机构对大学生创办的企业，在一定的年限内免费查询和发布相关信息，适当减免人才、劳务交流活动的相关费用。

第二，减免人事档案管理费用。对于选择自主创业的高校毕业生，政府部门管理的人才中介服务机构免费保管其人事档案。

第三，创建便利的社会保险参保渠道。从事自主创业的高校毕业生办理社会保险参保手续可在各级社会保险经办机构设立的专门个人缴费窗口进行。

10 结 论

10.1 高校"众创空间"支撑环境四大要素及其结构

"众创空间"实践的成功是创业主体与环境的辩证统一。要素的罗列并不能构成环境，具有一定结构的要素才能构成确定的环境，对创业支撑环境的分析必须对创业环境和创业主体等要素进行结构化分析。

创业系统是指由创业支撑环境与创业主体各要素所构成的系统。在该系统中，创业主体是构建创业支撑环境的主要目标，因此，也被称为创业系统中的对象面；创业环境中的后天客观因素组成了创业系统里的创业环境支持体系，包含无形和有形两种形态，也被称为创业系统中的作用面。其内在运行机理：作用面在某种条件下通过某种方式对对象面产生影响并施加作用；而对象面则在作用面的影响和作用下，通过发挥自身的能动性，产生新的变化。支持创业意味着促进创造和创新，优良的创业环境能够激励更多的人创建企业，并为创业提供所需的资源、公共保障和智力支持，提高初创企业的存活率，也为新企业创造更好的成长机会。创业环境支撑体系的核心应该是对创业过程的支持，并可以通过对文化和制度等因素进行改善，培育创业家和中小企业。

创业支撑环境是指对初创企业的发展有着一系列影响作用的外部因素的总和，创业支撑环境具有总体性、部分因素主导性、可变性和差异性。高校"众创空间"创业环境的一般要素有五维度模型和GEM模型；创业环境的系统结构可分为宏观环境、中观环境和微观环境。在创业支撑环境的各要素中，总有一个或几个要素在某一阶段的发展中居于主导地位，即在创业环境整体中规定和支配着其他要素。因此，对主导要素的研究具有特别重要的意义。

不同于已经进入社会的创业者，对大学生群体来说，支撑其创业的环境构成要素所起的作用各不相同，有些因素起着关键作用。本书将这些因素称为关键要素，具体包括创业教育、资源平台建设、公共保障政策和创业文化。

创业教育资源是高校"众创空间"的智力支撑环境。相对于社会中的创业者，大学生创业者是不成熟的。因为他们在高校"众创空间"中具有一定的科技专业知识优势，但缺少创业管理知识、市场经验，还需要接受与创业相关的系统知识和实践培训，其所处的环境是否能提供这样的教育资源，则是非常重要的。

产业环境和资源平台建设是高校"众创空间"的物质支撑要素。优良的产业环境为高校"众创空间"的成长繁荣提供了宏观大环境；而中观的创业资源平台更为重要，主要包括政府和企业的资金及科技投入、科技中介系统、企业融资渠道、创业企业孵化环境和公共平台等。这些创业环境的功能可以保证高校"众创空间"实践的顺利进行。

政策和制度是高校"众创空间"的公共保障支撑要素。创业是重要的科技知识转化的实践活动形式，创业不仅要有基本的资金、物质基础，还要通过一些制度安排，使社会成员之间达到某种意义上的交互动态的有限支撑和支持，保证创业实践者的生存、生活和心理安全，同时通过政策调整，调动各方面的积极性，协调各方面的利益，使资源达到最佳配置，保证创业活动更有效地进行。

文化是高校"众创空间"健康发展的深层影响要素，是长期的、深深扎根的东西，它通常缓慢地发生变化，尽管它很难被觉察，却起着重要的作用。创新文化是对创新具有导向和牵引作用的文化，也是各种创新活动所赖以进行的文化环境。高校"众创空间"是一种创新创业活动，所以必然需要一种创新的文化来牵引，这种创新文化的价值观就是以创新为荣，以模仿为耻；以创业为荣，不以失败论英雄，以创业实现个人价值与社会价值、个人责任和社会责任的统一。创新文化也是高校"众创空间"赖以生存的一种环境氛围。

10.2　高校"众创空间"支撑环境四大关键要素间的协同

高校"众创空间"的支撑环境要素发生作用的关键是各要素之间形成一定体系与结构以实现系统功能。实现最佳功能的路径除了优化每一个环境要素外，还需要各种环境要素之间发挥协同机制。对于高校"众创空间"来说，要提高创业者成功率，其核心支撑要素的协同至关重要。

10.2.1　提升能力的创业教育与孕育创业的文化环境协同

第一，丰富的创业教育资源支撑大学生创业能力的初步形成。大学生群体是有着强烈创业动机并掌握了一定专业知识与技能思想开放的实践群体，由于缺乏社会经历，他们往往自我认知较高，但有时自我认知与能力存在差距，容易出现"眼高手低"的状况，这是造成高校"众创空间"成功率较低的主要因素，为此，许多发达国家都通过各自的创业教育来提升本国大学生创业的能力。国外建构了理论与实践并进的创业教育体系，对其高校学生创业的成功起到支撑作用。

第二，各具特色的创业文化成为激发创业动机的土壤。创业教育最终能卓有成效地开展起来，还有赖于适合创业教育的大学文化的创建与形成。大力建设适宜大学生创业与创业教育的文化氛围，激发大学生创业热情是更为根本的环境要素建设。

第三，教育的显现功能与文化的潜在作用的协同是通过创业教育目标定位与文化养成的统一，课程教育与文化熏陶相结合，教育界创建创业教育网络，让创业教育与社会创业文化有机连接；企业界参与高校创业教育，将企业创新文化渗透到创业教育中。

10.2.2　创业资源平台建设与创业政策要素的协同

第一，大学生创业资源平台建设发挥基础支撑功能。制约高校"众创空间"发展的因素就是资金、技术和人才，纵观国外发达国家大学生创业的经验，具有较强支撑力量的投资平台的建构是使高校"众创空间"从理念走向行动的关键。政策制定之后，还需要资源平台建设的具体实施，让政策落地生根。

第二，政策和制度建设发挥了高校"众创空间"的保障功能。大学生创立的小企业抗风险能力很弱，很难吸收外部资源。政策扶持主要是宏观上的引导与服务，并通过制定一系列的长远规划和具体措施来达到扶持目的。

第三，创业的物质环境支撑与政策保障功能的相互协同既可通过政策与资源平台建设各自发挥作用，又可通过相互促进的机制实现。合理的政策可以充分发挥物质环境支撑作用，资源平台的建设可以推动政策的不断完善。创业实践需要政策和法律的不断调整以保证其健康发展。

10.3 我国高校"众创空间"支撑环境四大关键要素协同中的问题

我国高校"众创空间"支撑环境建设存在的问题主要表现为以下四个方面。

第一，我国高校"众创空间"的资源供给不丰富。与全球相比，我国的总体创业环境虽然还低于世界平均水平，但也有一部分条件确实不错，如有形基础设施和进入壁垒均高于 GEM 的全球平均水平，但是有形基础设施服务于大学生创业的机会缺乏，大学生创业融资环境不容乐观，融资难是制约我国大学生创业、生存和发展的根本问题。

第二，我国高校"众创空间"缺乏公共保障，我国政府为高校"众创空间"提供的服务相对落后，当前我国针对在校大学生创业的立法还处于空白阶段，已经出台的政策法规和优惠措施也都是针对已经毕业的大学生直接创业的。与此同时，我国各高校对高校"众创空间"也缺乏政策上的鼓励和支持。

第三，我国高校"众创空间"的智力支持不完备。尽管我国高校的创业教育已经全面展开，但在教育质量和水平方面，与国际平均水平相比仍然落后，尤其是在高校创业教育实践和商业管理教育两个方面，制约了我国创业环境的改善。我国高校创业教育的落后主要表现在课程设置不合理，教学内容与市场需求脱节，人才培养模式过于单一，以及师资队伍水平相对落后等方面。

第四，我国高校"众创空间"的文化建设薄弱。一方面，我国教育观念还是以分数论英雄，对创新活动的支持力度不足；另一方面，在大学生创业的过程中，过于功利的观念也可能对人的创造性产生不好的影响。

10.4 我国高校"众创空间"支撑环境构建中的对策

针对我国高校创业教育支撑体系存在的难题，政府、高校、社会等各部门应发挥联动效应，打造全方位支持网络，为大学生创业营造良好环境，提供政策、资金、平台等多方面的支持和保障。

10.4.1 加强政策执行与落实，营造创业友好环境

针对出台的创业政策，政府和有关部门应进行强有力的推行和实施，重视各

部门的联动作用，细化政策内容，积极采取有效措施降低大学生创业的门槛与风险。在政府的推动下，联合工商、税务、社保、人事、融资等相关部门，细化支持大学生创业的配套政策，简化配套程序，提高服务创业的最大效力。建立创业政策执行督察机制，提高创业政策执行的充分性，优化政策落地的执行环境，增强政策执行透明度，让创业者确实享受优惠政策。持续健全信息服务制度，完善全国大学生创业服务网络功能，建立地方、高校多级信息服务平台，为学生实时提供国家政策、市场动向等信息，优化大学生创业服务体系。此外，加强报刊、电视、网络媒体对创业政策的宣传力度，扩展大学生受众面。

除了提供促进创业的扶持政策外，营造创业友好环境也是重要环节。政府应当不断审视其创业监管环境，结合创业者遇到的实际问题出台解决对策，主要内容包括合理制定职业证书和执业资格的颁布规则，当创新产品或商业模式出现时，执业资格或相关就业证书的获得是否会成为创业者的创业障碍；简化税收申报等行政手续，为创业者消除烦琐创业程序的顾虑；重审竞业禁止协议，为创业者营造公平竞争的市场环节；提高政府资助项目的审批效率，提供明确的创业方向指导；制定有关特殊创业群体的支持政策，如残疾人创业、少数民族创业等。政府可通过市场调节政策、税收服务政策、行政程序政策和特殊群体政策，帮助创业者克服创业障碍，激发创业动机，建设积极有利的创业支持环境。

10.4.2 打造专业化孵化链条，创新运行模式

积极整合政府、社会和学校等各方资源，着力提升创业服务的精细化水平，针对创业项目的萌芽、孵化及成长等不同阶段，结合青年创业者的不同需求，形成相互衔接、各有侧重、协调联动的服务体系，针对不同成长阶段科技企业的需求，建设与之相适应的不同类型科技创新创业孵化载体，打造"创业苗圃+孵化器+加速器"的链条式孵化体系。遵循因地制宜、发挥特色、量力而行、逐步推进的原则，建设专业化的孵化器。专业孵化器能够明确专业领域，在人才、设备配置上具备基础，以专业技术服务为纽带聚集企业，加大资源整合效率，提高孵化成功率。同时鼓励孵化器采取多种形式发展，探索建立网络虚拟孵化器、微型孵化器、农业科技企业孵化器、创新工场等类型的新型孵化器，辐射更多创业者。另外，持续推进国际合作，一方面吸引外籍人士、海外留学归国人员来华创业；另一方面鼓励与海外机构和组织合作共建孵化器，鼓励并支持开展国际企业境外孵化服务，鼓励孵化器及在孵企业开展国际交流、培训及项目合作。

10.4.3　政府、社会完善资金支持机制，高校加强融资教育

政府出台切合实际的创业融资政策，完善创业保障机制，在出台优惠政策的同时配套建立大学生信用体系、担保体系和相应的法规。银行等金融机构应该加大对创业资金的贡献度，在提供贷款时，尽可能地简化程序，完善制度，树立标准。社会机构加强天使投资、创业基金等社会新型融资渠道的宣传和指导，帮助创业者综合选择融资渠道。同时，高校应关注大学生创业融资理念培养和知识指导，包括融资的意识、途径、风险、法规等，帮助大学生树立正确的融资观，学习相应技能。

政府、社会、高校多方重视，努力构建多渠道创业资金投入机制，包括政府投入专项资金、市场引入风投资金、政策扶持小额融资等，加大各类融资渠道的宣传力度，帮助大学生创业者多方筹集资金。借助大学生创业实践平台，鼓励孵化器与创业投资机构合作，建立孵化体系内的天使投资网络，实现孵化体系内资金和项目的共享。同时加大高校、政府与银行、担保机构等金融机构的合作力度，为大学生提供借贷担保，降低大学生获得创业贷款的门槛。

10.4.4　加强创业文化建设，包容失败鼓励创新

高校与政府、社会机构建立合作关系，共享创业资源，形成区域创业文化体系，有利于集结创业教育资源，加速创业人才和企业发展，进而提升区域竞争力。政府应发挥引领作用，完善社会参与高校创业教育的激励机制，营造社会创业文化，从校企双方的需求、合作动机、评价体系和保障激励等问题着手，增强企业参与创业支持的内在动力。高校创业教育体系应建立包容失败的文化，摒弃失败的耻辱感，培养学生创业的积极性和主动性。社会应开展丰富多彩的创业活动，设立创业节日或奖项，褒奖宣扬创业者的成功经历和社会贡献，为大学生创业树立榜样模型，提高大学生创业意愿和积极性。

创业文化建设并非一蹴而就，需要政府、高校和社会的共同努力，逐步形成鼓励创新、包容失败的价值观。一方面，拓展创业教育理念，将其视为终身学习过程，不仅是为了培养创业者，更是要培养创业精神，以创新思维树立生活态度、解决社会问题；另一方面，结合我国传统文化和地域文化，以大学为依托，建设具有本土特色的创业文化环境，有利于发挥所长，也更容易得到当地政府、企业和居民的支持和参与，形成具备区域特色的创业环境。

参考文献

[1] ALDRICH H E, FIOL C M. Fools Rush in? The Institutional Context of Industry Creation [J]. The Academy of Management Review, 1994, 19 (4): 645-670.

[2] ALLEN D N, MCCLUSKEY R. Structure, Policy, Services and Performance in the Business Incubator Industry [J]. Entrepreneurship Theory and Practice, 1990, 15: 61-77.

[3] AMEZCUA A S. Boon or Boondoggle? Business Incubation as Entrepreneurship Policy [D]. Syracuse: Syracuse University, 2010.

[4] AUDRETSCH D, THURIK R. What is New about the New Economy? Sources of Growth in the Managed and Entrepreneurial Economies [J]. Industrial and Corporate Change, 2001, 10 (1): 267-315.

[5] ALBRECHT T, ADELMAN M. Communicating Social Support: A Theoretical Perspective [A]// ALBRCCHT T, ADELMAN M (EDS). Communicating Social Support [C]. Newbury Park, CA: sage, 1987: 18-39.

[6] ANDERSON J E, COMPANY W P. Public Policymaking: An Introduction [M]. 5th ed. Boston: Houghton Mifflin, 2003.

[7] BARROW C. Incubator: A Realist's Guide to the World's New Business Accelerators [M]. New York: John Wiley & sons, 2001.

[8] BENJAMIN G A. MARGULIS J B. Angel Financing: How to Find and Invest in Private Equity [M]. New York: John Wiley & sons, 2001.

[9] BERGER B. The Culture of Entrepreneurship [M]. San Francisco: ICS Press, 1991.

[10] CHANDLER A. Strategy and Structure: Chapters in the History of the American Industrial Enterprise [M]. Washington, D. C.: Beard Books, 1962.

[11] CHANDLER A. The Visible hand: The Managerial Revolution in American Business [M].

Cambridge: The Belknap Press Havard University Press, 1977.
[12] DEGLER C. Out of our past [M]. New York: Harper Row Publishers Inc, 1984.
[13] DYE T R. Understanding Public Policy [M]. Englewood Cliffs: Prentice Hall, 1987.
[14] FETTERS, M L, GREENE P G, RICE M P, et al. The Development of University-based Entrepreneurship Ecosystems: Global Practices [M]. Northampton: Edward Elgar Publishing, 2010.
[15] TROMPENAARS F, HAMPDEN-TURNER C. Riding the waves of culture [M]. London: Nicholas Brealey, 1994.
[16] HILL B E, POWER D. Attracting Capital from Angels [M]. New York: John Wiley & Sons, 2002.
[17] HOFSTEDE G. Culture's Consequences: International Differences in work-related [M]. Englewood Cliffs: SAGE PUBLICATIONS, 2006.
[18] HOFSTEDE G, HOFSTEDE G J, MINKOV M. Culture and Organizations: Software of the Mind [M]. 3rd ed. New York: McGraw-Hill, 2005.
[19] KNOPP L. 2006 State of the business incubation industry [A]//NBIA Research Series, Athens: National Business Incubation Association, 2007.
[20] LERNER J, KEGLER C. Evaluation the Small Business Innovation Research Program: A Literature Review [A]//The Small Business Innovation Research Program (SBIR), Washington, D.C.: National Academy Press, 2000: 307-327.
[21] LUGER M I, GLODSTEIN H A. Technology in the Garden: Research Parks and Regional Economic Development [M]. Chapel Hill: University of North Carolina Press, 1991.
[22] LUGUER M. The Research Triangle Experience [C]// WESSNER C W. Industry-Laboratory Partnerships: A Review of the Sandia Science and Technology Park Initiative. Washington, D.C.: National Academy Press, 2001: 35-38.
[23] LUNDSTRÖM A, STEVESON L A. Entrepreneurship Policy: Theory and Practice [M]. New York: Springer, 2005.
[24] MOORE J F. The death of Competition: Leadership and Strategy in the Age of Business Ecosystems [M]. New York: Harper Business, 1997.
[25] MORRIS M H. Entrepreneurial Intensity: Sustainable Advantages for Individuals, Organizations, and Societies [M]. London: Quorum Books, 1998.
[26] MORRIS M H, KURATKO D F, CORNWALL J R. Entrepreneurship Program and the Modern University [M]. Cheltenham: Edward Elgar Pubishing Limited, 2013.
[27] NAGER M, NELSEN C, NOUYRIGAT F. Startup Weekend: How to take a company from concept to creation in 54 hours [M]. Hoboken: John Wiley & Sons, 2011.
[28] EISINGER P K. The Rise of Entrepreneurial State: State and Local Economic Development Policy in the United States [M]. Madison: The University of Wisconsin Press, 1989.

[29] SALDAÑA J. The Coding Manual for Qualitative Researchers [M]. Thousand Oaks: Sage, 2013.

[30] SCHERER F M, ROSS D. Industrial Market Structure and Economic Performance [M]. 3rd ed. Boston: Houghton-Mifflin, 1990.

[31] SCHMANDT J. The Austin Experience [C]//WESSNER C W. Industry – Laboratory Partnerships: A Review of the Sandia Science and Technology Park Initiative. Washington, D. C.: National Academy Press, 2001: 30-41.

[32] THURIK A R. Entrepreneurship, Industrial Transformation and Growth [C]//LIBECAP G D. The sources of Entrepreneurship, Innovation and Economic Growth. Greenwich: JAI Press, 1999: 29-66.

[33] TYLOR E B. Primitive Culture: Researches into the Development of Mythology, Philosophy, Religion, Art and Custom [M]. New York: Gordon Press, 1987.

[34] VEMON R. Organization as a Scale Factor in the Growth of Firms [C]// MARKHAM, PAPANEK. Industrial Organization. Boston: Houghton Mifflin, 1970: 47-66.

[35] WILSON R. Policy Analysis as policy Advice [M]//MORAN M, REIN M, GOODIN R E. The Oxford Handbook of Public Policy. New York: Oxford University Press, 2006: 152-168.

[36] BERGEK A, NORRMAN C. Incubator Best Practice: A Framework [J]. Science Direct, Technovation, 2008, 28 (1-2): 20-28.

[37] BROWN T, DAVIDSSON P, WIKLUND J. An Operationalization of Stevenson's Conceptualization of Entrepreneurship as opportunity-Based Firm Behavior [J]. Strategic Management Journal, 2001, 22 (10): 953-968.

[38] BURGER F. Business Incubators: How Successful are They? [J]. Area Development, 1991, 1: 76.

[39] CAMPBELL C, KENDRICK R, SAMUELSON D. Stalking the Latent Entrepreneur: Business Incubators and Economic Development [J]. Economic Development Review, 1985, 3 (2): 43-49.

[40] ZAKRZEWSKI C. Venture Capitalists Face Regional Quandary [N]. Wall Street Journal, 2016-11-14.

[41] CHEN L. Startup Schools: America's Most Entrepreneurial University 2015 [N]. Forbes, 2015-7-29.

[42] CHITTIPEDDI K, WALLETT T A. Entrepreneurship and Competitive Strategy for the 1990's [J]. Journal of small Business Mangement, 1991, 29 (1): 94.

[43] LETTS C W, RYAN W P, GROSSMAN A S. Virtuous Capital: What Foundations Can Learn from Venture Capitalists [J]. Harvard Business Review, 1997, 75 (2): 36-44.

[44] CLARYSSE B, BRUNEEL J. Nurturing and Growing Innovative Startups: the Role of Policy as

Integrator [J]. R & D Management, 2007, 37 (2): 139-149.

[45] COHEN B. Sustainable Valley Entrepreneurial Ecosystems [J]. Business Strategy and the Environment, 2006, 15 (1): 1-14.

[46] COHEN S L. BINGHAM C B. How to Accelerate Learning: Entreprenruerial Ventures Participating in Accelerator Programs [J]. Academy of Management Annual Meeting Proceedings, 2013, 2013 (1): 14803.

[47] COHEN S. What do Accelerators do? Insights from Incubators and Angels [J]. Innovations: Technolog, Governance, Globalization, 2013, 8 (3): 19-25.

[48] COLE R, CUMMING D, LI D. Do Banks or VCs spur Small Firm Growth? [J]. Journal of International Financial Markets Institutions and Money, 2016, 41: 60-72.

[49] COOKE P. Regional Innovation Systems: Competitive Regulation in the New Europe [J]. Geoforum, 1992, 23 (3): 365-382.

[50] Princeton University Alumni. Gift From Alumni Supports Princeton Entrepreneurship [EB/OL]. (2015-05-21). https://alumni.princeton.edu/stories/gift-alumni-supports-princeton-entrepreneurship.

[51] Global Entrepreneurship Week. What we do [EB/OL]. (2017-03-18). https://www.genglobal.org/gew.

[52] HONIG B. Entrepreneurship Education: Toward a Model of Contingency-based Business Planning [J]. Academy of Mnangement Learning and Education, 2004, 3 (3): 242-257.

[53] JACK S, ANDERSON A. Entrepreneurship Education With Enterprise Culture: Producing Reflective Practitioners [J]. International Journal of Entrepreneurial Behavior and Research, 1999, 5 (3): 110-125.

[54] 潘忠文, 孙浩波, 侯利军. 大学生科技创新与创业实践的法律缺失研究 [J]. 经济研究导刊, 2012 (22): 116-118.

[55] 何海宴. 大学生创业困境及对策 [J]. 中国高校科技与产业化, 2011 (5): 68-69.

[56] 徐家洪. 大学生创业支持系统的现状及分析——以安徽省为例 [J]. 池州学院学报, 2009, 23 (1): 139-142.

[57] 陈谷刚, 朱慧, 马声. 大学生创业环境与评价体系的建立——基于专家问卷数据分析的指标重构 [J]. 出国与就业, 2010 (10): 7-10.

[58] 李芳凝, 刘洪澍, 王双. 大学生创业支持体系研究 [J]. 中国冶金教育, 2012 (3): 58-61.

[59] 杨涛. 大学生创业支撑体系的构建 [J]. 产业与科技论坛, 2009, 8 (10): 198-200.

[60] 杨琳, 林雪娇. 论大学生创业支持系统的三元构建 [J]. 赣南师范学院学报, 2009, 30 (2): 113-115.

[61] 吕宏芬, 俞涔. 基于 PEST 模型的浙江省大学生自主创业支持系统研究 [J]. 北方经济

2009 (17): 69-71.

[62] 张俊华. 关于构建大学生创业支撑体系的实践与思考——以杭州市为例 [J]. 当代经济, 2010 (16): 32-33.

[63] 孙璐. 黑龙江省村镇银行可持续发展研究 [D]. 哈尔滨: 东北农业大学, 2012.

[64] 王俊, 黄快生. 基于协同学理论的大学生创业支持体系的构建与运行 [J]. 中国大学生就业, 2010 (20): 48-50.

[65] 杨伦超. 论我国大学生创业动力支持体系的构建机制 [J]. 高教论坛, 2009 (12): 20-23, 29.

[66] 李枚阳. 大学生创业教育研究 [D]. 西安: 西安建筑科技大学, 2009.

[67] 希斯瑞克. 创业学 [M]. 上海: 复旦大学出版社, 2000.

[68] 李良智, 查伟晨, 钟运动. 创业管理学 [M]. 北京: 中国社会科学出版社, 2007.

[69] 蒂蒙斯, 斯皮内利. 创业学 [M]. 周伟民, 吕长春, 译. 6版. 北京: 人民邮电出版社, 2005.

[70] 董晓红. 高校创业教育管理模式与质量评价研究 [D]. 天津: 天津大学, 2009.

[71] 辛时乾. 创业管理 [M]. 北京: 清华大学出版社, 2009.

[72] 李枚阳. 大学生创业教育研究 [D]. 西安: 西安建筑科技大学, 2009.

[73] 席升阳. 我国大学创业教育的理论与实践研究 [D]. 武汉: 华中科技大学, 2007.

[74] 尹建华, 王兆华, 苏敬勤, 等. 科技型中小企业的协同管理研究化 [J]. 中国软科学, 2001 (7): 97-99.

[75] 朱明. 我国大学生创业教育研究综述 [J]. 职业教育研究, 2007 (6): 10-12.

[76] 陈成文, 孙淇庭. 大学生创业政策: 评价与展望 [J]. 高等教育研究, 2009, 30 (7): 24-30.

[77] 许朗, 熊素兰. "项目参与式"大学生创业教育体系构建策略 [J]. 江苏高教, 2011 (2): 104-105.

[78] 陈晓菁, 张婷, 赵倩. 论社会环境对大学生创业的影响 [J]. 黑龙江教育 (高教研究与评估版), 2010 (11): 19-21.

[79] 褚萍. 中国西部地区创业型经济发展研究 [D]. 北京: 中央民族大学, 2011.

[80] 刘常勇. 创业管理的12堂课 [M]. 北京: 中信出版社, 2001.

[81] 张小娅, 熊威. 科技创业与科技创业经济的内涵与特征 [J]. 科技创业月刊, 2008 (7): 24-25.

[82] 王彬, 桂春喜, 孙炎令. 独立学院大学生创业心理素质浅析 [J]. 商业经济, 2010 (21): 118-119.

[83] 中共中央马克思恩格斯列宁斯大林著作编译局. 马克思恩格斯选集 (第1卷) [M]. 北京: 人民出版社, 1972.

[84] 董晓红. 高校创业教育管理模式与质量评价研究 [D]. 天津: 天津大学, 2009.

[85] 张闯. 高校开展创业教育初探 [J]. 中国林业教育, 2007, 25 (6): 4-8.

[86] 张玉利, 陈立新. 中小企业创业的核心要素与创业环境分析 [J]. 经济界, 2004 (3): 29-33.

[87] 姜晓红. 高校毕业生创业机制研究 [D]. 上海: 复旦大学, 2010.

[88] 李柯. 大学生创业教育问题研究 [J]. 四川经济管理学院学报, 2006 (1): 55-57.

[89] 全国高等学校学生信息咨询与就业指导中心, 北京大学教育学院. 全国高校毕业生就业状况（2008—2012）[M]. 北京: 北京大学出版社, 2013.

[90] 全国高等学校学生信息咨询与就业指导中心, 北京大学教育学院. 全国高校毕业生就业状况（2012—2017）[M]. 北京: 北京大学出版社, 2018.

[91] 荣燕. 创业与创业环境 [D]. 长春: 吉林大学, 2010.

[92] 陈震红, 董俊武. 创业机会的识别过程研究 [J]. 科技管理研究, 2005, 25 (2): 133-136.

[93] 唐靖, 姜彦福. 创业能力概念的理论构建及实证检验 [J]. 科学技术管理, 2008, 29 (8): 52-57.

[94] 夏文韬. 中小企业创业机会识别与评价 [D]. 成都: 四川师范大学, 2009.

[95] 陈震红, 董俊武. 创业机会的识别过程研究 [J]. 科技管理研究, 2005, 25 (2): 133-136.

[96] 张小娅, 熊威. 科技创业与科技创业经济的内涵与特征 [J]. 科技创业月刊, 2008 (7): 24-25.

[97] 池仁勇. 美日创业环境比较研究 [J]. 外国经济与管理, 2002, 24 (9): 13-19.

[98] 蔡莉, 崔启国, 史琳. 创业环境研究框架构建 [J]. 吉林大学社会科学学报, 2007, 47 (1): 50-56.

[99] 范伟军. 创业环境对策思考 [J]. 科技创业, 2004 (2): 55-57.

[100] 叶依广, 刘志忠. 创业环境的内涵与评价指标体系探讨 [J]. 南京社会科学, 2004 (2): 223-225.

[101] 张健, 姜彦福, 林强. 创业理论研究与发展动态 [J]. 经济学动态, 2003 (5): 71-74.

[102] 宋东风. 我国中小企业组织创新研究 [D]. 西安: 西北农林科技大学, 2009.

[103] 张亚平. A公司发展战略及相关管理问题研究 [D]. 南京: 南京理工大学, 2008.

[104] 吴辉. 网上巴蜀学校营销战略研究 [D]. 重庆: 重庆大学, 2004.

[105] 英立松. 我国制药企业提高核心竞争力的途径 [D]. 沈阳: 沈阳药科大学, 2006.

[106] 张梅梅. 企业环境分析及战略选择 [D]. 保定: 河北农业大学, 2003.

[107] 洪大伟. 兖州煤业股份有限公司煤炭营销策略研究 [D]. 上海: 上海海事大学, 2005.

[108] 高建, 姜福彦, 李习保. 全球创业观察2005中国报告 [M]. 北京: 清华大学出版社, 2006: 1-4.

[109] 周丽, 张方杰. 制度创新与中小企业创业环境优化 [J]. 华东经济管理, 2006, 20 (8): 40-43.

[110] 葛宝山, 李虹霖. 我国典型地区创业环境实证研究 [J]. 经济纵横, 2006 (7): 69-70.

[111] 曹明. 基于 GEM 模型的中日创业环境比较研究 [J]. 厦门理工学院学报, 2007, 15 (2): 67-72.

[112] 段利民, 杜跃平. 创业环境对大学生创业意愿的影响: 兼对 GEM 模型的再检验 [J]. 技术经济, 2012, 31 (10): 65-71.

[113] 杨玉波. 青岛北船重工核心能力研究 [D]. 北京: 中国石油大学, 2008.

[114] 杨晓龙. HY 控股集团华南区市场竞争战略研究 [D]. 兰州: 兰州大学, 2011.

[115] 刘晓春. 基于项目的组织与复杂产品系统 [D]. 北京: 北京交通大学, 2011.

[116] 李祖坤, 蒋佳林, 王燕. 后工业化初期苏南城市转型发展的路径选择 [J]. 江南论坛, 2010 (12): 8-9.

[117] 梅伟惠, 孟莹. 中国高校创新创业教育: 政府、高校和社会的角色定位与行动战略 [J]. 高等教育研究, 2016 (8): 9-15.

[118] 梅伟惠. 美国高校创业教育模式研究 [J]. 比较教育研究, 2008, 30 (5): 52-56.

[119] 宁亮. 基于政府行为的创业环境改善研究 [J]. 湖南大学学报 (社会科学版), 2009 (1): 61-64.

[120] 薛文理, 曾刚. 我国创业环境下政府创新基金对创业企业的扶持作用 [J]. 科技与经济, 2007, 20 (1): 39-44.

[121] 张耀辉, 吴润琼, 张兴. 创新中企业家预期及相关实验研究 [J]. 财经问题研究, 2007 (2): 24-28.

[122] 许立新. 英美日印四国大学创业教育的比较与启示 [J]. 教育与现代化, 2009 (4): 65-68.

[123] 游振声. 美国高等学校创业教育研究 [D]. 重庆: 西南大学, 2011.

[124] 蒋心亚, 杨永超. 略论以高校自身创业推进学生创业教育 [J]. 黑龙江高教研究, 2012, 30 (10): 58-60.

[125] 尚洪涛. 借鉴英国经验构建我国高校创业教育模式 [J]. 中国电力教育, 2009 (24): 208-210.

[126] 沈培芳. 中英两国创业教育政策比较研究 [J]. 辽宁教育研苑, 2008 (7): 100-103.

[127] 牛长松. 英国大学生创业教育政策探析 [J]. 比较教育研究, 2007 (4): 79-83.

[128] 谢晓燕. 南大科学园促进大学生创业的政策研究 [D]. 南京: 南京理工大学, 2001.

[129] 罗明忠, 万春. 国外建设创业型城市的主要做法与启示 [J]. 当代经济管理, 2011, 33 (1): 90-96.

[130] 申亚欣. 大学毕业生三成想创业 [N]. 人民日报, 2010-07-10 (14).

[131] 孙佳炎. 借鉴国外成功经验拓宽我国大学生创业实践之路 [J]. 佳木斯大学社会科学学报, 2007, 25 (5): 137-138.

[132] 罗玲玲, 王以梁. 人的技术化的伦理反思 [J]. 道德与文明, 2014 (6): 101-105.

[133] 罗玲玲, 王以梁, 武青艳. 创新方法的地域文化特征解读与思考 [J]. 湖南科技大学

学报（社会科学版），2013，3（3）：34-37.

[134] 埃茨科威兹. 国家创新模式：大学、产业、政府"三螺旋"创新战略 [M]. 周春彦，译. 北京：东方出版社，2014.

[135] 李志永. 日本高校创业教育 [M]. 杭州：浙江教育出版社，2010.

[136] 梅伟惠. 美国高校创业教育 [M]. 杭州：浙江教育出版社.2010.

[137] 托克维尔. 论美国的民主 [M]. 董果良，译. 北京：商务印书馆，1988.

[138] 徐小洲，叶映华. 中国高校创业教育 [M]. 杭州：浙江教育出版社，2010.

[139] 徐小洲，梅伟惠. 高校创业教育体系建设战略研究 [M]. 杭州：浙江教育出版社，2015.

[140] 徐小洲. 大学生创业技能发展战略研究 [M]. 杭州：浙江大学出版社，2014.

[141] 敖山. 大学生创业与风险投资调查分析——以北京地区大学生调查样本为例 [J]. 中国高教研究，2011（11）：21-25.

[142] 边社辉，张京，袁立梅. 大学生创业扶持体系的内容及其构建 [J]. 创新与创业教育，2012（1）：55-57.

[143] 蔡莉，彭秀青，王玲，等. 创业生态系统研究回顾与展望 [J]. 吉林大学社会科学学报，2016，56（1）：5-16.

[144] 曹明. 文化精神的生态性重构：创业教育模式的应然价值选择 [J]. 教育经济与管理，2015（2）：30-34.

[145] 陈向军，陈金波. 创新创业文化及其发展 [J]. 宏观经济管理，2015（9）：75-77.

[146] 刘志阳，邱舒敏. 公益创业投资的发展与运行：欧洲实践与中国启示 [J]. 经济社会体制比较，2014，2：206-220.

[147] 卢俊义，王永贵，陈忠卫，等. 基于社会全面参与的创业教育模式研究 [J]. 管理学报，2011，8（7）：159-164.

[148] 骆越虹. 浅谈美国文化中的个人主义 [J]. 佳木斯大学社会科学学报，2007，25（3）：87-88.

[149] 陈学敏. 大学生创业失败主因：缺乏经营管理能力 [N]. 羊城晚报，2009-08-14.

[150] 丁钢. 高校创业教育的文化诉求与构建 [J]. 高校教育管理，2015，7（4）：6-9.

[151] 窦鹂鹂，孙继伟. 大学生创业服务体系的需求特征与完善建议——基于问卷调查的分析 [J]. 科技创业月刊，2007，20（5）：38-40.

[152] 符昱. 中美大学生创业教育支持体系比较研究 [D]. 郑州：郑州大学，2012.

[153] 关丽梅. 实用主义文化传统与美国高等教育的文化选择 [J]. 牡丹江大学学报，2014（9）：124-133.

[154] 何红光，宋林. 大学生创业资本对创业绩效的影响 [J]. 教育发展研究，2015，35（5）：35-40.

[155] 黄敬哲. 后危机时代新主角，美国中小企业财政计划见效 [N]. 财经新报，2016-10-12.

[156] 黄兆信,曾尔雷,施永川.美国创业教育中的合作:理念、模式及其启示[J].高等教育研究,2010,31(4):105-107.

[157] 江波.高校创业文化模式构建探究[J].江苏高教,2015(5):95-97.

[158] 金碧华.大学生创业孵化园发展策略研究——基于赛博(杭州)创业工场的思考[J].科技进步与对策,2015,32(3):11-15.

[159] 寇文淑.美国政府扶持大学生创业的政策及启示[J].学园,2015(23):8-15.

[160] 李时椿.美国的创业投资:历程、机制与启示[J].经济与管理研究,2007(8):63-66.

[161] 李娜.印度高校创业教育研究[D].杭州:浙江大学,2012.

[162] 刘泽.大学生创业政策反思:政策解构与转型——基于"输入—过程—输出"的分析纬度[J].教育发展研究,2015(17):62-67.

[163] 薛浩,陈桂香.大学生创业扶持政策评价体系构建研究[J].国家教育行政学院学报,2016(3):14-19.

[164] 殷朝晖,龚娅玲.美国加州大学洛杉矶分校构建创业生态系统的探索[J].高教探索,2012(5):67-72.

[165] 于跃进.高校大学生创业园运行策略研究[J].教育评论,2015(4):113-115.

[166] 余文博.高校阶段创业选择中的风险控制与补偿机制[J].黑龙江高教研究,2015(10):77-79.

[167] 张琳琳,张桂春.美国创业教育实施体系及对我国的启示[J].外国教育研究,2008(1):80-83.

[168] 张项民.中美创业文化之比较[J].中外企业文化,2008(11):65-67.

[169] 赵都敏,李剑力.创业政策与创业活动关系研究述评[J].外国经济与管理,2011,33(3):19-26.

[170] 赵中建.21世纪世界高等教育的展望及其行动框架——'98世界高等教育大会概述[J].上海高教研究,1998(12):4-11.

[171] 周海涛,董志霞.美国大学生创业支持政策及其启示[J].高等教育研究,2014(6):100-104.

[172] 周建军.美国产业政策的经验与启示[J].经济导刊,2016(12):80-84.

[173] 周颂.浅析美国高校创业教育保障体系的个人主义文化影响[J].黑龙江教育:高教研究与评估,2009(9):60-62.

[174] 周颂.美国高校创业教育理念中的清教徒文化因素[J].继续教育研究,2008(2):63-65.

[175] 朱飞,秦永和.大学科技园助推高校创业教育的内在机理及其路径[J].南通大学学报(社会科学版),2015,31(5):132-136.

[176] 朱广华,陈万明,沈召前.大学生创业教育、创业文化与创业政策的反思与调适[J].高教探索,2015(6):122-128.

[177] 孟祥霞,黄文军.美国创业教育发展及其对我国创业教育的启示[J].中国高教研究,2012(10):62-65.

[178] 牛长松.美国创业教育的发展历程及启示[J].职业技术教育,2007(1):88-91.

[179] 曲殿彬,许文霞.论高等学校创业教育体系的构建[J].东北师大学报(哲学社会科学版),2009(3):49.

[180] 任玥.创业文化体系视角下的大学社会服务创新——以 MIT 与 128 公路的兴衰、再崛起为例[J].比较教育研究,2008(9):29-34.

[181] 佘凌.美国硅谷:创业环境和园区文化[J].江南论坛,2010(8):8-12.

[182] 施丽红.美国创业教育支撑体系的特点及启示[J].教育与职业,2010(2):158-160.

[183] 王彩华,李福杰.美国高校创业教育的经验及其启示[J].理工高教研究,2008,27(5):92-96.

[184] 王涛,顾瑁佶.高校大学生创业园建设现状和对策[J].教育评论,2015(8):82-84.

[185] 王伟忠.大学生创业指导服务的三维联动与要素协同[J].教育发展研究,2015,35(23):60-66.

[186] 王玉帅,黄娟,尹继东.创业政策理论框架构建及其完善措施——创业过程的视角[J].科技进步与对策,2009,26(19):112-115.

[187] 韦伯.新教伦理与资本主义精神[M].于晓,陈维刚,译.西安:陕西师范大学出版社,2006.

[188] 吴伟,吕旭峰,陈艾华.创业型大学创业文化的文化内涵、效用表达及其意蕴——基于四所世界一流大学的案例分析[J].河南大学学报(社会科学版),2013(7):137-144.

[189] 吴伟,翁默斯,范惠明.洛杉矶加州大学创业转型之路探析[J].比较教育研究,2015,165:20-24.

[190] 夏人青,罗志敏,严军.中国大学生创业政策的回顾与展望[J].高等教育研究,2016(10):76-78.

[191] 徐建华.构建高校创业型校园文化[J].中国高等教育,2015(12):23-29.

[192] 徐小洲,梅伟惠,倪好.大学生创业困境与制度创新[J].中国高教研究,2015(6):57-67.

[193] 徐小洲,梅伟惠.高校创业教育的战略选择:美国模式与欧盟模式[J].高等教育研究,2010(6):77-89.

[194] 徐小洲,孟莹,张敏.学习型城市建设:国际组织的理念与行动反思[J].教育研究,2014,35(11):133-136.